Ablaufplanung

Florian Jaehn · Erwin Pesch

Ablaufplanung
Einführung in Scheduling

2., überarbeitete Auflage

Florian Jaehn
Lehrstuhl für BWL, insbesondere Management Science und Operations Research
Helmut-Schmidt-Universität - Universität der Bundeswehr Hamburg
Hamburg, Deutschland

Erwin Pesch
Lehrstuhl für Wirtschaftsinformatik
Universität Siegen
Siegen, Deutschland

Center for Advanced Studies in Management
HHL Leipzig
Leipzig, Deutschland

ISBN 978-3-662-58779-9   ISBN 978-3-662-58780-5 (eBook)
https://doi.org/10.1007/978-3-662-58780-5

Die Deutsche Nationalbibliothek verzeichnet diese Publikation in der Deutschen Nationalbibliografie; detaillierte bibliografische Daten sind im Internet über http://dnb.d-nb.de abrufbar.

Springer Gabler
© Springer-Verlag GmbH Deutschland, ein Teil von Springer Nature 2014, 2019
Das Werk einschließlich aller seiner Teile ist urheberrechtlich geschützt. Jede Verwertung, die nicht ausdrücklich vom Urheberrechtsgesetz zugelassen ist, bedarf der vorherigen Zustimmung des Verlags. Das gilt insbesondere für Vervielfältigungen, Bearbeitungen, Übersetzungen, Mikroverfilmungen und die Einspeicherung und Verarbeitung in elektronischen Systemen.
Die Wiedergabe von Gebrauchsnamen, Handelsnamen, Warenbezeichnungen usw. in diesem Werk berechtigt auch ohne besondere Kennzeichnung nicht zu der Annahme, dass solche Namen im Sinne der Warenzeichen- und Markenschutz-Gesetzgebung als frei zu betrachten wären und daher von jedermann benutzt werden dürften.
Der Verlag, die Autoren und die Herausgeber gehen davon aus, dass die Angaben und Informationen in diesem Werk zum Zeitpunkt der Veröffentlichung vollständig und korrekt sind. Weder der Verlag, noch die Autoren oder die Herausgeber übernehmen, ausdrücklich oder implizit, Gewähr für den Inhalt des Werkes, etwaige Fehler oder Äußerungen. Der Verlag bleibt im Hinblick auf geografische Zuordnungen und Gebietsbezeichnungen in veröffentlichten Karten und Institutionsadressen neutral.

Illustrationen auf S. 131 und 143: Katrin Hofmann

Springer Gabler ist ein Imprint der eingetragenen Gesellschaft Springer-Verlag GmbH, DE und ist ein Teil von Springer Nature
Die Anschrift der Gesellschaft ist: Heidelberger Platz 3, 14197 Berlin, Germany

Änderungen zur vorherigen Auflage

Das Buch wurde grundlegend inhaltlich und sprachlich überarbeitet. Neben der obligatorischen Aktualisierung der zitierten Quellen wurde insbesondere in Kapitel 4 die Zielfunktion der verspäteten Arbeit aufgenommen, die in den vergangenen Jahren in Forschung und Praxis an Bedeutung gewonnen hat. Dadurch sind fünf weitere Verfahren nebst Beispielen und zugehörigen Übungsaufgaben hinzugekommen. Die Struktur des Kapitels 4 wurde entsprechend angepasst. Darüber hinaus wurden zahlreiche weitere Beispiele im Buch ergänzt. An vielen Stellen wurden die Erläuterungen angepasst, meist aufgrund entsprechender Rückmeldungen aus Lehrveranstaltungen, in denen das Buch genutzt wird.

Inhaltsverzeichnis

1. **Einleitung**   9
2. **Maschinenumgebungen, Ablaufeigenschaften, Ziele**   17
3. **Komplexitätstheoretische Grundlagen**   27
   - 3.1. Entscheidungsprobleme und deren Kodierung 27
   - 3.2. Deterministische Turingmaschine 30
   - 3.3. Nichtdeterministische Turingmaschine und NP-Schwere . 36
4. **Einmaschinenmodelle**   45
   - 4.1. Fragestellungen ohne Auftragsunterbrechungen 47
     - 4.1.1. Minimierung der Gesamtdauer 47
     - 4.1.2. Minimierung der (gewichteten) Fertigstellungszeitpunkte 49
     - 4.1.3. Vom Liefertermin abhängige Zielfunktionen 51
   - 4.2. Fragestellungen mit Auftragsunterbrechungen 61
     - 4.2.1. Minimierung der Gesamtdauer 62
     - 4.2.2. Minimierung der (gewichteten) Fertigstellungszeitpunkte 62
     - 4.2.3. Vom Liefertermin abhängige Zielfunktionen 64
   - 4.3. Zusammenfassung der Ergebnisse 72
5. **Modelle mit parallelen Maschinen**   77
6. **Flow Shops**   89
7. **Job Shops**   99
   - 7.1. Das Verfahren von Akers 99
   - 7.2. Das Verfahren von Giffler und Thompson 103
   - 7.3. Die Shifting-Bottleneck-Heuristik 109
8. **Open Shops**   117

9. Ablaufplanung in der Praxis   **125**
    9.1. Anwendungsbeispiele 128
    9.2. Metastrategien 136

A. Aufgabensammlung   **147**

B. Lösungen zu den Aufgaben   **163**

Literatur   **209**

Stichwortverzeichnis   **217**

1. Einleitung

Eine Zuordnung von begrenzten Ressourcen über eine gewisse Zeit, beispielsweise die Zuordnung von Personal, Maschinen, Werkzeugen etc. zur Erledigung von Aufträgen (Jobs) innerhalb einer bestimmten Zeit, ist in fast allen Bereichen unternehmerischen Handelns unverzichtbar, kritisch und schwierig. Die dabei auftretenden Herausforderungen ähneln sich und können sehr allgemein formuliert und gelöst werden, unabhängig davon, ob es sich um Probleme in der Logistik, der Produktion, der Beschaffung, des Marketing oder gar des Zugriffs auf Datenbanken und Fragen des Compilerbaus handelt. Auch wenn nicht unmittelbar ersichtlich, so gibt es große Ähnlichkeiten zwischen der Zuordnung von Produktionsaufträgen auf verschiedene Maschinen und der Fragestellung, welche Anwendungen auf welchem Kern eines Mehrkernprozessors ausgeführt werden sollen. Die Liste von denkbaren Aufgaben, deren Ausführung bestimmte Ressourcen erfordert, scheint endlos: Flugzeugbewegungen brauchen Start- und Landebahnen, Kundenaufträge werden von Servicemitarbeitern erledigt, Familienmitglieder, die vorm Frühstück duschen wollen, belegen das Badezimmer etc. Gemeinsam ist jedoch allen, dass benötigte Ressourcen nicht in beliebiger Menge verfügbar sind.

Entsprechend nähern wir uns dieser Thematik, indem wir die Ablaufplanung sehr allgemein auffassen. So werden im Wesentlichen nur drei Grundannahmen getroffen:

1. Jede Ressource kann zu einem bestimmten Zeitpunkt maximal einem Auftrag zugeordnet werden.
2. Es gibt keinen Ressourcenverzehr, d.h. dass, nachdem die Zuordnung einer Ressource zu einem Job endet, die Ressource wieder in vollem Umfang verfügbar ist.
3. Ein Job nutzt zu jedem beliebigen Zeitpunkt maximal eine Ressource.

Die zweite Annahme bedeutet, dass die Ressourcendefinition hier keine Verbrauchsrohstoffe wie z.B. Benzin oder Geldmittel umfassen soll. Die dritte Annahme wird in einigen Ablaufplanungsproblemen, z.B. in der Projektplanung mit Ressourcenbeschränkung, auch aufgeweicht.

Im Folgenden werden wir statt des allgemeineren und dadurch auch besser passenden Begriffs „Ressource" den deutlich häufiger verwendeten Begriff „Maschine" nutzen.

In Unternehmen wird die Ablaufplanung häufig innerhalb von Softwarepaketen umgesetzt, weil sie in der Regel auf eine Vielzahl von unternehmensspezifischen Daten angewiesen ist und in Interaktion mit anderen Prozessen steht. Entsprechende unternehmensweite Softwaresysteme, die den Datenaustausch und die Interaktionen verschiedener Prozesse gewährleisten, heißen Produktionsplanungs- und -steuerungssysteme (PPS-Systeme), Enterprise Resource Planning (ERP) Systeme oder auch Advanced Planning and Scheduling (APS) Systeme. Letztere gelten als Weiterentwicklung der ERP-Systeme und nutzen dabei auch explizit den Begriff „Scheduling", der dem deutschen Begriff „Ablaufplanung" entspricht (siehe dazu z.B. Domschke et al. (1997) und Günther und Tempelmeier (2013)).

Beispiel 1.1
Auf einer Maschine sollen insgesamt n Aufträge ausgeführt werden. Für jeden Auftrag j, $j \in \{1, \ldots, n\}$, ist die Bearbeitungszeit p_j und ein Liefertermin d_j gegeben. Für einen gegebenen Ablaufplan sei C_j der Zeitpunkt, an dem Auftrag j auf der Maschine fertiggestellt wird. Die Verspätung L_j eines Auftrags ist somit durch $L_j := C_j - d_j$ gegeben. In welcher Reihenfolge sollen die Aufträge ausgeführt werden, so dass die maximale Verspätung

$$\max_{j \in \{1,\ldots,n\}} \{L_j\}$$

minimiert wird? Gesucht ist also eine Permutation $S : \{1, \ldots, n\} \to \{1, \ldots, n\}$ (der Ablaufplan oder Schedule), die die Reihenfolge der Aufträge angibt. $S(j) = k$ bedeutet dabei, dass Auftrag j an Position k durchgeführt wird.

Die $n = 5$ Aufträge, Bearbeitungszeiten und Liefertermine seien wie folgt gegeben:

j	1	2	3	4	5
p_j	7	8	10	6	4
d_j	2	14	6	8	18

Geben Sie den Zielfunktionswert für den Fall an, dass die Aufträge in der Reihenfolge ihrer Indizes eingeplant werden, also $S(j) = j$ (siehe Abbildung 1.1). Welche Reihenfolge ist optimal?

Abbildung 1.1.: Ablaufplan mit $S(j) = j$

Die in Beispiel 1.1 beschriebene Problemstellung lässt sich sehr einfach lösen, indem die Aufträge nach der sogenannten Lieferterminregel sortiert werden. Die Regel besagt, dass die Aufträge in der Reihenfolge aufsteigender Liefertermine eingeplant werden sollen. Korrekterweise müssten wir von „nicht-absteigenden" Lieferterminen sprechen, um auch Aufträge mit gleichem Liefertermin einzuordnen. Wir nutzen allerdings mit dem Verweis, dass die Reihenfolge zweier Aufträge mit gleichem Liefertermin beliebig ist, die einfachere Ausdrucksweise.

Satz 1.2
Die Lieferterminregel liefert einen optimalen Ablaufplan für das in Beispiel 1.1 beschriebene Problem.

BEWEIS: Wir nehmen an, dass wir einen optimalen Ablaufplan S kennen, der nicht der Lieferterminregel genügt, und zeigen, dass es dann ebenfalls einen optimalen Ablaufplan gibt, der der Lieferterminregel genügt. Da alle Ablaufpläne, die der Lieferterminregel genügen, den gleichen Zielfunktionswert besitzen, ist damit die Aussage bewiesen.

Ohne Beschränkung der Allgemeinheit (O.b.d.A.) seien die Aufträge derart nummeriert, dass $d_1 \leq d_2 \leq \ldots \leq d_n$ gilt. Sei $k := \max\{S(j) | j \in \{1, \ldots, n\}, j < S(j)\}$, d.h. dass k die Position des letzten Jobs in dem Ablaufplan S beschreibt, der nach Lieferterminregel früher eingeplant worden wäre. Offensichtlich gilt $j = S(j) \; \forall j > k$, d.h. dass der Plan der Lieferterminregel ab dem Auftrag $k + 1$ entspricht (falls dieser existiert). Der Ablaufplan hat also folgende Gestalt:

$$S = (\underbrace{\ldots}_{A}, S(k), \underbrace{\ldots}_{B}, S(k+1), S(k+2), \ldots, S(n-1), S(n))$$

Betrachten wir nun folgenden Ablaufplan S':

$$S'(j) = \begin{cases} j & \text{falls } j \geq k \\ S(j) - 1 & \text{falls } S(k) < S(j) \leq k \quad \text{(Aufträge B)} \\ S(j) & \text{falls } S(j) < S(k) \quad \text{(Aufträge A)} \end{cases}$$

In S' wird also der Auftrag k, der laut Lieferterminregel an Position k sein soll, an diese Stelle verschoben (hinter die Aufträge B), und alle Aufträge zwischen den Positionen $S(k) + 1$ und k (also die Aufträge B) rücken um eine Position nach vorne.

Der Zielfunktionswert in S' kann nicht schlechter sein als in S, da sich höchstens die Verspätung von Auftrag k erhöht, diese aber nicht größer sein kann als die Verspätung von Auftrag j auf Position $k = S(j)$ im Plan S. Im Plan S' gilt nun $j = S'(j) \; \forall j \geq k$, d.h. dass der Plan ab dem Auftrag k der Lieferterminregel entspricht.

Durch sukzessives Verschieben eines Auftrags, wie oben beschrieben, kann der Plan S also zu einem Plan verändert werden, der der Lieferterminregel genügt, ohne dass sich der Zielfunktionswert verschlechtert. □

Abbildung 1.2.: Optimaler Ablaufplan

Der optimale Ablaufplan für das Beispiel 1.1 ist in Abbildung 1.2 dargestellt. Hier beträgt die maximale Verspätung 17.

Somit haben wir ein erstes, recht simples Problem der Ablaufplanung kennen gelernt, das sich zudem leicht durch Sortieren nach Lieferterminen

Kapitel 1. Einleitung

lösen lässt. Wir betrachten nun ein sehr ähnliches Problem, das sich nur durch die Zielfunktion unterscheidet. Statt der maximalen Verspätung soll nun die Anzahl der verspäteten Aufträge minimiert werden.

Beispiel 1.3
Gegeben sei die Situation aus Beispiel 1.1, jedoch mit geänderten Bearbeitungszeiten und Lieferterminen und mit folgender Zielsetzung. Ein Auftrag j, $j \in \{1,\ldots,n\}$, ist verspätet, wenn $C_j > d_j$. Minimiere die Anzahl verspäteter Aufträge, d.h. minimiere $|\{j \in \{1,\ldots,n\}|C_j > d_j\}|$.

Gegeben seien folgende Zahlenwerte:

j	1	2	3	4	5
p_j	8	4	4	8	6
d_j	9	10	12	14	16

Geben Sie den Zielfunktionswert für den Fall an, dass die Aufträge in der Reihenfolge ihrer Indizes eingeplant werden, also $S(j) = j$.

In diesem Fall gilt es nur die Aufträge zu zählen, die verspätet sind. In Abbildung 1.3 ist zu erkennen, dass dies bei vier Aufträgen der Fall ist.

Abbildung 1.3.: Ablaufplan mit $S(j) = j$

Welche Reihenfolge ist optimal?

Auch dieses Problem lässt sich einfach lösen. Folgende Überlegung ist dabei grundlegnd: Bei dieser Zielfunktion ist es irrelevant, wie sehr ein Auftrag verspätet ist. Sobald wir feststellen, dass ein oder mehrere Aufträge unumgänglich verspätet sein werden, können wir diese Aufträge am Ende einplanen. Das Verfahren von Moore (1968) basiert auf dieser Idee. Ausgehend von dem Ablaufplan gemäß Lieferterminregel wird geprüft, ob eine Verspätung unvermeidlich ist. Sobald dies der Fall ist, wird ein

Auftrag nach hinten verschoben und der Zähler für verspätete Aufträge U um eins nach oben gesetzt.

Algorithmus 1 (Verfahren von Moore):

1. **Initialisierung:** Sortiere die Aufträge nicht-absteigend nach Lieferterminen, es sei somit $d_1 \leq \ldots \leq d_n$ angenommen. Setze $S(j) = j \; \forall j \in \{1, \ldots, n\}$. Sei $U := 0$.

2. **Stoppkriterium:** Falls $C_j \leq d_j \; \forall j \in \{1, \ldots, n\}$ mit $S(j) \leq n - U$, dann stopp.

3. **Bestimmung des zu verschiebenden Auftrags:**
   Sei $k := \operatorname*{argmin}_{j \in \{1,\ldots,n\}} \{S(j) | C_j > d_j\}$ der am frühsten eingeplante, verspätete Auftrag. Weiter sei $l \in \operatorname*{argmax}_{j \in \{1,\ldots,n\}} \{p_j | 1 \leq S(j) \leq S(k)\}$ ein Auftrag mit der längsten Bearbeitungszeit unter den ersten $S(k)$ Aufträgen.

4. **Verschieben des Auftrags:** Definiere folgenden Ablaufplan:
$$S'(j) = \begin{cases} n & \text{falls } j = l \\ S(j) - 1 & \text{falls } S(l) < S(j) \\ S(j) & \text{sonst} \end{cases}$$

Setze $S := S'$, $U := U + 1$ und gehe zu Schritt 2.

Im zweiten Schritt des Algorithmus werden nur die Aufträge betrachtet, die noch nicht ans Ende verschoben wurden. Ist hier kein Auftrag verspätet, so endet der Algorithmus. Andernfalls wird in Schritt 3 der am frühesten eingeplante Auftrag k bestimmt, der verspätet ist. Unter den ersten $S(k)$ Aufträgen wird es also mit Sicherheit genau einen verspäteten Auftrag geben, den wir dann an das Ende des Plans verschieben können. Nun ist es am geschicktesten, den längsten (bzgl. Bearbeitungszeit) dieser Aufträge zu wählen. In Schritt 4 wird dieser Auftrag dann ans Ende verschoben, und alle Aufträge zwischen der alten und der neuen Position rücken um eine Position nach vorne.

Führen Sie den Algorithmus für die in Beispiel 1.3 gegebenen Werte aus.

Der erste verspätete Auftrag ist, wie in Abbildung 1.3 zu sehen, Auftrag 2. Es steht somit fest, dass in jedem Ablaufplan entweder Auftrag 1 oder

Auftrag 2 verspätet ist. Da es für die Zielfunktion nicht von Bedeutung ist, wie groß die Verspätung ist, wird einer dieser Aufträge ans Ende verschoben. Verschoben wird Auftrag 1, da dieser länger ist als Auftrag 2 (siehe Abbildung 1.4). Der Zähler für die sicher verspäteten Aufträge

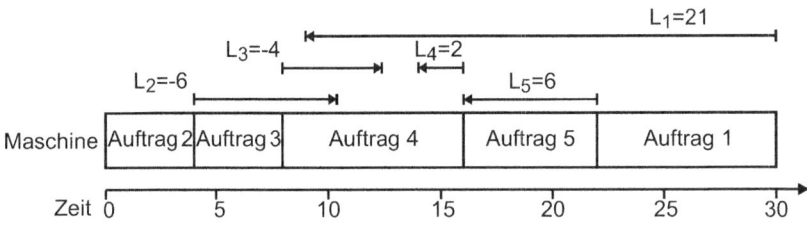

Abbildung 1.4.: Ablaufplan nach Verschieben des ersten Auftrags an das Ende

U wird nun auf 1 gesetzt. Unter den ersten $n - U = 4$ Aufträgen ist allerdings wieder ein verspäteter (Auftrag 4). Da es sich dabei auch um den längsten Auftrag handelt, wird dieser ans Ende verschoben. U wird auf 2 gesetzt, und da nun unter den ersten $n - U = 3$ Aufträgen kein verspäteter Auftrag mehr existiert, ist der resultierende Ablaufplan, der in Abbildung 1.5 dargestellt ist, optimal. Der Zielfunktionswert ist 2.

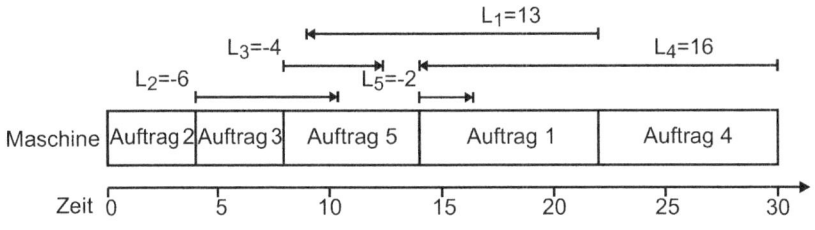

Abbildung 1.5.: Optimaler Ablaufplan

Die graphische Darstellung der Ablaufpläne, die Beginn und Ende jedes Auftrags und deren Reihenfolge der Abarbeitung auf der Maschine illustriert, wie das in den obigen Abbildungen zu finden ist, wird auch Gantt-Diagramm genannt und in den nachfolgenden Abschnitten auf mehrere Maschinen erweitert.

2. Maschinenumgebungen, Ablaufeigenschaften, Ziele

Einige der in der Ablaufplanung typischen Bezeichnungen haben wir bereits kennengelernt. Diese werden im Folgenden ergänzt und zu einer simplen, aber mächtigen Beschreibung von Ablaufplanungsproblemen genutzt. Fassen wir zunächst einmal grundlegende Bezeichnungen sowie die Charakterisierung eines Auftrags zusammen. Diese sind in Tabelle 2.1 dargestellt.

Aus den bisherigen Beispielen wird deutlich, dass nicht alle denkbaren Eigenschaften eines Auftrags vorhanden sein müssen, bzw. je nach Ablaufplanungsproblem irrelevant sein können. Andererseits kommen in der Fachliteratur auch noch weitere Charakterisierungen der Aufträge vor, die wir hier nicht betrachten.

Definition 2.1 (Ablaufplanungsproblem)
Unter einem Ablaufplanungsproblem verstehen wir ein durch ein Tripel $\alpha|\beta|\gamma$ dargestelltes Optimierungsproblem, bei dem eine Zuteilung von Ressourcen zu Aufträgen (mit obigen Eigenschaften) erfolgt. Die Ausgestaltung der Ressourcen (α), der Ablaufeigenschaften und Nebenbedingungen (β) und der zu minimierenden Zielfunktion (γ) wird durch das Tripel präzisiert.

Diese Darstellung von Ablaufplanungsproblemen wurde von Graham et al. (1979) eingeführt und wird auch Dreifeldnotation genannt. Eine Lösung eines Ablaufplanungsproblems wird Ablaufplan genannt. Diesen Begriff lassen wir etwas unspezifiziert, da uns meistens, wie bereits gesehen, eine Reihenfolge der Aufträge genügt, um einen Ablaufplan zu definieren. Etwas präziser lässt sich sagen, dass für jeden Auftrag und jede Maschine Zeitintervalle festzulegen sind, in denen der Auftrag auf der Maschine ausgeführt wird. Und zwar derart, dass eine Maschine niemals zeitgleich

$n \in \mathbb{N}$	Anzahl der Aufträge
$m \in \mathbb{N}$	Anzahl der Maschinen (= Ressourcen)
$i \in \{1, \ldots, m\}$	(meist) Index für eine Maschine
$j \in \{1, \ldots, n\}$	(meist) Index für einen Auftrag
S_i	Ablaufplan auf Maschine i, Permutation einer (Teil-)Menge $\{1, \ldots, n\}$ (schedule)
$S_i(j) \in \{1, \ldots, n\}$	Position von Auftrag j im Ablauf auf Maschine i
$p_j \in \mathbb{N}_0$	Bearbeitungszeit von Auftrag j auf einer Maschine (processing time)
$p_{ij} \in \mathbb{N}_0$	Bearbeitungszeit von Auftrag j auf Maschine i
$r_j \in \mathbb{N}_0$	Ankunftszeit von Auftrag j, d.h. frühester Zeitpunkt, zu dem ein Auftrag eingeplant werden darf (release date)
$d_j \in \mathbb{Z}$	Liefertermin von Auftrag j, d.h. Zeitpunkt zu dem ein Auftrag fertiggestellt sein sollte (due date)
$w_j \in \mathbb{N}_0$	Gewichtung von Auftrag j, z.B. Wertigkeit, Kosten, Priorität etc. (weight)
$C_{ij} \in \mathbb{R}^+$	Fertigstellungszeitpunkt von Auftrag j auf Maschine i. Dieser Wert hängt von dem zu wählenden Ablaufplan S und ggf. Ankunftszeiten r_j ab. (completion time)
$C_j \in \mathbb{R}^+$	Fertigstellungszeitpunkt von Auftrag j. Gibt es mehr als eine Maschine ($m > 1$), so wird $C_j := \max\{C_{1j}, \ldots, C_{mj}\}$ definiert.

Tabelle 2.1.: Notation von Aufträgen und Ablaufplänen

mehr als einen Auftrag ausführt, ein Auftrag niemals zeitgleich auf mehreren Maschinen ausgeführt wird und die Längen aller Zeitintervalle eines Auftrags auf einer Maschine genau seiner Bearbeitungszeit entsprechen.

Kapitel 2. Maschinenumgebungen, Ablaufeigenschaften, Ziele

Die gängigsten Maschineneigenschaften, die im Feld α spezifiziert werden, sind:

1   Es gibt nur eine Maschine. Ablaufplanungsprobleme mit $\alpha = 1$ werden wir in Kapitel 4 betrachten.

Pm   Es gibt m identische Maschinen, die parallel laufen. Ein Auftrag braucht (und darf) nur auf einer Maschine bearbeitet werden. $\alpha = Pm$ wird in Kapitel 5 betrachtet.

Fm   In einem *Flow Shop* gibt es ebenfalls m Maschinen, allerdings muss jeder Auftrag auf jeder Maschine ausgeführt werden. Die Reihenfolge der Maschinen, nach der ein Auftrag bearbeitet wird, ist vorgegeben und für alle Aufträge gleich. Das heißt, dass (o.B.d.A.) jeder Auftrag als erstes auf Maschine 1, dann auf Maschine 2, usw. bearbeitet wird. $\alpha = Fm$ wird in Kapitel 6 betrachtet.

Jm   Ein *Job Shop* ist eine Verallgemeinerung des Flow Shops. Jeder Auftrag muss ebenfalls auf jeder Maschine in einer vorgegebenen Reihenfolge ausgeführt werden. Allerdings ist die Reihenfolge nicht notwendigerweise für alle Aufträge gleich. $\alpha = Jm$ wird in Kapitel 7 betrachtet.

Om   Bei einem *Open Shop* muss jeder Auftrag auf jeder Maschine bearbeitet werden. Die Reihenfolge, in der dies geschieht, ist beliebig. $\alpha = Om$ wird in Kapitel 8 betrachtet.

Es ist zu beachten, dass der Wert für m bekannt sein kann, aber nicht muss. So beschreibt $\alpha = F2$ einen Flow Shop mit zwei Maschinen, während $\alpha = Fm$ den allgemeinen Fall eines Flow Shops mit fixer, aber nicht vorher festgelegter Maschinenanzahl m beschreibt. Oft, wenn auch nicht in diesem Buch, wird der Fall betrachtet, in dem die Anzahl der Maschinen Teil der Eingabe des Problems ist. In diesem Fall wird m nicht erwähnt, z.B. $\alpha = F$. α nimmt immer nur genau einen Wert an. Hingegen können bei den Ablaufeigenschaften und Nebenbedingungen β auch mehrere Einträge oder kein Eintrag vorkommen.

$p_j = p$ Betrachtet wird der Spezialfall, in dem alle Aufträge die gleiche Bearbeitungszeit haben.

$d_j = d$ Betrachtet wird der Spezialfall, in dem alle Aufträge den gleichen Liefertermin haben.

r_j	Ankunftszeiten müssen berücksichtigt werden, d.h. dass ein Auftrag j nicht vor dem Zeitpunkt r_j bearbeitet werden darf.
pmtn	Grundsätzlich wird angenommen, dass Aufträge ohne Unterbrechung auf einer Maschine bearbeitet werden müssen. (Gleichbedeutend kann angenommen werden, dass ein Auftrag zwar unterbrochen werden darf, er aber nach Wiederaufnahme erneut seine gesamte Bearbeitungszeit zur Fertigstellung benötigt). Findet sich im Feld β hingegen der Eintrag *pmtn* (preemption) für *Unterbrechung*, so dürfen Aufträge beliebig oft unterbrochen und auch wieder fortgeführt werden, ohne dass sich dadurch die Bearbeitungszeit dieses Auftrags erhöht.
prec	Dieser Eintrag wird gesetzt, wenn *Vorrangbeziehungen* (precedence constraints) vorliegen. Eine Vorrangbeziehung $i \to k$ besagt, dass Auftrag k erst dann starten darf, nachdem Auftrag j beendet ist. Entsprechende Bedingungen können sowohl in Einmaschinenmodellen als auch in Mehrmaschinenmodellen auftreten.
s_{jk}	Durch den Wert s_{jk} werden *reihenfolgeabhängige Rüstzeiten* (setup times) zwischen Auftrag j und Auftrag k dargestellt. Wird auf einer Maschine nach Auftrag j der Auftrag k ausgeführt, so muss die Maschine für s_{jk} Zeiteinheiten unbelegt bleiben. s_{0k} beschreibt die Rüstzeit, wenn Auftrag k als erstes auf einer Maschine ausgeführt wird. Liegen reihenfolgeunabhängige Rüstzeiten vor, so können diese in der Modellierung in die Bearbeitungszeit integriert werden und bedürfen keiner expliziten Betrachtung.
prmu	Diese Restriktion betrifft ausschließlich Flow Shops. Bei einem Flow Shop ist die Reihenfolge, in der Aufträge die Maschinen besuchen, vorgegeben. Allerdings dürfen zwei unterschiedliche Maschinen die Aufträge in verschiedenen Reihenfolgen bearbeiten (Ein Auftrag darf einen anderen zwischen zwei Maschinen „überholen"). Wird zusätzlich gefordert, dass alle Maschinen die Aufträge in der gleichen Reihenfolge bearbeiten, also nur eine *Permutation* der Aufträge gesucht ist, wird dieser Eintrag ins Feld β gesetzt.
nwt	Auch die Einschränkung *no wait* betrifft nur Flow Shops. Nachdem ein Auftrag auf einer Maschine fertiggestellt wurde, muss

die Bearbeitung auf der nächsten Maschine ohne Wartezeit beginnen (dadurch ist automatisch auch der Fall *prmu* gegeben). In der Praxis kommt solch eine Situation z.b. bei der Stahlverarbeitung vor, bei der der Stahl ohne Unterbrechung weiterverarbeitet werden muss, da er ansonsten zu stark abkühlen würde.

Liefertermine werden im Feld β nicht explizit aufgeführt, da ihre Notwendigkeit durch die Zielfunktion deutlich wird. Obwohl es in der Praxis häufig mehrere Ziele zu verfolgen gilt, nehmen wir an, dass im Feld γ wiederum nur ein Eintrag vorhanden ist. Es sei nochmals erwähnt, dass alle genannten Zielwerte zu minimieren sind.

$C_{\max}$ Die *Gesamtdauer* (makespan) eines Ablaufplans entspricht dem Fertigstellungszeitpunkt des Auftrags, der als letztes fertiggestellt wird: $C_{\max} := \max\{C_1, \ldots, C_n\}$. Dieses Ziel führt tendenziell zu einer gleichmäßigen Lastverteilung.

$L_{\max}$ Die Verspätung eines Auftrags j ist, wie bereits bekannt, $L_j := C_j - d_j$ (lateness). Entsprechend ist die *maximale Verspätung* durch $L_{\max} := \max\{L_1, \ldots, L_n\}$ gegeben. Es ist zu beachten, dass die Verspätung bei vorzeitiger Fertigstellung negativ ist (im Gegensatz zur Terminüberschreitung, s.u.).

$\sum C_j$ Die *Summe der Fertigstellungszeitpunkte* ist als Zielkriterium besonders geeignet um die (Zwischen-)Lagerbestandskosten zu reduzieren. Durch Minimierung von $\sum C_j$ wird äquivalent die mittlere Durchlaufzeit($\sum C_j/n$) minimiert, wodurch die „Wartezeit" (=Lagerzeit) der Aufträge vor ihrer Fertigstellung minimiert wird.

$\sum w_j C_j$ Als Verallgemeinerung lässt sich auch die *Summe der gewichteten Fertigstellungszeitpunkte* minimieren, die z.B. verschiedene Lagerhaltungskostensätze berücksichtigen kann.

$\sum T_j$ Als Terminüberschreitung eines Auftrags j wird der Wert $T_j := \max\{C_j - d_j, 0\} = \max\{L_j, 0\}$ bezeichnet. Die *Summe der Terminüberschreitungen* soll minimiert werden.

$\sum w_j T_j$ Eine Verallgemeinerung ist die *Summe der gewichteten Terminüberschreitungen*, bei der die Terminüberschreitung einzelner Aufträge schlimmer wiegt als die anderer.

$\sum U_j$ Die *Anzahl der Terminüberschreitungen* wird mit Hilfe von Binärvariablen

$$U_j := \begin{cases} 1 & \text{wenn } C_j > d_j \\ 0 & \text{sonst} \end{cases}$$

für Auftrag j dargestellt.

$\sum w_j U_j$ Auch bei Terminüberschreitungen lässt sich allgemeiner die *gewichtete Anzahl der Terminüberschreitungen* definieren.

$\sum Y_j$ Die Zeiteinheiten eines Auftrags j, die nach dem Liefertermin d_j ausgeführt werden, werden als verspätete Arbeit Y_j bezeichnet. Wird ein Auftrag ohne Unterbrechung ausgeführt, so gilt $Y_j := \min\{T_j, p_j\}$. Die *Summe der verspäteten Arbeit* soll minimiert werden.

$\sum w_j Y_j$ Eine Verallgemeinerung ist die *Summe der gewichteten verspäteten Arbeit*, bei der die verspäteten Zeiteinheiten bestimmter Aufträge schlimmer wiegen als die anderer.

Der Unterschied zwischen den (ungewichteten) vom Liefertermin abhängigen Zielfunktionen ist in Abbildung 2.1 graphisch dargestellt. Während die Verspätung L_j linear ist und dabei eine frühzeitige Fertigstellung belohnt wird, gibt es bei der Terminüberschreitung T_j keine derartige Belohnung. Bei der Anzahl der Terminüberschreitungen U_j ist nur relevant, ob eine Terminüberschreitung vorliegt oder nicht. Bei der verspäteten Arbeit Y_j steigt der Zielfunktionswert nach Überschreiten des Liefertermins zunächst an, ist aber durch die Bearbeitungszeit p_j begrenzt. Alle vier Zielfunktionen können nur als Annäherung an die Praxis verstanden werden, da häufig keine Linearität vorliegt und frühzeitige Fertigstellungen auf Grund der dann notwendigen Lagerung womöglich eher schädlich sind.

Die hier beschriebenen Werte für α, β und γ sind bei weitem nicht vollständig. Entsprechend gibt es durch die zahlreichen Kombinationsmöglichkeiten eine enorme Zahl von Ablaufplanungsproblemen.

Beispiel 2.2
Durch die oben dargestellten Werte für α, β und γ lassen sich (wenn m nicht weiter spezifiziert wird) insgesamt 4480 Ablaufplanungsprobleme beschreiben:

Kapitel 2. Maschinenumgebungen, Ablaufeigenschaften, Ziele   23

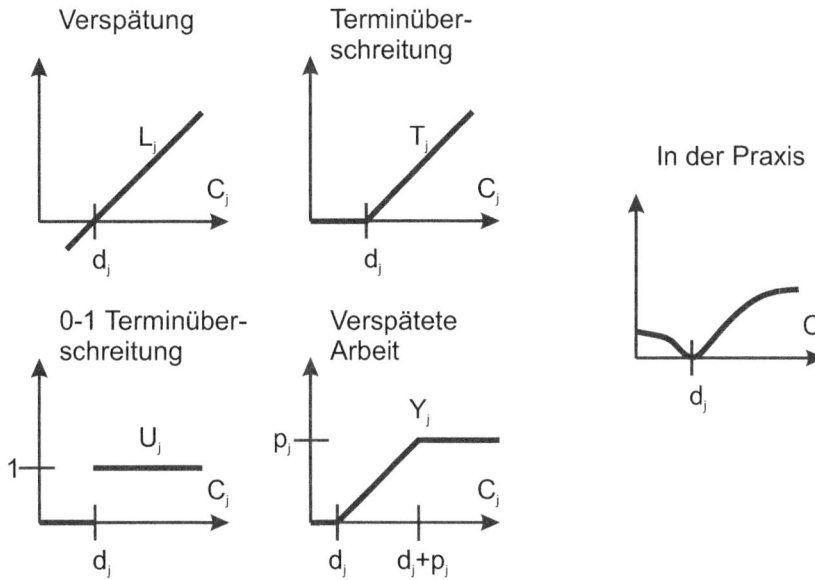

Abbildung 2.1.: Vom Liefertermin abhängige Zielfunktionen (in Anlehnung an Pinedo (2016), S.18)

Ohne Flow Shop (wird später betrachtet) gibt es 4 Maschinenausprägungen. Im Feld β können beliebig viele Werte stehen. Von den 6 Auswahlmöglichkeiten gibt es also $2^6 = 64$ Kombinationen. Es gibt 10 unterschiedliche Ziele, so dass insgesamt $4 \cdot 64 \cdot 10 = 2560$ Problemstellungen vorkommen.

Im Flow Shop können die oben genannten 64 möglichen Einträge im Feld β um einen aus 2 möglichen Werten ergänzt werden. Hier liegen also 192 Möglichkeiten vor. Somit gibt es $192 \cdot 10 = 1920$ Kombinationen im Flow Shop und 4480 insgesamt.

Die in den Beispielen 1.1 und 1.3 bisher betrachteten Probleme ließen sich mit den vorgestellten Verfahren sehr leicht lösen. Wir werden allerdings feststellen, dass viele Probleme sich nur „sehr schwer" lösen lassen (was das genau bedeutet, wird im nächsten Kapitel behandelt). Ein Ziel dieses Buches ist es, eine Trennlinie zwischen „leichten" und „schweren" Ablaufplanungsproblemen zu ziehen. Vorher betrachten wir aber noch ein weiteres, leicht lösbares Beispiel.

Beispiel 2.3 $(1||\sum w_j C_j)$
Betrachten wir das Ablaufplanungsproblem $1||\sum w_j C_j$ mit der folgenden Instanz.

j	1	2	3	4
p_j	3	5	6	8
w_j	5	10	9	1

Wie sieht der optimale Ablaufplan für dieses Beispiel aus? Falls Sie den optimalen Ablaufplan nicht sofort bestimmen können, versuchen Sie Eigenschaften des optimalen Ablaufplans zu finden: Gibt es einen Auftrag, der sehr früh oder sehr spät eingeplant werden sollte? Gibt es einen Auftrag, der auf jeden Fall vor bzw. nach einem anderen Auftrag ausgeführt werden sollte? Nutzen Sie diese Überlegungen, um allgemein zu beschreiben, wie der optimale Ablaufplan des Problems $1||\sum w_j C_j$ aussehen sollte.

Der optimale Ablaufplan lautet $S = (2, 1, 3, 4)$ (siehe Abbildung 2.2). Der Zielfunktionswert berechnet sich dabei wie folgt: Auftrag 1 endet zum Zeitpunkt 8 ($C_1 = 8$) und hat Gewicht 5 und trägt somit mit $5 \cdot 8 = 40$ zum Zielfunktionswert bei. Analog für die anderen Aufträge, so dass der Zielfunktionswert insgesamt $5 \cdot 8 + 10 \cdot 5 + 9 \cdot 14 + 1 \cdot 22 = 238$ beträgt.

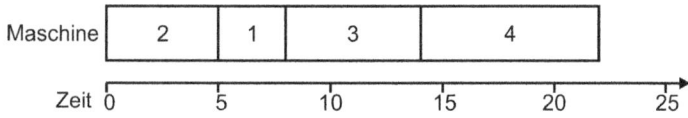

Abbildung 2.2.: Optimaler Ablaufplan

Allgemein lässt sich feststellen, dass sich Aufträge wieder sortieren lassen, um den optimalen Ablaufplan zu erhalten. Als Sortierkriterium wird diesmal der Wert p_j/w_j festgelegt, nach dem aufsteigend sortiert werden soll. Ein Auftrag, dessen Bearbeitungszeit geteilt durch sein Gewicht am kleinsten ist, wird also als erstes ausgeführt werden. Diese Sortierregel wird auch WSPT (weighted shortest processing time) oder Smith-Regel genannt. Alternativ können natürlich ebenfalls die Werte w_j/p_j absteigend sortiert werden. Beide Sortierungen führen zum gleichen Ergebnis; lediglich Aufträge mit gleichen Quotienten dürfen vertauscht werden.

Dass diese Sortierung zu einem optimalen Ablaufplan führt, zeigt der folgende Satz.

Satz 2.4 *($1||\sum w_j C_j$)*
Sei S ein optimaler Ablaufplan für das Problem $1||\sum w_j C_j$. Weiter seien j und k zwei Aufträge mit $S(j) < S(k)$, d.h. dass j vor k ausgeführt wird. Dann muss $\frac{w_j}{p_j} \geq \frac{w_k}{p_k}$ gelten.

BEWEIS: Wir nehmen an, es gäbe einen optimalen Ablaufplan, in dem für ein Paar von Aufträgen j und k mit $S(j) < S(k)$ der Fall $\frac{w_j}{p_j} < \frac{w_k}{p_k}$ auftritt. Wird unter diesen Auftragspaaren das Paar j und k mit minimalem Abstand zueinander gewählt (mit kleinster Anzahl von Aufträgen zwischen den Positionen $S(j)$ und $S(k)$), so gilt $S(j)+1 = S(k)$, d.h. dass die Aufträge benachbart sind. Ansonsten gilt aufgrund der Wahl von j und k für jeden Auftrag j' mit $S(j) < S(j') < S(k)$, dass $\frac{w_k}{p_k} > \frac{w_j}{p_j} \geq \frac{w'_j}{p'_j} \geq \frac{w_k}{p_k}$, was nicht sein kann.

Sei c der Startzeitpunkt von j in S. Der durch Auftrag j und k induzierte Zielfunktionswert von S beträgt somit $(c + p_j)w_j + (c + p_j + p_k)w_k = cw_j + p_j w_j + cw_k + p_j w_k + p_k w_k$. Betrachten wir nun einen Ablaufplan S', der im Vergleich zu S nur die beiden Aufträge j und k vertauscht. Es gilt also $S'(j') = S(j')$ für alle $j' \neq j, k$, $S'(j) = S(k)$ und $S'(k) = S(j)$. Da j und k benachbart sind, unterscheiden sich die Zielfunktionswerte der beiden Ablaufpläne nur durch den von j und k induzierten Wert. In S' beträgt dieser $(c+p_k)w_k+(c+p_k+p_j)w_j = cw_k+p_k w_k+cw_j+p_k w_j+p_j w_j$. Da $p_k w_j < p_j w_k$ (laut Annahme), ist der Zielfunktionswert von S' also geringer als der von S. Das ist aber ein Widerspruch zu der Annahme, dass S optimal ist. □

3. Komplexitätstheoretische Grundlagen

In den Beispielen 1.1 und 1.3 haben wir die Probleme $1||L_{\max}$ und $1||\sum U_j$ kennengelernt. In den Beispielen wurden auch Probleminstanzen (also konkrete Zahlenwerte für die Problemstellung) genannt. Wir konnten zeigen, dass sich die Problemstellungen mittels der Lieferterminregel bzw. dem Algorithmus von Moore nicht nur für die genannten Instanzen leicht lösen lassen, sondern für sämtliche Probleminstanzen.

Im Folgenden werden wir präzisieren, was es bedeutet, dass eine Problemstellung „leicht" oder „schwer" lösbar ist. Es sei angemerkt, dass es für jede noch so schwere Problemstellung natürlich (triviale) Probleminstanzen geben kann, die sich auf jeden Fall leicht lösen lassen.

3.1. Entscheidungsprobleme und deren Kodierung

Der Einfachheit halber gehen wir bei den zu betrachtenden Problemstellungen zunächst von Entscheidungsproblemen aus. Das bedeutet, dass im Gegensatz zu einem Optimierungsproblem, bei dem eine Lösung einen beliebigen numerischen Wert annehmen kann, nur eine Ja-Nein-Antwort gesucht wird. Dies ist keine starke Einschränkung, denn jedes Optimierungsproblem kann mit einer Reihe von Entscheidungsproblemen gelöst werden. So kann z.B. das Optimierungsproblem $1||\sum w_j C_j$ („Finde einen Ablaufplan, so dass $\sum w_j C_j$ minimal ist!") durch das wiederholte Lösen des Entscheidungsproblems „Gibt es einen Ablaufplan, bei dem $\sum w_j C_j \leq \varphi$ gilt?" mit verschiedenen Werten für φ gelöst werden.

Kapitel 3. Komplexitätstheoretische Grundlagen

Definition 3.1 (Entscheidungsproblem)
Ein Entscheidungsproblem Π besteht aus einer Menge D_Π (die sogenannten Instanzen) und einer Menge $Y_\Pi \subseteq D_\Pi$ (die sogenannten Ja-Instanzen).

Die Mengen D_Π und Y_Π haben für gewöhnlich unendlich viele Elemente und werden daher nicht explizit angegeben, sondern generisch beschrieben.

Beispiel 3.2 ($1 \| \sum w_j C_j$)
INSTANZ: Gegeben sei eine Maschine, n Aufträge und für jeden Auftrag j eine Bearbeitungszeit p_j und ein Gewicht w_j. Weiter sei ein Zielwert φ gegeben.

FRAGE: Gibt es eine Permutation der Aufträge, so dass $\sum w_j C_j \leq \varphi$?

Jede Kombination von möglichen Zahlenwerten der Parameter von INSTANZ ist ein Element, eine Instanz, der Menge D_Π. Die Menge Y_Π beinhaltet dann die Instanzen, für die die FRAGE mit *Ja* beantwortet wird. (deutlich kürzer ist selbstverständlich die Beschreibung $1 \| \sum w_j C_j$).

Es sei angemerkt, dass ein Optimierungsproblem immer mindestens so schwer lösbar ist, wie das zugehörige Entscheidungsproblem. Wir beschränken uns aber hauptsächlich deshalb auf Entscheidungsprobleme, weil diese sich leichter auf die Berechnungskonzepte der Informatik übertragen lassen. Zu diesen Konzepten gehört u.a. der Begriff einer (formalen) Sprache.

Definition 3.3 (Alphabet, Wort, Sprache)
Ein Alphabet ist eine endliche Menge von Symbolen Σ. Eine Aneinanderreihung von endlich vielen Symbolen aus Σ heißt Wort. Die Menge der Wörter des Alphabets Σ wird mit Σ^* bezeichnet. Eine Teilmenge $L \subseteq \Sigma^*$ heißt Sprache über dem Alphabet Σ.

Beispiel 3.4 (Deutsche Sprache)
Für Σ könnten die deutschen Buchstaben gewählt werden: $\Sigma = \{a,b,c,\ldots,z,ä,ö,ü,ß,A,B,C,\ldots,Z,Ä,Ö,Ü\}$. Die Menge der Wörter Σ^* würde dann alle denkbaren Buchstabenkombinationen enthalten. Als Sprache L ließen sich dann alle im Duden vorkommenden Wörter definieren. L könnte aber z.B. auch nur alle Substantive umfassen oder alle Buchstabenkombinationen mit maximal 40 Buchstaben.

3.1. Entscheidungsprobleme und deren Kodierung

Beispiel 3.5 (Natürliche Zahlen)
Sei $\Sigma = \{1, 2, 3, 4, 5, 6, 7, 8, 9, 0\}$. Dann ist $\Sigma^* = \mathbb{N}$. Als Sprache L könnten dann z.B. die geraden natürlichen Zahlen oder die Primzahlen gewählt werden.

Beispiel 3.6 ($1|| \sum w_j C_j$)
Sei $\Sigma = \{1, 2, 3, 4, 5, 6, 7, 8, 9, 0, ';', '-'\}$, also die zehn Ziffern und das Semikolon und der Bindestrich. Die beiden letzteren sollen als Trennsymbole fungieren. Wir betrachten nun alle Worte

- bei denen niemals zwei Trennsymbole aufeinanderfolgen,
- die nicht mit einem Trennsymbol beginnen oder enden,
- bei denen genau zwei Semikolons vorkommen
- bei denen genau die Hälfte aller Bindestriche vor dem ersten Semikolon und die restlichen zwischen dem ersten und zweiten Semikolon vorkommen.

Also z.B. (3-34-5;12-4-2;603). Wenn wir die Zahlen vor dem ersten Semikolon (getrennt durch die Bindestriche) als Bearbeitungszeiten auffassen, die Zahlen nach dem ersten Semikolon als Gewichte, und die letzte Zahl als Zielwert φ, so lassen sich Instanzen des Entscheidungsproblems von $1|| \sum w_j C_j$ mit Hilfe der Wörter auf diesem Alphabet kodieren. Als Sprache definieren wir dann die Instanzen, für die es eine Ablaufplan mit Zielwert kleiner gleich φ gibt. Wollen wir etwa die Instanz aus Beispiel 2.3 dahingehend überprüfen, ob ein Zielwert von $\varphi = 243$ möglich ist, so wäre die entsprechende Kodierung der Instanz (3-5-6-8;5-10-9-1;243). Diese Instanz gehört zu der Sprache, denn die zugehörige Entscheidungsfrage kann mit Ja beantwortet werden.

Bemerkung 3.7:
- Sämtliche Entscheidungsprobleme lassen sich mit einer Sprache basierend auf *jedem* Alphabet, das mindestens zwei Symbole umfasst, darstellen.
- Die Darstellung eines Entscheidungsproblems ist für ein gegebenes Alphabet nicht eindeutig. Wenn wir allerdings davon ausgehen, dass keine offensichtlich ungünstige Darstellung gewählt wird, ist die genaue Darstellung irrelevant.
- Die Wahl des Alphabets ist unter Umständen von Bedeutung, wie wir im Verlauf noch sehen werden.

- Die Kodierung des Problems $1||\sum w_j C_j$ in Beispiel 3.6 ist selbst dann noch hinreichend, wenn nur ein Trennsymbol verwendet wird: (3-5-6-8-5-10-9-1-243). Die letzte Zahl steht dann für φ, die übrigen Zahlen teilen sich dann hälftig in Bearbeitungszeiten und Gewichte auf.

- Wird ein Entscheidungsproblem kodiert, so wird die Sprache in der Regel so gewählt, dass sie genau den Ja-Instanzen entspricht.

Beispiel 3.8 (Binär- und Unärdarstellung von $1||\sum w_j C_j$)
Sei $\Sigma = \{0, 1, -\}$. Analog zu Beispiel 3.6 kann das Problem $1||\sum w_j C_j$ kodiert werden, indem die Binärdarstellung der Zahlen gewählt wird: (11-101-110-1000-101-1010-1001-1-11110011)

Es ist sogar möglich, nur eine Ziffer und ein Trennzeichen zu verwenden (die sogenannte Unärdarstellung), $\Sigma = \{1, -\}$. Um eine Zahl x darzustellen, wird die Ziffer 1 insgesamt x mal notiert. Der Anfang der Instanz würde dann wie folgt dargestellt: (111-11111-111111-11111111-...)

3.2. Deterministische Turingmaschine

Zur Lösung eines Entscheidungsproblems, also zur Klärung der Frage ob eine Instanz eine Ja-Instanz ist, wird ein Lösungsverfahren benötigt. Das Lösungsverfahren muss selbstverständlich auch ausgeführt werden. Die Ausführung geschieht mit Hilfe eines Rechners (Gehirn, Computer). Um die Schwierigkeit einer Problemstellung möglichst allgemein zu untersuchen, wird wieder ein sehr allgemeines Modell eines Rechenverfahrens verwendet, das die Stärken und Schwächen unterschiedlicher Denkleistungen oder (handelsüblicher) Computer außen vor lässt.

Das Konzept einer sogenannten Turingmaschine wurde von Alan Turing 1936 bereits vor dem Bau realer Computer vorgestellt (Turing (1936)). Etwas vereinfacht kann man sich eine Turingmaschine wie einen handelsüblichen Computer mit nur einem Prozessor vorstellen, der nur ein einziges Programm ausführen kann (zur Lösung des zu betrachtenden Entscheidungsproblems) und der einen unendlich großen Arbeitsspeicher besitzt. Für mehr Details verweisen wir auf das grundlegende Buch zur Einführung in die Komplexität von Garey und Johnson (1979).

3.2. Deterministische Turingmaschine

Definition 3.9 (Deterministische Turingmaschine)
Eine deterministische Turingmaschine (DTM) besteht aus

- einer Menge Γ von Symbolen, die sich mindestens aus der Menge von Eingabesymbolen Σ und einem Leerzeichen $\square$ zusammensetzt: $\Gamma \supseteq \Sigma \cup \{\square\}$

- einer endlichen Menge von Zuständen Q, in der ein Startzustand $q_0 \in Q$, ein Yes-Stoppzustand $q_Y \in Q$ und ein No-Stoppzustand $q_N \in Q$ enthalten sind. $Q^- := Q \setminus \{q_Y, q_N\}$ beschreibt alle Zustände ohne die Stoppzustände.

- eine Übergangsfunktion $\delta : Q^- \times \Gamma \to Q \times \Gamma \times \{\leftarrow, \rightarrow\}$.

Bildlich lässt sich eine Turingmaschine wie in Abbildung 3.1 vorstellen. Es gibt einen zu beiden Seiten unendlich langen Streifen mit Speicherplätzen für Symbole aus Γ. Zu Beginn ist auf diesem Streifen die Eingabe, ein Wort aus Σ^*, gespeichert und alle weiteren Speicherplätze enthalten das Leerzeichen $\square$. Ein Schreib-Lese-Kopf ist zunächst bei dem ersten Symbol der Eingabe positioniert. Des weiteren wird der aktuelle Zustand der Maschine q_0 angezeigt.

Abbildung 3.1.: Darstellung einer Turingmaschine im Initialzustand

Der Schreib-Lese-Kopf liest nun das aktuelle Symbol aus. Die Übergangsfunktion erhält als Eingabe den aktuellen Zustand sowie das aktuelle Symbol und ermittelt daraus

- einen neuen Zustand,
- ein Symbol, das vom Schreib-Lese-Kopf an die aktuelle Position auf dem Streifen geschrieben wird, und

- entweder das Symbol ← oder das Symbol →. Bei ← bewegt sich der Schreib-Lese-Kopf um eine Position nach links, andernfalls um eine Position nach rechts.

Falls der neue Zustand ein Stoppzustand ist, endet die Prozedur. Andernfalls setzt sich der Vorgang nach dem gleichen Schema fort, beginnend mit dem Auslesen des Symbols auf der aktuellen Position des Schreib-Lese-Kopfes.

Beispiel 3.10 (DTM für Teilbarkeit durch 4)
Wir betrachten folgendes Entscheidungsproblem:
INSTANZ: Gegeben sei eine positive ganze Zahl.
FRAGE: Lässt sich die Zahl ohne Rest durch 4 teilen?

Als Alphabet wählen wir die Binärdarstellung. Da nur eine Zahl eingegeben werden muss, kann auf ein Trennzeichen verzichtet werden, d.h. $\Sigma = \{0,1\}$. Eine Binärzahl ist genau dann ohne Rest durch 4 teilbar, wenn die letzten beiden Ziffern null sind.

Eine DTM zur Lösung dieses Problems könnte mit den folgenden Zuständen arbeiten, $Q = \{q_0, q_1, q_2, q_N, q_Y\}$:

q_0: Schreib-Lese-Kopf soll zum Ende der Eingabe gelangen, ist dort aber noch nicht angekommen.

q_1: Schreib-Lese-Kopf ist bereit, das letzte Zeichen einzulesen.

q_2: Schreib-Lese-Kopf ist bereit, das vorletzte Zeichen einzulesen.

Die Übergangsfunktion δ benötigt als Eingabe einen Wert aus $\{q_0, q_1, q_2\}$ und einen Wert aus Γ. Sie gibt dann einen Zustand aus Q, einen auf das aktuelle Feld zu schreibenden Wert aus Γ und die Verschieberichtung zurück. Sie lässt sich für die unterschiedlichen Eingabewerte wie folgt beschreiben.

	0	1	□
q_0	$(q_0, 0, \rightarrow)$	$(q_0, 1, \rightarrow)$	$(q_1, \Box, \leftarrow)$
q_1	$(q_2, 0, \leftarrow)$	$(q_N, 1, \leftarrow)$	$(q_N, \Box, \leftarrow)$
q_2	$(q_Y, 0, \leftarrow)$	$(q_N, 1, \leftarrow)$	$(q_N, \Box, \leftarrow)$

Die Erstellung von Programmen für eine DTM wird uns im Folgenden nicht weiter interessieren. Eine DTM ist eine allgemeine Beschreibung von Rechenverfahren, auf die sämtliche reale Computerprogramme zurückgeführt werden können. Im Gegensatz zu realen Programmen kann eine

3.2. Deterministische Turingmaschine

DTM allerdings dazu genutzt werden, die Zeitkomplexität eines Problems, also die Frage, wie lange es im worst case dauert, eine Probleminstanz zu lösen, zu präzisieren.

Definition 3.11 (Laufzeit einer DTM)
Sei $x \in \Sigma^*$ die Instanz eines Entscheidungsproblems, $|x|$ die Anzahl der Symbole in x und T eine deterministische Turingmaschine zur Lösung dieses Entscheidungsproblems. Dann beschreibt T_x die Anzahl der Bewegungen des Schreib-Lese-Kopfes bis die Maschine zu einem Stopp kommt ($T_x = \infty$ ist möglich). Die Laufzeit $T(n)$ einer deterministischen Turingmaschine ist gegeben durch

$$T(n) := \max\{T_x | x \in \Sigma^*, |x| = n\}.$$

Eine Turingmaschine hat

- *lineare Laufzeit, wenn es eine natürliche Zahl $a \in \mathbb{N}$ gibt, so dass $T(n) \leq a \cdot n \; \forall n \in \mathbb{N}$ gilt (in der Landau-Notation ausgedrückt durch $T(n) \in O(n)$),*

- *polynomielle Laufzeit, wenn es natürliche Zahlen $a, b \in \mathbb{N}$ gibt, so dass $T(n) \leq a \cdot n^b \; \forall n \in \mathbb{N}$ gilt ($T(n) \in O(n^b)$),*

- *(mindestens) exponentielle Laufzeit, wenn es zwei natürliche Zahlen $a, n_0 \in \mathbb{N}$, $a > 1$ gibt, so dass $T(n) \geq a^n \; \forall n \in \mathbb{N}$ mit $n \geq n_0$ gilt.*

Beispiel 3.12 (Laufzeit einer DTM)
Die Instanzen $\Sigma^* = \{x(1), x(2), \ldots\}$ eines Entscheidungsproblems seien aufsteigend bzgl. der Anzahl der Symbole nummeriert. Die Anzahl der Symbole sei dabei für die ersten 24 Instanzen wie folgt gegeben:

$|x|$	1	2	3	4	5	6	7	8	9	...
x				$x(1)$	$x(2)$	$x(4)$	$x(6)$	$x(10)$	$x(16)$	
					$x(3)$	$x(5)$	$x(7)$	$x(11)$	$x(17)$	
							$x(8)$	$x(12)$	$x(18)$	
							$x(9)$	$x(13)$	$x(19)$	
								$x(14)$	$x(20)$	
								$x(15)$	$x(21)$	
									$x(22)$	
									$x(23)$	
									$x(24)$	

Diese ersten 24 Instanzen haben folgende Laufzeiten:

x	$x(1)$	$x(2)$	$x(3)$	$x(4)$	$x(5)$	$x(6)$	$x(7)$	$x(8)$
T_x	6	4	10	12	12	7	13	14

x	$x(9)$	$x(10)$	$x(11)$	$x(12)$	$x(13)$	$x(14)$	$x(15)$	$x(16)$
T_x	8	7	4	10	16	12	10	12

x	$x(17)$	$x(18)$	$x(19)$	$x(20)$	$x(21)$	$x(22)$	$x(23)$	$x(24)$
T_x	10	15	18	8	11	14	16	16

Daraus ergeben sich für die Laufzeit der deterministischen Turingmaschine folgende Werte:

n	1	2	3	4	5	6	7	8	9	...
$T(n)$	–	–	–	6	10	12	14	16	18	

Allein basierend auf diesen Zahlen ist keine definitive Aussage möglich, ob die Turingmaschine lineare, polynomielle oder exponentielle Laufzeit hat (oder keins der drei). Schließlich kann sich das Verhalten von $T(n)$ bei größeren n verändern. Die Vermutung liegt aber nahe, dass $T(n) \leq 2n$ gilt, was auf eine lineare Laufzeit hindeutet.

Bemerkung 3.13:
- Für die Berechnung der Laufzeit einer DTM wird also diejenige Instanz mit einer bestimmten Eingabelänge herangezogen, die die meisten Bewegungen des Schreib-Lese-Kopfes verursacht (worst case).

- Die Eingabelänge hängt stark von der Kodierung ab und daher kann die Kodierung auch Einfluss auf die Laufzeit einer DTM haben. Meist ist die Kodierung (sofern sie einigermaßen rational gewählt ist) allerdings irrelevant. Eine Besonderheit stellt nur die Kodierung in Unärdarstellung dar, die wir im Folgenden aber nur am Rande betrachten werden.

- Die präzise Bestimmung der Eingabelänge ist in der Regel nicht erforderlich, um zu erkennen, ob eine DTM lineare, polynomielle oder exponentielle Laufzeit hat. Daher ist es in der Ablaufplanung bis auf wenige Ausnahmen möglich, die Eingabelänge durch die Anzahl der Aufträge n und/oder die Anzahl der Maschinen m zu definieren.

3.2. Deterministische Turingmaschine

- Es gibt Turingmaschinen, deren Laufzeit weder linear noch polynomiell ist (da sie zu langsam sind), aber auch nicht exponentiell ist (z.B. wenn $T(n) \approx ln(n)^{ln(n)}$). Diesen eher seltenen Fall werden wir aber nicht weiter betrachten.

- Jedes Computerprogramm ließe sich auch als deterministische Turingmaschine darstellen. Die in allen gängigen Programmiersprachen vorhandenen (Basis-)Operationen wie Addition, Multiplikation, Größenvergleich zweier Zahlen etc. lassen sich auf einer Turingmaschine in linearer Zeit ausführen (zumindest bei der gleichen, binären Kodierung). Das bedeutet, dass die Anzahl der in einem Computerprogramm (oder allgemeiner: in einem Algorithmus) vorkommenden Operationen Aufschluss über die Laufzeit der zugehörigen DTM gibt.

Beispiel 3.14 ($1||L_{\max}$)
Das Problem $1||L_{\max}$ kann gelöst werden, indem die Aufträge nach Lieferterminregel sortiert werden (Satz 1.2). Für das Sortieren von n Aufträgen benötigt man z.B. mit „Bubblesort" maximal n^2 Vergleiche. Für das Problem gibt es also eine DTM mit polynomieller Laufzeit.

Definition 3.15 (Klasse P)
Ein Entscheidungsproblem liegt genau dann in der <u>Klasse P</u>, wenn es eine deterministische Turingmaschine mit polynomieller Laufzeit gibt, die das Entscheidungsproblem (korrekt) löst.

Bemerkung 3.16:
Ein Entscheidungsproblem liegt in der Klasse P, wenn es (mindestens) eine DTM mit polynomieller Laufzeit gibt. Wir betrachten also die beste aller möglichen Turingmaschinen (best case). Im Gegensatz dazu berechnet sich die Laufzeit der Turingmaschine an der jeweils schwierigsten Instanz einer bestimmten Eingabelänge (worst case).

Beispiel 3.17
Die Probleme $1||L_{\max}, 1||\sum U_j, 1||\sum w_j C_j$ sowie die Frage, ob eine Zahl durch vier teilbar ist, liegen in der Klasse P.

3.3. Nichtdeterministische Turingmaschine und NP-Schwere

Für viele Probleme lässt sich zeigen, dass sie in der Klasse P liegen. Allerdings gestaltet es sich häufig äußerst schwierig zu zeigen, dass ein (Entscheidungs-)Problem NICHT in der Klasse P liegt, und somit ist es für eine Vielzahl von Problemen nicht geklärt, ob sie in P liegen oder nicht. Die Forschung ist aber so weit, dass sie eine große Menge von Entscheidungsproblemen benennen kann (die NP-vollständigen Probleme, s.u.), für die gilt, dass, wenn eines dieser Probleme in P liegen sollte, sämtliche anderen Probleme aus dieser Menge ebenfalls in P liegen.

Um diese Menge zu spezifizieren, benötigen wir den Begriff der nichtdeterministischen Turingmaschine (NDTM). Es sei angemerkt, dass wir in diesem Buch ein leichter verständliches Modell einer NDTM betrachten, nämlich eine Turingmaschine mit Zusatzeingabe. Dieses Modell ist zu einer NDTM äquivalent, so dass wir weiterhin von einer NDTM sprechen. Die Eingabe einer NDTM setzt sich dabei aus zwei Teilen x und $x^{(L)}$ zusammen. x entspricht dabei der Instanz eines Entscheidungsproblems (wie bei einer DTM) und nur die Länge von x wird bei der Berechnung der Laufzeit der NTDM berücksichtigt. $x^{(L)}$ kann hingegen als Lösung des Entscheidungsproblems aufgefasst werden.

Beispiel 3.18 ($1 || \sum w_j C_j$)

INSTANZ: Gegeben sei eine Maschine, n Aufträge und für jeden Auftrag j eine Bearbeitungszeit p_j und ein Gewicht w_j. Weiter sei ein Zielwert φ gegeben.

FRAGE: Gibt es eine Permutation der Aufträge, so dass $\sum w_j C_j \leq \varphi$?

In Beispiel 3.6 wurde dargestellt, wie dieses Entscheidungsproblem kodiert werden kann, so dass es einer Eingabe x einer DTM entspricht. Die zusätzliche Eingabe $x^{(L)}$ einer NDTM könnte eine Permutation der Aufträge sein. Wenn es sich dabei idealerweise um die Permutation handelt, die $\sum w_j C_j$ minimiert, so muss die Turingmaschine nur noch prüfen, ob diese Permutation die Entscheidungsfrage mit Ja oder Nein beantworten lässt.

Definition 3.19 (Nichtdeterministische Turingmaschine)
Eine nichtdeterministische Turingmaschine (NDTM) entspricht genau einer deterministischen Turingmaschine mit dem einzigen Unterschied,

3.3. Nichtdeterministische Turingmaschine und NP-Schwere

dass sie neben der eigentlichen Eingabe $x \in \Sigma^*$ eine weitere (möglicherweise leere) Eingabe $x^{(L)} \in \Sigma^*$ erhält.

Analog zur Laufzeit einer DTM lässt sich die Laufzeit einer NDTM definieren. Wie bereits erwähnt, wird dabei als Eingabelänge nur die Länge von x, nicht aber die Länge von $x^{(L)}$ herangezogen.

Definition 3.20 (Klasse NP)
Ein Entscheidungsproblem x liegt genau dann in der <u>Klasse NP</u>, wenn es eine nichtdeterministische Turingmaschine mit polynomieller Laufzeit gibt, für die es mindestens eine zusätzliche Eingabe $x^{(L)}$ gibt, so dass die NDTM das Entscheidungsproblem (korrekt) löst.

Damit ein Problem in *NP* liegt, muss es nur eine ganz bestimmte Eingabe $x^{(L)}$ geben, so dass die zugehörige NDTM polynomielle Laufzeit hat. Für alle anderen zusätzlichen Eingaben kann die Laufzeit beliebig sein. Diese bestimmte Eingabe $x^{(L)}$ kann dabei als richtige Lösung aufgefasst werden. Ein Problem liegt also in *NP*, wenn bei Vorliegen der richtigen Lösung in polynomieller Zeit auf einer DTM gezeigt werden kann, dass diese Lösung die Entscheidungsfrage mit Ja beantwortet.

Beispiel 3.21
1. Liegt ein Problem in P, so löst eine DTM mit Hilfe der Eingabe das Problem in polynomieller Zeit. Umfasst die zusätzliche Eingabe $x^{(L)}$ der NDTM kein Zeichen, so löst sie das Problem auch in polynomieller Zeit. Daher ist jedes Problem in P auch in NP: $P \subseteq NP$.
2. Wir betrachten das Entscheidungsproblem von $1|r_j|L_{\max}$ mit der Frage „Gibt es eine Permutation, so dass $L_{\max} \leq 0$?". Es wird vermutet, dass das Problem nicht in P liegt. Allerdings liegt es in NP, denn wenn die beste Permutation bekannt ist (und der Umstand, dass es sich um die beste Permutation handelt), so lässt sich in polynomieller Zeit prüfen, ob $L_{\max} \leq 0$.

Bemerkung 3.22:
1. Die Klasse P hat ihren Namen wegen der Lösbarkeit von Entscheidungsproblemen in **polynomieller** Zeit. Bei der Klasse NP stehen die Buchstaben für **nicht-deterministisch polynomiell** (und nicht für 'nicht polynomiell' wie oft fälschlicherweise angenommen).

2. Sämtliche Probleme, die sich auf einer NDTM lösen lassen, können auch auf einer DTM gelöst werden. Allerdings wird die Laufzeit auf der DTM in der Regel exponentiell sein, weil womöglich sämtliche zusätzlichen Eingaben $x^{(L)}$ geprüft werden müssen.

3. Es ist unbekannt, ob es überhaupt Probleme gibt, die in NP liegen, aber nicht in P. Dies ist eine der meistdiskutierten offenen Fragestellungen der Informatik, Mathematik und BWL. Die meisten Wissenschaftler gehen allerdings von $P \neq NP$ aus.

Definition 3.23 (Reduktion von Entscheidungsproblemen)
Gegeben seien zwei Entscheidungsprobleme Π und Π'. Π lässt sich auf Π' reduzieren (Schreibweise $\Pi \preceq \Pi'$), wenn es eine DTM gibt, die jede Instanz x von Π, die sie als Eingabe erhält, in eine Instanz x' von Π' umwandelt und die beiden folgenden Bedingungen erfüllt sind:

- $x \in Y_\Pi$ *genau dann, wenn* $x' \in Y_{\Pi'}$.

- *Die Umwandlung geschieht in polynomieller Laufzeit (in Abhängigkeit von der Länge des Inputs $|x|$).*

Bemerkung 3.24:
1. Wenn $\Pi \preceq \Pi'$, so kann eine DTM zur Lösung von Π' auch zur Lösung von Π verwendet werden, indem eine Instanz von Π in eine Instanz von Π' mittels der zugehörigen DTM umgewandelt wird.

2. Π' ist also „mindestens so schwer lösbar" wie Π.

Beispiel 3.25
Das Entscheidungsproblem, ob sich eine positive ganze Zahl ohne Rest durch 2 teilen lässt, lässt sich auf das Entscheidungsproblem, ob sich eine positive ganze Zahl ohne Rest durch 4 teilen lässt, reduzieren. Dazu wird die Eingabezahl einfach mit 2 multipliziert (was offensichtlich in linearer und somit polynomieller Zeit möglich ist).

Beispiel 3.26
Häufig betrachten wir Spezialfälle von allgemeineren Problemen. So ist etwa $\alpha|\beta|\sum C_j$ ein Spezialfall von $\alpha|\beta|\sum w_j C_j$. Jeder Spezialfall lässt sich (offensichtlich) auf das allgemeinere Problem reduzieren.

Definition 3.27 (NP-vollständig, NP-schwer)
Ein Entscheidungsproblem Π heißt NP-schwer, wenn sich ALLE Probleme aus der Klasse NP auf Π in polynomieller Laufzeit reduzieren lassen. Liegt Π zusätzlich in NP, so heißt Π NP-vollständig.

3.3. Nichtdeterministische Turingmaschine und NP-Schwere

Der Umstand, dass ein Entscheidungsproblem Π nur dann NP-schwer ist, wenn sich alle Probleme aus NP darauf reduzieren lassen, wirft die Frage auf, ob es überhaupt NP-schwere oder gar NP-vollständige Probleme gibt. Cook (1971) ist der Nachweis dazu gelungen, dass es tatsächlich ein NP-vollständiges Problem gibt. Für andere Entscheidungsprobleme ist ein Beweis, dass sie NP-schwer sind, dadurch deutlich einfacher geworden. Lässt sich nämlich zeigen, dass sich ein NP-vollständiges Problem auf ein anderes Problem Π reduzieren lässt, so ist Π NP-schwer.

Beispiel 3.28 ($1|r_j|L_{\max}$)
1. Das in Beispiel 3.21 (2) beschriebene Entscheidungsproblem ist NP-vollständig (siehe Satz 4.9).
2. $1|r_j|L_{\max}$ lässt sich auf $1|r_j, prec|L_{\max}$ reduzieren (bei letzterem können, müssen aber keine Vorrangbeziehungen enthalten sein). Somit ist $1|r_j, prec|L_{\max}$ NP-schwer.

Im Allgemeinen können wir davon ausgehen, dass viele praxisrelevante Entscheidungsprobleme in NP liegen. Um eine Vorstellung zu bekommen, wie ein Problem außerhalb von NP aussehen kann, wird das folgende Beispiel genutzt.

Beispiel 3.29 ($1||\sum w_j C_j$)

INSTANZ: Gegeben seien eine Maschine, n Aufträge und für jeden Auftrag j eine Bearbeitungszeit p_j und ein Gewicht w_j.

FRAGE: Gibt es einen Zielwert φ, so dass genau für die Hälfte aller möglichen Permutationen der Aufträge die Eigenschaft $\sum w_j C_j \leq \varphi$ gilt?

Selbst wenn die zusätzliche Eingabe $x^{(L)}$ den entsprechenden Zielwert und/oder alle Permutationen mit dieser Eigenschaft beinhaltet, so kann eine Turingmaschine diese Entscheidungsfrage nur dann korrekt beantworten, wenn sie diese Hälfte aller möglichen Permutationen verifiziert. Da für steigende Werte von n die Zahl der Permutationen exponentiell wächst, muss für exponentiell viele Permutationen verifiziert werden, ob der Zielfunktionswert kleiner gleich φ ist. Das Problem liegt also NICHT in NP.

Formal definiert haben wir bisher die Reduzierbarkeit von Entscheidungsproblemen. Optimierungsprobleme lassen sich natürlich über den Umweg des zugehörigen Entscheidungsproblems ebenfalls aufeinander reduzieren.

Wir werden in den folgenden Beweisen ein eher informelles Verständnis von Reduzierbarkeit von Optimierungsproblemen der Ablaufplanung anwenden.

Bemerkung 3.30:
Ein Ablaufplanungsproblem $\alpha|\beta|\gamma$ lässt sich auf $\alpha'|\beta'|\gamma'$ reduzieren, wenn in polynomieller Zeit jeder Instanz von $\alpha|\beta|\gamma$ eine Instanz von $\alpha'|\beta'|\gamma'$ zugeordnet werden kann und jedem Ablaufplan für das Problem $\alpha'|\beta'|\gamma'$ in polynomieller Zeit ein Ablaufplan für das Problem $\alpha|\beta|\gamma$ derart zugeordnet werden kann, dass jedem optimalen Ablaufplan (d.h. mit minimalen γ') und nur jedem optimalen Ablaufplan von $\alpha'|\beta'|\gamma'$ ein optimaler Ablaufplan von $\alpha|\beta|\gamma$ zugeordnet werden kann.

Wie bereits erwähnt, ist $\sum C_j$ ein offensichtlicher Spezialfall von $\sum w_j C_j$ und daher gilt $\alpha|\beta|\sum C_j \preceq \alpha|\beta|\sum w_j C_j$. Einer Instanz von $\alpha|\beta|\sum C_j$ kann eindeutig eine Instanz von $\alpha|\beta|\sum w_j C_j$ zugeordnet werden, nämlich die zugehörige Instanz, in der stets $w_j = 1$ gilt ($\alpha|\beta|\sum 1 C_j$). Da diese Probleme dann äquivalent sind, ist eine Zuordnung der Lösungen, d.h. Ablaufpläne, trivial.

Analog ist auch $\sum T_j$ ein Spezialfall von $\sum w_j T_j$, $\sum U_j$ ein Spezialfall von $\sum w_j U_j$ und $\sum Y_j$ ein Spezialfall von $\sum w_j Y_j$. Unter den genannten Zielfunktionen gibt es aber noch weitere, nicht immer ganz offensichtliche Fälle, in denen sich eine Zielfunktion auf eine andere reduzieren lässt.

Satz 3.31
Gegeben zwei Ablaufplanungsprobleme $\alpha|\beta|C_{\max}$ und $\alpha|\beta|L_{\max}$. Die Einträge für α und β können also beliebig sein, müssen aber in beiden Problemen gleich sein. Dann gilt

$$\alpha|\beta|C_{\max} \preceq \alpha|\beta|L_{\max}.$$

BEWEIS: Es gilt zu zeigen, dass jeder Instanz von $\alpha|\beta|C_{\max}$ (in polynomieller Zeit) eine Instanz von $\alpha|\beta|L_{\max}$ zugeordnet werden kann und jeder optimale Ablaufplan von $\alpha|\beta|L_{\max}$ (und nur ein optimaler Ablaufplan) einen zugehörigen optimalen Ablaufplan in der Instanz von $\alpha|\beta|C_{\max}$ hat.

Eine Instanz von $\alpha|\beta|C_{\max}$ wird genau der Instanz von $\alpha|\beta|L_{\max}$ zugeordnet, in der für alle Aufträge $d_j = 0$, $j = 1, \ldots, n$, gilt. Dadurch

3.3. Nichtdeterministische Turingmaschine und *NP*-Schwere

gilt

$$L_{\max} = \max\{L_1, \ldots, L_n\} = \max\{C_1 - d_1, \ldots, C_n - d_n\}$$
$$= \max\{C_1 - 0, \ldots, C_n - 0\} = \max\{C_1, \ldots, C_n\} = C_{\max}.$$

Durch die Äquivalenz der Instanzen ist die Zuordnung der optimalen Ablaufpläne wieder trivial. □

Ein Ablaufplanungsproblem $\alpha|\beta|L_{\max}$ ist also immer „mindestens so schwer" wie $\alpha|\beta|C_{\max}$. Ist uns also z.b. bekannt, dass für bestimmte Werte von α und β das Problem, $\alpha|\beta|C_{\max}$ NP-schwer ist, so ist auch $\alpha|\beta|L_{\max}$ NP-schwer. Liegt hingegen $\alpha|\beta|L_{\max}$ in P, so liegt auch $\alpha|\beta|C_{\max}$ in P. Ansonsten lässt sich allerdings keine allgemeingültige Aussage treffen. Wenn wir z.B. wissen, dass $\alpha|\beta|C_{\max}$ in P liegt, so kann $\alpha|\beta|L_{\max}$ in P liegen, aber auch NP-schwer sein.

Satz 3.32 (Reduktionen von Ablaufplanungsproblemen)
Für beliebige, aber feste Einträge α und β gilt

1. $\alpha|\beta|L_{\max} \preceq \alpha|\beta|\sum T_j$,
2. $\alpha|\beta|L_{\max} \preceq \alpha|\beta|\sum U_j$,
3. $\alpha|\beta|L_{\max} \preceq \alpha|\beta|\sum Y_j$,
4. $\alpha|\beta|\sum C_j \preceq \alpha|\beta|\sum T_j$,
5. $\alpha|\beta|\sum w_j C_j \preceq \alpha|\beta|\sum w_j T_j$.

BEWEIS: Fälle 1, 2 und 3: Für den Beweis nutzen wir die zugehörigen Entscheidungsprobleme. Wir führen also die Frage, ob es für ein gegebenes $\varphi \in \mathbb{N}$ einen Ablaufplan gibt, bei dem die maximale Verspätung kleiner als φ ist, auf die Frage zurück, ob für gegebenes φ' ein Ablaufplan existiert, bei dem die Summe der Terminüberschreitungen (bzw. die Anzahl der Terminüberschreitungen oder die Summe der verspäteten Arbeit) kleiner als φ' ist.

Der Fall $\varphi = 0$ ist dabei einfach, denn der ist genau dann erfüllt, wenn bei dieser Instanz $\sum T_j = \sum U_j = \sum Y_j = 0$ ist. Wir können also davon ausgehen, dass $\varphi > 0$. Betrachten wir für diesen Fall eine abgewandelte Instanz von $\alpha|\beta|L_{\max}$, die sich nur dadurch unterscheidet, dass alle Liefertermine um φ Einheiten nach hinten verschoben werden. Genau dann, wenn es im Originalproblem einen Ablaufplan mit maximaler Verspätung von φ gibt, gibt es im abgewandelten Problem einen Ablaufplan

3.3. Nichtdeterministische Turingmaschine und NP-Schwere

mit maximaler Verspätung von Null, so dass auch die Summe der Terminüberschreitungen, die Anzahl der Terminüberschreitungen und die Summe der verspäteten Arbeit gleich Null ist.

Fälle 4 und 5: Analog zum Beweis von Satz 3.31 wird wieder $d_j = 0$, $j = 1, \ldots, n$, für alle Aufträge angenommen. Die Äquivalenz der Probleme ist dann offensichtlich. □

Korollar 3.33 (Hierarchie der Zielfunktionen)
Jeder der Pfeile in Abbildung 3.2 bedeutet, dass sich die Zielfunktion am Ursprung des Pfeils auf die Zielfunktion am Ende des Pfeils reduzieren lässt (in dieser Abbildung wird zur besseren Darstellung ein Pfeil statt des üblichen Symbols $\preceq$ gewählt).

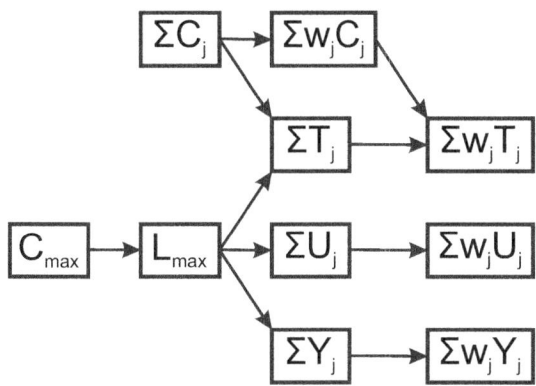

Abbildung 3.2.: Hierarchie der Zielfunktionen

4. Einmaschinenmodelle

Fassen wir zunächst einmal die Ablaufplanungsprobleme mit einer Maschine zusammen, die wir bereits kennengelernt haben. Dazu sei angemerkt, dass das Sortieren von n Aufträgen mit einem Zeitaufwand von $O(n \log n)$ machbar ist.

Problem	$1||L_{\max}$	$1||\sum U_j$	$1||\sum w_j C_j$	$1||\sum C_j$
Zeitaufwand	$O(n \log n)$	$O(n \log n)$	$O(n \log n)$	$O(n \log n)$
Komplexitätsklasse	P	P	P	P
Referenz	Bsp 1.1	Bsp 1.3	Bsp 2.3	Aufg. 2

Auf Grund von Satz 3.31 und Satz 3.32 folgt aus der Zugehörigkeit von $1||\sum U_j$ zu P sofort, dass $1||L_{\max}$ und $1||C_{\max}$ ebenfalls in P liegen und somit leicht lösbar sind. Weiter kann man überlegen, dass manche Einträge im Feld β eine Problemstellung vereinfachen. Das gilt für $p_j = p$, $d_j = d$ und die Kombination dieser beiden Einträge. Somit liegen alle in der Tabelle genannten Probleme, die durch diese Werte für β ergänzt werden, immer noch in P.

Betrachten wir zunächst die fünf verbleibenden Probleme, bei denen der Eintrag β leer bleibt.

Satz 4.1
Die Probleme $1||\sum T_j$, $1||\sum w_j T_j$, $1||\sum w_j U_j$, $1||\sum Y_j$ und $1||\sum w_j Y_j$ sind alle NP-schwer.

BEWEIS: Siehe die zu Grunde liegende Literatur. Du und Leung (1990) beweisen die NP-Schwere von $1||\sum T_j$, womit direkt der Fall $1||\sum w_j T_j$ abgedeckt ist. Ein Beweis, dass $1||\sum w_j U_j$ NP-schwer ist, findet sich bei Karp (1972) (Nr. 19 der dort gelisteten Probleme). Für $1||\sum Y_j$ findet sich der Beweis bei Potts und Van Wassenhove (1992) und impliziert somit die NP-Schwere von $1||\sum w_j Y_j$.

Zu $1||\sum w_j U_j$ sei angemerkt, dass der Spezialfall $1|d_j = d|\sum w_j U_j$ äquivalent zum Rucksackproblem (siehe Domschke et al. (2015) ab Seite 146) ist. Der Liefertermin entspricht der Kapazität des Rucksacks und die Bearbeitungszeit eines Auftrags entspricht dem Platz, den ein Teil im Rucksack benötigt. Die Gewichte wiederum spiegeln den Gewinn eines Teils wider. □

Verallgemeinerungen der in Satz 4.1 beschriebenen Probleme sind somit allesamt *NP*-schwer. Verallgemeinerungen sind dabei zusätzliche Nebenbedingungen, die vorhanden sein können, aber nicht müssen. Das sind im Feld β die Einträge r_j, $prec$, s_{jk} sowie sämtliche Kombinationen dieser drei Einträge.

Es stellt sich nun die Frage, wie weit sich die leichten Probleme verallgemeinern lassen (insbesondere durch Hinzufügen der Bedingungen s_{jk}, r_j und $prec$), so dass sie weiterhin in P liegen. Andererseits ist es bei den fünf *NP*-schweren Problemen wichtig herauszufinden, ob sich womöglich die Spezialfälle $p_j = p$ und $d_j = d$ leicht lösen lassen. Insbesondere wollen wir also feststellen, wo die Trennlinie zwischen leichten und schweren Problemen liegt. Dabei unterscheiden wir zwischen Problemen ohne und mit Unterbrechungen und werden jeweils eine Tabelle mit entsprechenden Komplexitätsresultaten erarbeiten (Tabelle 4.1 und 4.2 auf den Seiten 74 und 75). Das Kapitel ist derart unterteilt, dass zunächst nur Ablaufplanungsprobleme betrachtet werden, bei denen die Aufträge nicht unterbrochen werden dürfen. Diese unterscheiden sich zum Teil grundlegend von Fragestellungen, bei denen dies erlaubt ist ($pmtn$). Die Unterkapitel sind dann nach Zielfunktionen sortiert.

Da wir in diesem Buch natürlich nicht den gesamten aktuellen Stand der Forschung widerspiegeln können, sei auf zwei Webseiten verwiesen. Einen Überblick über Komplexitätsresultate, der ständig aufgearbeitet wird, findet sich unter:

http://www2.informatik.uni-osnabrueck.de/knust/class/

Eine Abfragemöglichkeit von Komplexitätsresultaten gibt es auf dem „scheduling zoo". Auf der Website

http://schedulingzoo.lip6.fr/

können Sie mit wenigen Klicks die Charakteristika eines Ablaufplanungsproblems eingeben und erfahren dann, in welcher Komplexitätsklasse das Problem liegt bzw. ob es sich um ein noch ungelöstes Problem handelt, und wo es weitere Informationen dazu gibt.

Verwiesen sei auch auf die zahlreichen englischsprachigen Lehrbücher zu diesem Thema. Zu nennen sind dabei insbesondere Błażewicz et al. (2019), Brucker (2007), Brucker und Knust (2012) und Pinedo (2016).

4.1. Fragestellungen ohne Auftragsunterbrechungen

4.1.1. Minimierung der Gesamtdauer

Satz 4.2 *($1|r_j|C_{\max}$)*
Das Problem $1|r_j|C_{\max}$ lässt sich in $O(n \log n)$ lösen, liegt also in P.

Statt eines formalen Beweises dieses Satzes sei angemerkt, dass die Sortierung der Aufträge aufsteigend nach r_j offensichtlich einen optimalen Ablaufplan liefert. Das Sortieren einer Menge lässt sich, wie bereits erwähnt, in $O(n \log n)$ Schritten erreichen.

Satz 4.3 *($1|prec|C_{\max}$)*
Das Problem $1|prec|C_{\max}$ lässt sich in $O(n^2)$ Schritten lösen, liegt also in P. Wenn es auf Grund der Vorrangbeziehungen einen zulässigen Ablaufplan gibt, so entspricht der Zielfunktionswert stets der Summe der Bearbeitungszeiten: $C_{\max} = \sum_{j \in \{1,\ldots,n\}} p_j$.

Auch hier gibt es ein Verfahren, das recht offensichtlich den optimalen Ablaufplan liefert.

Algorithmus 2 ($1|prec|C_{\max}$):

1. **Initialisierung:** Sei $J = \{1, \ldots, n\}$ die Menge der noch einzuplanenden Aufträge.
2. **Ermittlung des nächsten Auftrags:** Wähle einen Auftrag $j \in J$, für den es keinen anderen Auftrag in J gibt, der vor j ausgeführt werden muss.
   Falls es keinen derartigen Auftrag gibt, so gibt es in den Vorrangbeziehungen einen Kreis und die Instanz ist nicht lösbar.
3. **Rekursion:** Plane j als nächsten Auftrag ein und entferne j aus der Menge J. Wenn J leer ist, dann stopp, sonst gehe zu Schritt 2.

Beispiel 4.4

Bei einer Instanz des Problems $1|prec|C_{\max}$ mit sieben Aufträgen seien die folgenden Vorrangbeziehungen gegeben, wobei $i \to j$ bedeutet, dass Auftrag j nicht vor Beendigung des Auftrags i beginnen darf:

$1 \to 7,\ 2 \to 7,\ 3 \to 2,\ 4 \to 7,\ 5 \to 1,\ 5 \to 3,\ 6 \to 2$

Wenden Sie Algorithmus 2 auf diese Instanz an. Beachten Sie, dass die Bearbeitungszeiten der Aufträge für die Anwendung des Verfahrens nicht notwendig sind.

Es gibt keine Aufträge, die vor Auftrag 4, 5 oder 6 ausgeführt werden müssen. Also können diese Aufträge zunächst in beliebiger Reihenfolge ausgeführt werden. Von den verbleibenden Aufträgen können Auftrag 1 und 3 als nächstes ausgeführt werden, wieder in beliebiger Reihenfolge. Anschließend muss Auftrag 2 und abschließend muss Auftrag 7 ausgeführt werden. Eine optimale Reihenfolge der Aufträge ist somit $(4, 5, 6, 1, 3, 2, 7)$.

Bisher haben wir also nur Probleme der Form $1|\beta|C_{\max}$ kennen gelernt, die in P liegen. Das ist allerdings nicht immer der Fall.

Satz 4.5 *($1|s_{jk}|C_{\max}$)*
Das Problem $1|s_{jk}|C_{\max}$ ist NP-schwer.

BEWEIS: Um zu zeigen, dass dieses Problem *NP*-schwer ist, wird ein *NP*-schweres Problem darauf reduziert. Dafür nehmen wir das Problem eines Handlungsreisenden (Traveling Salesman Problem), das *NP*-schwer ist (siehe Domschke et al. (2015), Seite 130 und ab Seite 151). Das Problem eines Handlungsreisenden ist auch dann *NP*-schwer, wenn der Reisende am Ende nicht zu seinem Ausgangsort zurückkehren muss. Diese Variante lässt sich wie folgt auf $1|s_{jk}|C_{\max}$ reduzieren. Für jede der zu besuchenden Städte generiere einen Auftrag des Ablaufplanungsproblems mit Bearbeitungszeit 1. Da die Bearbeitungszeiten alle gleich sind, wird der Zielfunktionswert nur durch die s_{jk} verändert. Die Distanzen der Städte werden durch die reihenfolgeabhängigen Rüstzeiten symbolisiert. Aus einem optimalen Ablaufplan für $1|s_{jk}|C_{\max}$ lässt sich also direkt ein kürzester Weg für den Handlungsreisenden ableiten. □

4.1.2. Minimierung der (gewichteten) Summe der Fertigstellungszeitpunkte

Obwohl sich $1||\sum C_j$ und auch die Verallgemeinerung $1||\sum w_j C_j$ durch einfaches Sortieren lösen lassen, gilt das nicht für viele weitere Verallgemeinerungen im Feld β. Ohne auf die Beweise im Detail eingehen zu wollen, halten wir fest:

Satz 4.6
Die Probleme $1|r_j|\sum C_j$ und $1|prec|\sum C_j$ sind beide NP-schwer.

BEWEIS: Der Beweis für $1|r_j|\sum C_j$ findet sich in Lenstra et al. (1977) und der Beweis für $1|prec|\sum C_j$ in Lenstra und Rinnooy Kan (1978). □

Aus dem Satz 4.6 in Kombination mit Satz 3.33 folgt direkt, dass auch $1|r_j|\sum w_j C_j$ und $1|prec|\sum w_j C_j$ schwer lösbar sind, dass sie also *NP-schwer* sind.

Sind von der Reihenfolge abhängige Rüstzeiten zu beachten, so entsteht ein Problem, das auch unter dem Namen *Traveling Repairman Problem* bekannt ist. Dieses ist, genauso wie viele seiner Spezialfälle, *NP*-schwer (Sahni und Gonzalez (1976); Afrati et al. (1986)). Wir halten diese Erkenntnis nochmals mit Hilfe der Dreifeldnotation fest und stellen einen Beweis vor, der die *NP*-Schwere dieses Problems zeigt. Der Beweis greift einige Ideen des Beweises von Satz 4.5 auf.

Satz 4.7 ($1|s_{jk}|\sum C_j$)
Das Problem $1|s_{jk}|\sum C_j$ ist NP-schwer.

BEWEIS: Wir zeigen, dass der Spezialfall $1|s_{jk}, p_j = 1|\sum C_j$ *NP*-schwer ist. Dazu nutzen wir einen (*NP*-schweren) Spezialfall des Problems eines Handlungsreisenden, bei dem die maximale Strecke zwischen zwei Städten kleiner als eine ganze Zahl $b \in \mathbb{N}$ ist. Wir gehen wieder von der Variante aus, dass der Handlungsreisende nicht zu seinem Ausgangsort zurückkehren muss. Sei n' die Anzahl der zu besuchenden Städte einer Instanz des Problems eines Handlungsreisenden, die wir nun auf eine Instanz des Problems $1|s_{jk}|\sum C_j$ abbilden wollen. Wenn wir dabei zeigen, dass sich aus der optimalen Lösung der Instanz des Problems $1|s_{jk}|\sum C_j$ die optimale Lösung der Instanz des Problems eines Handlungsreisenden ableiten lässt, ist der Beweis vollzogen.

Im Ablaufplanungsproblem gebe es insgesamt $n = bn'^3$ Aufträge. Die ersten n' Aufträge, nennen wir sie „vordere Aufträge", entsprechen genau den Städten, so dass (analog zum Beweis von Satz 4.5) die Rüstzeiten zwischen zwei dieser Aufträge genau der Entfernung $dist(j,k)$ zwischen den beiden zugehörigen Städten entsprechen. Allgemein gelten folgende Rüstzeiten:

$$s_{jk} = \begin{cases} dist(j,k) & \text{wenn } 1 \leq j, k \leq n' \\ 0 & \text{wenn } 1 \leq j \leq n' < k \leq bn'^3 \\ 2(bn')^6 & \text{wenn } 1 \leq k \leq n' < j \leq bn'^3 \\ 0 & \text{wenn } n' < j, k \leq bn'^3 \\ 0 & \text{wenn } j = 0 \text{ und } 1 \leq k \leq bn'^3 \end{cases}$$

Die Rüstzeit von einem der vorderen Aufträge zu einem der hinteren Aufträge ist also immer 0, während die umgekehrte Reihenfolge die (sehr hohe) Rüstzeit $2(bn')^6$ zur Folge hat. Alle verbleibenden Rüstzeiten seien gleich 0. Die Bearbeitungszeiten seien alle gleich 1.

Wir zeigen folgende Eigenschaft eines optimalen Ablaufplans: Ein hinterer Auftrag kann niemals direkt vor einem vorderen Auftrag liegen. Läge ein hinterer Auftrag vor einem vorderen, so wäre der Zielfunktionswert allein wegen eines Auftrags (viel) größer als $2(bn')^6$. Der optimale Ablaufplan hat aber sicher einen Zielfunktionswert, der kleiner als $2(bn')^6$ ist. Betrachten wir dazu zunächst die Gesamtbearbeitungszeit $C_{\max}$ für den Fall, dass zuerst alle vorderen Aufträge ausgeführt werden. Dann fallen nur zwischen den vorderen n' Aufträgen Rüstzeiten an, deren Summe kleiner gleich $b(n'-1)$ ist. $C_{\max}$ ist also unter Berücksichtigung der Bearbeitungszeiten kleiner gleich $b(n'-1+n'^3)$. Da stets $C_j \leq C_{\max} \leq b(n'-1+n'^3) < 2(bn')^3$ gilt und es bn'^3 Aufträge gibt, ist der Zielfunktionswert $\sum C_j$ sicher kleiner als $2(bn')^6$.

Wir wissen nun also, dass alle vorderen Aufträge tatsächlich als erstes ausgeführt werden müssen. Weiter lässt sich beobachten, dass $\sum C_j$ nur dann minimal sein kann, wenn $C_{\max}$ minimal ist. Das lässt sich wie folgt begründen. Der letzte der vorderen Aufträge (deren Reihenfolge einzig und allein $C_{\max}$ verändern kann) hat einen Fertigstellungszeitpunkt, der kleiner als bn' ist. Die Summe der Fertigstellungszeitpunkte der n' vorderen Aufträge ist also sicher kleiner als bn'^2. Lässt sich $C_{\max}$ durch die Anordnung der vorderen Aufträge nur um eine Einheit verringern, so

4.1. Fragestellungen ohne Auftragsunterbrechungen

verringert sich für jeden hinteren Auftrag der Fertigstellungszeitpunkt um eine Einheit, insgesamt also um bn'^2 Einheiten.

Es muss also die Gesamtbearbeitungszeit minimiert werden, was genau dann der Fall ist, wenn das zugehörige Problem eines Handlungsreisenden optimal gelöst ist. □

Der gewichtete Fall, also $1|s_{jk}|\sum w_j C_j$, stellt eine Verallgemeinerung dar und ist somit ebenfalls *NP*-schwer (siehe dazu Allahverdi et al. (2008) und Graves und Lee (1999)).

4.1.3. Vom Liefertermin abhängige Zielfunktionen

Wir betrachten zunächst die Zielfunktion $L_{\max}$. Da $C_{\max}$ ein Spezialfall davon ist, sind Probleme, die mit der Zielfunktion $C_{\max}$ schwer sind, auch bei Anwendung der Zielfunktion $L_{\max}$ schwer. Insbesondere ist also $1|s_{jk}|L_{\max}$ *NP*-schwer, weil $1|s_{jk}|C_{\max}$ *NP*-schwer ist.

Das Problem $1|prec|L_{\max}$ ist hingegen einfach lösbar, indem Algorithmus 2 etwas abgewandelt wird, wie Lawler (1973) vorschlägt. Insbesondere werden die Aufträge hierbei nicht 'von vorne nach hinten', sondern in umgekehrter Reihenfolge eingeplant. Es wird also zuerst der letzte Auftrag eingeplant, dann der vorletzte, usw.

Algorithmus 3 ($1|prec|L_{\max}$):

1. **Initialisierung:** Sei $J = \{1, \ldots, n\}$ die Menge der noch einzuplanenden Aufträge.

2. **Ermittlung des nächsten Auftrags:** Sei $J' \subseteq J$ die Menge der Aufträge in J, die auf Grund der Vorrangbeziehungen nicht vor einem anderen Auftrag ausgeführt werden müssen. Wenn J' leer ist, so gibt es in den Vorrangbeziehungen einen Kreis und die Instanz ist nicht lösbar.
   Wähle unter allen Aufträgen aus J', denjenigen Auftrag j aus, dessen Liefertermin am spätesten ist, also $j := \underset{j \in J'}{\arg\max}\, d_j$.

3. **Rekursion:** Plane j als letzten der noch nicht eingeplanten Aufträge ein und entferne j aus der Menge J. Wenn J leer ist, dann stopp, sonst gehe zu Schritt 2.

Beispiel 4.8

Betrachten wir folgende Instanz des Problems $1|prec|L_{\max}$.

j	1	2	3	4	5
p_j	6	7	4	8	5
d_j	15	19	22	20	25

Die Vorrangbeziehungen $1 \to 3$, $4 \to 3$, und $5 \to 1$ sind zu beachten. Wenden Sie Algorithmus 3 darauf an.

Zunächst ist $J' = \{2, 3\}$. Da Auftrag 3 einen späteren Liefertermin hat als Auftrag 2, wird dieser als letzter eingeplant, so dass $C_3 = 30$ und $L_3 = 8$ feststeht. Die ersten beiden Vorrangbeziehungen sind damit sicher erfüllt und es gilt $J' = \{1, 2, 4\}$. Von diesen Aufträgen hat Auftrag 4 den spätesten Liefertermin, so dass $C_4 = 30 - p_3 = 26$ und $L_4 = 6$ gilt. Aus $J' = \{1, 2\}$ folgt nun, dass Auftrag 2 und anschließend, als dann einziges Element in J', Auftrag 1 ausgeführt wird. Zuletzt und somit als erstes im Ablaufplan wird Auftrag 5 eingeplant. Das zugehörige Gantt-Diagramm des optimalen Ablaufplans mit Zielfunktionswert 8 findet sich in Abbildung 4.1.

Abbildung 4.1.: Optimaler Ablaufplan von Beispiel 4.19

Müssen für die Aufträge allerdings Ankunftszeiten berücksichtigt werden, so liegt wieder ein NP-schweres Problem vor. Bei dem zugehörigen Beweis wird bewusst nicht nur auf die Literatur verwiesen (Lenstra et al. (1977)), da er einerseits sehr prototypisch für Komplexitätsbeweise in der Ablaufplanung ist und andererseits eines der bedeutendsten NP-schweren Probleme nutzt, das 3-Partition-Problem.

Satz 4.9 $(1|r_j|L_{\max})$
Das Problem $1|r_j|L_{\max}$ ist NP-schwer.

4.1. Fragestellungen ohne Auftragsunterbrechungen

BEWEIS: Um zu zeigen, dass es NP-schwer ist, wird das NP-schwere Problem „3-Partition" darauf reduziert. 3-Partition ist wie folgt definiert.
INSTANZ: Gegeben seien eine Menge A mit genau $3m, m \in \mathbb{N}$, Elementen und für jedes Element $a \in A$ die „Größe" dieses Elements $p_a \in \mathbb{N}$, wobei $\frac{B}{4} < p_a < \frac{B}{2}$ gilt und $B := \frac{\sum_{a \in A} p_a}{m}$ eine ganze Zahl ist.
FRAGE: Kann die Menge A in m Mengen $S_1, \ldots, S_m$ aufgeteilt werden, so dass $\sum_{a \in S_i} p_a = B$ für alle $i \in \{1, \ldots, m\}$ gilt?
Das bedeutet, dass in jeder Teilmenge S_i genau drei Elemente vorkommen müssen.

Ausgehend von einer beliebigen Instanz von 3-Partition konstruieren wir nun eine Instanz von $1|r_j|L_{\max}$, für die es einen Ablaufplan mit Wert $L_{\max} = 0$ genau dann gibt, wenn die Instanz von 3-Partition eine Ja-Instanz ist. Bei dieser Instanz von $1|r_j|L_{\max}$ gebe es $4m-1$ Aufträge. Die letzten $m-1$ Aufträge $3m+1, 3m+2, \ldots, 4m-1$, wir nennen sie „Blocker", haben alle die Bearbeitungszeit $p_a = B, \forall a \in 3m+1, \ldots, 4m-1$. Die Ankunftszeiten sind $r_{3m+1} = B, r_{3m+2} = 3B, r_{3m+3} = 5B$, usw. Die Liefertermine sind $d_{3m+1} = 2B, d_{3m+2} = 4B, d_{3m+3} = 6B$, usw. Ankunftszeiten und Liefertermine liegen so dicht beieinander, dass diese Aufträge direkt zur Ankunftszeit beginnen müssen, damit $L_{\max} \leq 0$. Die Anordnung dieser $m-1$ Blocker ist in folgender Abbildung dargestellt.

Die restlichen $3m$ Aufträge haben alle eine Bearbeitungszeit, die genau den Größen der Elemente der Instanz von 3-Partition entspricht, also $p_j, j \in \{1, \ldots, 3m\}$, sowohl als Größe als auch als Bearbeitungszeit aufzufassen ist. Alle diese Aufträge haben die Ankunftszeit 0 ($r_j = 0$, $j \in \{1, \ldots, 3m\}$) und den Liefertermin $(2m-1)B$ ($d_j = (2m-1)B$, $j \in \{1, \ldots, 3m\}$). Wenn die Instanz von 3-Partition eine Ja-Instanz ist, so können die Blocker genau zu den Zeiten wie in der Abbildung illustriert eingeplant werden, und da die anderen Aufträge in den Lücken zwischen den Blockern positioniert werden können, hat die Instanz von $1|r_j|L_{\max}$ einen Ablaufplan mit $L_{\max} = 0$. Andererseits, wenn es einen Ablaufplan der Instanz von $1|r_j|L_{\max}$ mit $L_{\max} = 0$ gibt, werden die

Lücken zwischen den Blöcken vollständig genutzt und in jeder Lücke werden genau drei Aufträge bearbeitet. Wir erhalten also eine Aufteilung der Elemente der Instanz von 3-Partition, die zeigt, dass es sich um eine Ja-Instanz handelt. □

Betrachten wir nun als Zielfunktion die Anzahl verspäteter Aufträge $\sum U_j$. Da dies eine Verallgemeinerung von $L_{\max}$ ist, sind offensichtlich $1|r_j|\sum U_j$ und $1|s_{jk}|\sum U_j$ beide NP-schwer. Verbleibt also nur noch eine Verallgemeinerung.

Satz 4.10 ($1|prec|\sum U_j$)
Das Problem $1|prec|\sum U_j$ ist NP-schwer.

BEWEIS: Der Spezialfall, in dem die Vorrangbeziehungen nur in sogenannten Ketten vorkommen (d.h. dass in jedem Auftrag maximal eine Vorrangbeziehung endet und maximal eine beginnt) und bei dem die Prozesszeiten alle gleich sind, ist ebenfalls NP-schwer. Für dieses Problem $1|chains, p_j = p|\sum U_j$ findet sich der Beweis bei Lenstra und Rinnooy Kan (1980). □

Nachdem wir nun untersucht haben, wie sich Verallgemeinerungen auf die einfachen Einmaschinenprobleme auswirken, gilt es nun, die fünf „schweren" Zielfunktionen $\sum w_j U_j$, $\sum T_j$, $\sum w_j T_j$, $\sum Y_j$ und $\sum w_j Y_j$ dahingehend zu untersuchen, ob sich womöglich Spezialfälle leicht lösen lassen.

Für die Zielfunktion $\sum w_j U_j$ ist der Spezialfall mit einheitlichen Lieferterminen $1|d_j = d|\sum w_j U_j$ – wie bereits gesehen – äquivalent zum Rucksackproblem und somit schwer. Falls die Bearbeitungszeiten identisch sind, gibt es hingegen einen Algorithmus mit polynomieller Laufzeit, der stets einen optimalen Ablaufplan liefert. Für das Verfahren brauchen die Bearbeitungszeiten nicht einmal identisch zu sein, sie müssen nur in den Gewichten *abgestimmt* sein.

Definition 4.11 (Abgestimmte Bearbeitungszeiten u. Gewichte)
Bei einer Instanz eines Ablaufplanungsproblems werden Bearbeitungszeiten und Gewichte als abgestimmt (eng.: agreeable) bezeichnet, wenn für zwei Aufträge j und k mit $p_j < p_k$ stets $w_j \geq w_k$ gilt. In anderen Worten: Ist die Bearbeitungszeit eines Auftrags kleiner als die eines anderen, so darf das Gewicht nicht kleiner sein.

4.1. Fragestellungen ohne Auftragsunterbrechungen

Das Verfahren ähnelt sehr stark dem Verfahren von Moore (Algorithmus 1), allerdings muss in Schritt 3 genauer präzisiert werden, welcher Auftrag nach hinten verschoben wird. Das ist erneut der längste Auftrag. Wenn dieser Auftrag eindeutig ist, hat er auch das geringste Gewicht, da Bearbeitungszeiten und Gewichte als abgestimmt angenommen werden. Gibt es allerdings mehrere Aufträge maximaler Länge (was z.B. im Falle von $p_j = p$ stets gegeben ist), so wird unter diesen Aufträgen derjenige mit geringstem Gewicht gewählt.

Algorithmus 4 ($1|p_j = p|\sum w_j U_j$, $1|\text{agreeable}|\sum w_j U_j$):

1. **Initialisierung:** Sortiere die Aufträge nicht-absteigend nach Lieferterminen. Es sei somit $d_1 \leq \ldots \leq d_n$ angenommen. Setze $S(j) = j$ $\forall j \in \{1, \ldots, n\}$. Sei $U := 0$.

2. **Stoppkriterium:** Falls $C_j \leq d_j$ $\forall j \in \{1, \ldots, n\}$ mit $S(j) \leq n - U$, dann stopp.

3. **Bestimmung des zu verschiebenden Auftrags:**
   Sei $k := \underset{j \in \{1,\ldots,n\}}{\arg\min} \{S(j)|C_j > d_j\}$ der am frühsten eingeplante, verspätete Auftrag. $J^{(k)} := \{j \in \{1, \ldots, n\}|1 \leq S(j) \leq S(k)\}$ bezeichne die ersten $S(k)$ Aufträge. Alle Aufträge, die in $J^{(k)}$ die längste Bearbeitungszeit haben, werden dargestellt durch die Menge $L := \{j \in J^{(k)}|p_j = \max\{p_{j'}|j' \in J^{(k)}\}\}$. Unter diesen sei $l \in \underset{j \in L}{\arg\min}\{w_j\}$ ein Auftrag mit dem geringsten Gewicht.

4. **Verschieben des Auftrags:** Definiere folgenden Ablaufplan:
$$S'(j) = \begin{cases} n & \text{falls } j = l \\ S(j) - 1 & \text{falls } S(l) < S(j) \\ S(j) & \text{sonst} \end{cases}$$

   Setze $S := S'$, $U := U + 1$ und gehe zu Schritt 2.

Beispiel 4.12
Betrachten wir folgende Instanz des Problems $1||\sum w_j U_j$.

j	1	2	3	4	5	6	7
p_j	14	7	10	5	10	7	12
w_j	3	11	11	15	8	13	5
d_j	20	22	25	28	31	35	36

Wenden Sie Algorithmus 4 darauf an.

Wir überprüfen zunächst, ob die Bearbeitungszeiten und Gewichte abgestimmt sind und sortieren dazu die Aufträge zunächst nach p_j.

j	4	2	6	3	5	7	1
p_j	5	7	7	10	10	12	14
w_j	15	11	13	11	8	5	3
d_j	28	22	35	25	31	36	20

Die Gewichte sind zwar, anders als gewollt, in einem Fall aufsteigend, allerdings nur dort, wo die Bearbeitungszeiten gleich sind. Die Sortierung lässt sich weiter anpassen, so dass die Bearbeitungszeiten weiterhin nicht fallend sind, die Gewichte dafür nicht aufsteigend.

j	4	6	2	3	5	7	1
p_j	5	7	7	10	10	12	14
w_j	15	13	11	11	8	5	3
d_j	28	35	22	25	31	36	20

Die Bearbeitungszeiten und Gewichte sind somit abgestimmt. Im Schritt 1 des Algorithmus wird nun wieder die Sortierung gemäß der Liefertermine genutzt. Die aus dieser Reihenfolge resultierenden Fertigstellungszeitpunkte sind wie folgt gegeben.

j	1	2	3	4	5	6	7
p_j	14	7	10	5	10	7	12
w_j	3	11	11	15	8	13	5
d_j	20	22	25	28	31	35	36
C_j	14	21	31	36	46	53	65

Auftrag 3 ist verspätet. Unter den ersten drei Aufträgen, die für eine Verschiebung in Frage kommen, hat Auftrag 1 die längste Bearbeitungszeit und wird daher ans Ende verschoben. Die garantiert verspäteten Aufträge (bisher nur Auftrag 1) werden durch eine senkrechte Linie von den vorherigen abgetrennt.

j	2	3	4	5	6	7	1
p_j	7	10	5	10	7	12	14
w_j	11	11	15	8	13	5	3
d_j	22	25	28	31	35	36	20
C_j	7	17	22	32	39	51	65

4.1. Fragestellungen ohne Auftragsunterbrechungen

In diesem Fall ist Auftrag 5 der früheste verspätete Auftrag. Unter den Aufträgen 2, 3, 4 und 5 haben Auftrag 3 und 5 die längste Bearbeitungszeit. Nach hinten verschoben wird Auftrag 5, da dieser ein geringeres Gewicht hat als Auftrag 3.

j	2	3	4	6	7	1	5
p_j	7	10	5	7	12	14	10
w_j	11	11	15	13	5	3	8
d_j	22	25	28	35	36	20	31
C_j	7	17	22	29	41	55	65

Nun ist nur noch Auftrag 7 unter den ersten $n - U = 7 - 2 = 5$ Aufträgen verspätet. Da dieser auch die längste Bearbeitungszeit hat, wird er verschoben.

j	2	3	4	6	1	5	7
p_j	7	10	5	7	14	10	12
w_j	11	11	15	13	3	8	5
d_j	22	25	28	35	20	31	36
C_j	7	17	22	29	43	53	65

Es ist unter den ersten vier Aufträgen keiner mehr verspätet, so dass das Stoppkriterium greift. Der Zielfunktionswert ist $3 + 8 + 5 = 16$.

Für die Zielfunktion $\sum T_j$ sind beide Spezialfälle, gleiche Bearbeitungszeit und gleiche Liefertermine, leicht lösbar. Dass $1|p_j = p| \sum T_j$ leicht lösbar ist, ist offensichtlich, da $1|p_j = p| \sum w_j T_j$ leicht lösbar ist (siehe Aufgabe 15). Bleibt also nur noch das Problem $1|d_j = d| \sum T_j$.

Satz 4.13 ($1|d_j = d| \sum T_j$)
Das Problem $1|d_j = d| \sum T_j$ lässt sich in $O(n \log n)$ Schritten lösen, da die Sortierung der Aufträge aufsteigend nach Bearbeitungszeit (SPT-Regel - Shortest Processing Time-Regel) stets einen optimalen Ablaufplan liefert.

BEWEIS: Vorab sei angemerkt, dass durch die einheitlichen Liefertermine die Reihenfolge der Aufträge, die bis zum Zeitpunkt d fertiggestellt werden, irrelevant ist. Für die übrigen Aufträge gilt es, die Summe der Fertigstellungszeitpunkte zu minimieren (Überlegen Sie sich, warum!). Angenommen es gäbe einen besseren Ablaufplan, der nicht nach Bearbeitungszeiten sortiert ist. Betrachten wir ein beliebiges benachbartes

Auftragspaar (j, j') mit $p_j > p_{j'}$ und $C_j < C_{j'}$ („falsche Reihenfolge"). Werden diese beiden Aufträge vertauscht, so ergeben sich neue Fertigstellungszeitpunkte C_j^{neu} und $C_{j'}^{neu}$. Die Fertigstellungszeitpunkte aller vorher eingeplanten Aufträge ändern sich dadurch natürlich nicht. Offensichtlich gilt $C_j^{neu} = C_{j'}$, somit ändern sich auch nicht die Fertigstellungszeitpunkte der nachfolgend eingeplanten Aufträge. Weiter gilt $C_{j'}^{neu} < C_j$. Falls $C_j > d$, so verringert sich der Zielfunktionswert, andernfalls bleibt er gleich. Durch sukzessives Vertauschen von Aufträgen wird also die SPT-Reihenfolge erzielt, ohne dass sich der Zielfunktionswert verschlechtert. Das ist ein Widerspruch zu der Annahme, dass der ursprüngliche Ablaufplan besser als die SPT-Reihenfolge ist. □

Die SPT-Regel wird auf Deutsch auch KOZ-Regel genannt, also die Auswahl nach der kürzesten Operationszeit (=Auftragszeit).

Für das Problem $1|d_j = d|\sum w_j T_j$ scheint es unwahrscheinlich, dass ein polynomielles Verfahren existiert.

Satz 4.14 ($1|d_j = d|\sum w_j T_j$)
Das Problem $1|d_j = d|\sum w_j T_j$ ist NP-schwer.

BEWEIS: Siehe Yuan (1992). □

Abschließend betrachten wir noch die Spezialfälle für die Zielfunktion der verspäteten Arbeit. Wir beginnen mit $1|p_j = p|\sum Y_j$, das sich mit folgendem Algorithmus lösen lässt, dessen Optimalität von Potts und Van Wassenhove (1992) bewiesen wurde.

Algorithmus 5 ($1|p_j = p|\sum Y_j$):

1. **Initialisierung:** Sortiere die Aufträge nicht-absteigend nach Lieferterminen. Es sei somit $d_1 \leq \ldots \leq d_n$ angenommen. Setze $S(j) = j \ \forall j \in \{1, \ldots, n\}$. Sei $T_{\max} := \max_j \{T_j\}$ die größte Terminüberschreitung eines Auftrags bei dieser Lösung. Weiter sei $u := \left\lceil \frac{T_{\max}}{p} \right\rceil$.

2. **Optimale Lösung:** Die optimale Lösung ist entweder

$$(u, u+1, \ldots, n, 1, 2, \ldots, u-1)$$

(d.h. $S(u) = 1$, $S(u+1) = 2$ usw.) oder

$$(u+1, u+2, \ldots, n, 1, 2, \ldots, u),$$

4.1. Fragestellungen ohne Auftragsunterbrechungen

je nachdem, welche Lösung den geringeren Zielfunktionswert hat.

Beispiel 4.15
Gegeben seien fünf Aufträge mit $p_j = p = 10$ und folgenden Lieferterminen:

j	1	2	3	4	5
d_j	11	15	23	36	39

Lösen Sie diese Instanz des Problems $1|p_j = p|\sum Y_j$ mithilfe von Algorithmus 5.

Die Terminüberschreitungen der Aufträge sind $T_1 = 0$, $T_2 = 5$, $T_3 = 7$, $T_4 = 4$ und $T_5 = 11$. Dadurch ergibt sich $T_{\max} = 11$ und $u = \lceil 1,1 \rceil = 2$. Bei der ersten möglichen Lösung $(2, 3, 4, 5, 1)$ sind die Aufträge 2, 3 und 4 überhaupt nicht verspätet, Auftrag 1 vollumfänglich und von Auftrag 5 nur eine Zeiteinheit. Hier beträgt der Zielfunktionswert $\sum Y_j = 11$. Bei der zweiten möglichen Lösung $(3, 4, 5, 1, 2)$ sind die Aufträge 1 und 2 vollumfänglich verspätet und die anderen gar nicht. Der Zielfunktionswert ist mit 20 daher schlechter als im vorherigen Fall.

Auch die Erweiterung mit Gewichten ist weiterhin polynomiell lösbar, wenngleich das Verfahren etwas aufwändiger ist.

Satz 4.16 $(1|p_j = p|\sum w_j Y_j)$
Das Problem $1|p_j = p|\sum w_j Y_j$ lässt sich in $O(n^3)$ lösen, liegt also in P.

Weil die Bearbeitungszeiten aller Aufträge gleich sind, lässt sich aus der Position eines Auftrags j im Ablaufplan unmittelbar der Fertigstellungszeitpunkt C_j ermitteln. Der k-te Auftrag in der Reihenfolge wird zum Zeitpunkt kp fertiggestellt. Für eine bekannte Position k lässt sich somit auch die verspätete Arbeit bestimmen: $Y_j(k) = \min\{p, \max\{kp - d_j, 0\}\}$. Es gilt also jedem der n Aufträge eine der n Positionen im Ablaufplan zuzuordnen, wobei die Kosten einer Zuordnung von Auftrag j zu Position k durch $c_{jk} := w_j Y_j(k)$ gegeben sind. Diese Fragestellung entspricht genau dem Zuordnungsproblem (siehe Aufgabe 15), das sich in $O(n^3)$ lösen lässt. Für die Lösung des Zuordnungsproblems z.B. mit der ungarischen Methode sei auf die Literatur verwiesen (Domschke et al. (2015)). Ein formaler Beweis des Satzes findet sich bei Hariri et al. (1995).

Beispiel 4.17
Gegeben seien fünf Aufträge mit $p_j = p = 5$ und folgenden Lieferterminen:

j	1	2	3	4	5
d_j	6	8	11	18	19
w_j	12	8	10	6	14

Stellen Sie das zugehörige Zuordnungsproblem zur Lösung des Problems $1|p_j = p|\sum w_j Y_j$ auf.

Wird Auftrag 1 als erstes ausgeführt, so endet er zum Zeitpunkt $C_1 = 5$ und damit vor seinem Liefertermin. Entsprechend ist die verspätete Arbeit $Y_1(1) = \min\{5, \max\{5 - 6, 0\}\} = 0$ und dadurch auch $c_{11} = 12 \cdot 0 = 0$. Wird Auftrag 1 als zweites ausgeführt, so ist eine Zeiteinheit vor dem Liefertermin eingeplant und vier sind danach eingeplant. Daher gilt $Y_1(2) = \min\{5, \max\{10 - 6, 0\}\} = 4$ und $c_{12} = 12 \cdot 4 = 48$. In den restlichen Fällen sind alle Zeiteinheiten von Auftrag 1 sicher verspätet, so dass sich $c_{13} = c_{14} = c_{15} = 12 \cdot 5 = 60$ ergibt. Dies lässt sich für die anderen Aufträge gleichermaßen berechnen, so dass sich folgende Kostenmatrix ergibt:

$j\backslash k$	1	2	3	4	5
1	**0**	48	60	60	60
2	0	16	40	40	**40**
3	0	**0**	40	50	50
4	0	0	0	**12**	30
5	0	0	**0**	14	70

Die fett gedruckten Zahlen geben die durch die ungarische Methode ermittelte (eindeutige) optimale Zuordnung an. Die optimale Reihenfolge der Aufträge ist also $(1, 3, 5, 4, 2)$ mit dem Zielfunktionswert 52.

Wir betrachten direkt die gewichtete Version des Spezialfalls gleicher Liefertermine bei der Zielfunktion zur Minimierung verspäteter Arbeit. Denn der Spezialfall $1|d_j = d|\sum w_j Y_j$ lässt sich in polynomieller Zeit lösen, woraus folgt, dass $1|d_j = d|\sum Y_j$ ebenfalls leicht lösbar ist. Bei letzterem Problem ist sogar jede Auftragsreihenfolge optimal.

Satz 4.18 *($1|d_j = d|\sum w_j Y_j$)*
Das Problem $1|d_j = d|\sum w_j Y_j$ lässt sich durch absteigende Sortierung der Aufträge nach den Gewichten in $O(n \log n)$ lösen, liegt also in P.

In dem Fall $d_j = d$ ist die Anzahl der Zeiteinheiten, die nach dem Liefertermin eingeplant sind, stets konstant bei $\max\{\sum p_j - d, 0\}$. Dadurch liefert jede Reihenfolge der Aufträge auch eine optimale Lösung für das Problem $1|d_j = d|\sum Y_j$. Falls die Summe der gewichteten verspäteten Arbeit zu minimieren ist, sollten also möglichst kleine Gewichte nach dem Liefertermin d eingeplant werden. Dies wird durch die Sortierung der Aufträge nach Gewichten erreicht. Ein formaler Beweis des Satzes, auf den wir hier verzichten, funktioniert derart, dass für zwei aufeinanderfolgende Aufträge mit aufsteigenden Gewichten gezeigt wird, dass sich die Zielfunktion durch Vertauschen der Aufträge nicht verschlechtert.

4.2. Fragestellungen mit Auftragsunterbrechungen

In diesem Abschnitt gehen wir davon aus, dass Aufträge unterbrochen und zu einem späteren Zeitpunkt fortgeführt werden dürfen. Wir überlegen zunächst einmal, wann es überhaupt sinnvoll erscheint, einen Auftrag zu unterbrechen und wann nicht. Gehen wir einmal davon aus, wir hätten einen Ablaufplan für eine beliebige Instanz eines Ablaufplanungsproblems (mit einer Maschine), in dem der Auftrag j genau einmal unterbrochen wird. Nun wandeln wir den Ablaufplan derart ab, dass der erste Teil des Auftrags j direkt vor dem zweiten Teil des Auftrags j ausgeführt wird und alle dazwischen liegenden Aufträge (bzw. Auftragsteile) entsprechend eher starten. Auftrag j ist dann also nicht mehr unterbrochen. Es könnte sein, dass dieser neue Ablaufplan nicht zulässig ist, nämlich in dem Fall, wenn Ankunftszeiten vorliegen und einer der jetzt eher startenden Aufträge seine Ankunftszeit nun nicht mehr einhält. Liegen keine Ankunftszeiten vor, ist der Ablaufplan aber sicher zulässig bzw. verkürzt sich im Fall von s_{jk} sogar noch. Wenn der Ablaufplan zulässig ist, so ändert sich C_j nicht und die Fertigstellungszeitpunkte aller anderen Aufträge erhöhen sich sicher nicht. Das bedeutet, dass sich der Zielfunktionswert bei allen Zielfunktionen, die ausschließlich von den Fertigstellungszeitpunkten der Aufträge abhängen, nicht verschlechtert. Dies ist bei allen hier betrachteten Zielfunktionen außer bei der (gewichteten) verspäteten Arbeit der Fall. Wenn also keine Ankunftszeiten vorliegen und eine der Zielfunktionen $C_{\max}$, $L_{\max}$, $\sum C_j$, $\sum w_j C_j$, $\sum T_j$, $\sum w_j T_j$, $\sum U_j$ oder $\sum w_j U_j$ minimiert werden soll, so kann eine Unterbrechung ohne Verschlechterung des Zielfunktionswertes aufgehoben werden. Das kann man sukzessive für alle Unterbrechungen durchführen, so dass ein

Ablaufplan entsteht, der ohne Unterbrechungen auskommt. Es gibt also in diesen Fällen stets eine optimale Lösung ohne Unterbrechungen, so dass sich auch die Komplexitätseigenschaften dieser Problemstellungen nicht verändern.

Durch diese Vorüberlegungen reicht es also aus, wenn wir uns auf die Fälle mit Ankunftszeiten r_j für alle Zielfunktionen beschränken, sowie alle Fälle für die Zielfunktionen $\sum Y_j$ und $\sum w_j Y_j$ behandeln.

4.2.1. Minimierung der Gesamtdauer

Bei dem Problem $1|r_j, pmtn|C_{\max}$ lohnt es sich ebenfalls nicht, Aufträge zu unterbrechen. Die Sortierung der Aufträge nach r_j und die anschließende, unterbrechungsfreie Ausführung der Aufträge ist analog zum Problem $1|r_j|C_{\max}$ (Satz 4.2) optimal.

4.2.2. Minimierung der (gewichteten) Summe der Fertigstellungszeitpunkte

Wir betrachten noch ein Problem, das sich leicht lösen lässt, nämlich $1|r_j, pmtn|\sum C_j$. In dieser Problemstellung lohnt es sich dann die Bearbeitung eines Auftrags zu unterbrechen, wenn ein anderer Auftrag mit kürzerer Bearbeitungszeit bereitgestellt wird. Die Aufträge werden dabei nach der kürzesten verbleibenden Bearbeitungszeit eingeplant (SRPT-Regel - shortest remaining processing time). Der zugehörige Algorithmus liefert stets einen optimalen Ablaufplan.

Algorithmus 6 ($1|r_j, pmtn| \sum C_j$):

1. **Initialisierung:** Sei $J = \{1, \ldots, n\}$ die Menge der noch einzuplanenden Aufträge. Weiter sei $p_j^{(r)} := p_j \; \forall j \in J$ die noch verbleibende Bearbeitungszeit eines Auftrags j. Der aktuelle Zeitpunkt sei $t = 0$.

2. **Ermittlung des nächsten Auftrags:** Wähle $j^* \in \mathop{\mathrm{argmin}}\limits_{j \in J, r_j \leq t} p_j^{(r)}$, einen Auftrag also, der unter den bereits verfügbaren Aufträgen die kürzeste Restbearbeitungszeit besitzt (j^* muss nicht existieren). Sei

$$r^{(\min)} := \begin{cases} \infty & \text{falls } r_j \leq t \text{ für alle } j \in J \\ \min\limits_{j \in J, r_j > t} r_j & \text{sonst} \end{cases}$$

4.2. Fragestellungen mit Auftragsunterbrechungen

der nächste Zeitpunkt, an dem ein Auftrag freigegeben wird. Falls kein j^* existiert, setze $t = r^{(\min)}$ und beginne erneut mit Schritt 2. Falls $r^{(\min)} < t + p_{j^*}^{(r)}$ (Auftrag j^* kann nicht fertiggestellt werden, bevor ein weiterer Auftrag bereitgestellt wird), gehe zu Schritt 3, sonst gehe zu Schritt 4.

3. **Unterbrechung:** Führe Auftrag j^* bis zum Zeitpunkt $r^{(\min)}$ aus und unterbreche die Bearbeitung. Setze $p_{j^*}^{(r)} = p_{j^*}^{(r)} - r^{(\min)} + t$ und $t = r^{(\min)}$. Gehe zu Schritt 2.
4. **Beendigung eines Auftrags:** Führe Auftrag j^* bis zur Fertigstellung aus. Setze $t := t + p_{j^*}^{(r)}$ und entferne j^* aus J. Wenn J nicht leer ist, gehe zu Schritt 2.

Beispiel 4.19

Betrachten wir die folgende Instanz des Problems $1|r_j, pmtn| \sum C_j$.

j	1	2	3	4
p_j	6	8	3	4
r_j	0	0	2	14

Wenden Sie Algorithmus 6 auf dieses Beispiel an.

Zu Beginn sind die Aufträge 1 und 2 verfügbar. Da Auftrag 1 mit 6 Zeiteinheiten die kleinere verbleibende Bearbeitungszeit hat, wird dieser Auftrag zuerst ausgeführt. Die nächste Ankunftszeit ist bereits zum Zeitpunkt 2, so dass wir in Schritt 3 des Algorithmus gelangen und Auftrag 1 zunächst nur bis zum Zeitpunkt 2 ausführen. Entsprechend befinden wir uns nun im Zeitpunkt 2, und die verbleibende Bearbeitungszeit von Auftrag 1 wird auf 4 gesetzt.

Unter den drei nun verfügbaren Aufträgen hat Auftrag 3 die kürzeste Bearbeitungszeit. Diese kann komplett durchgeführt werden (Schritt 4 des Algorithmus). Anschließend wird Auftrag 1 beendet, so dass wir uns in Zeitpunkt 9 befinden und nur noch Aufträge 2 und 4 zu bearbeiten haben. Hierbei ist zu beachten, dass Auftrag 2 als einzig verfügbarer Auftrag zunächst bis zum Zeitpunkt 14 ausgeführt wird und somit noch eine Restbearbeitungszeit von 3 aufweist. Anschließend wird Auftrag 2 weiterbearbeitet, da seine verbleibende Bearbeitungszeit inzwischen kürzer ist als die von Auftrag 4.

Der optimale Ablaufplan mit Zielfunktionswert 52 ist in Abbildung 4.2 als Gantt-Diagramm dargestellt.

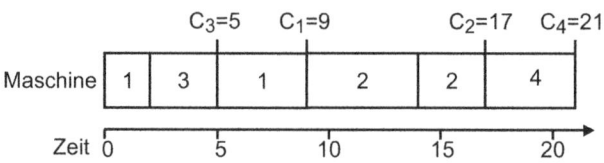

Abbildung 4.2.: Optimaler Ablaufplan von Beispiel 4.19

Die Verallgemeinerung dieser Problemstellung, bei der die Summe der gewichteten Fertigstellungszeitpunkte als Zielfunktion angewendet wird, ist hingegen nicht mehr einfach lösbar.

Satz 4.20 *($1|r_j, pmtn| \sum w_j C_j$)*
Das Problem $1|r_j, pmtn| \sum w_j C_j$ ist NP-schwer.

BEWEIS: Siehe Labetoulle et al. (1982). □

4.2.3. Vom Liefertermin abhängige Zielfunktionen

Das Problem $1|r_j, pmtn|L_{\max}$ ist in polynomieller Zeit lösbar. Wir verzichten auf die explizite Darstellung des Algorithmus für das Problem $1|r_j, pmtn|L_{\max}$, denn er folgt dem gleichen Schema wie Algorithmus 6. Der einzige Unterschied ist, dass in Schritt 2 nicht der Auftrag mit kürzester Restbearbeitungszeit gewählt wird, sondern derjenige, dessen Lieferzeitpunkt am nächsten ist: Gewählt wird also $j^* \in \operatorname*{argmin}_{j \in J, r_j \leq t} d_j$.

Anders als bei allen anderen Problemen in P, die wir in diesem Kapitel untersuchen, präsentieren wir für das Problem $1|r_j, pmtn| \sum U_j$ keinen Algorithmus, obwohl es in polynomieller Zeit lösbar ist. Ein Verfahren, das von Lawler (1990) vorgestellt wurde und auf der Dynamischen Programmierung basiert, würde hier den Umfang etwas sprengen.

Satz 4.21
Die Ablaufplanungsprobleme $1|r_j, pmtn| \sum w_j U_j$, $1|r_j, pmtn| \sum T_j$ und $1|r_j, pmtn| \sum w_j T_j$ sind alle NP-schwer.

BEWEIS: Der Spezialfall dieser Probleme, in dem die Ankunftszeiten alle gleich Null sind, kommt wie gesehen ohne Unterbrechungen aus. Da diese Spezialfälle bereits NP-schwer sind, gilt dies auch für die vorliegenden Probleme. □

4.2. Fragestellungen mit Auftragsunterbrechungen

Die verspätete Arbeit ist eine Zielfunktion, bei der nicht allein der Fertigstellungszeitpunkt eines Auftrags ausschlaggebend ist. Insbesondere wenn ein Auftrag nach seinem Liefertermin fertiggestellt wird, kommt es darauf an, wann die einzelnen Zeiteinheiten eingeplant sind. Denn gerade wenn Unterbrechungen erlaubt sind, kann es sein, dass ein Großteil des Auftrags vor seinem Liefertermin bearbeitet wird und nur einzelne Zeiteinheiten verspätet sind. Daher hat die Möglichkeit, Unterbrechungen einzuplanen, durchaus auch Einfluss auf die Komplexität. Denn während $1||\sum Y_j$ als *NP*-schweres Problem identifiziert wurde, betrachten wir nun ein Verfahren mit polynomieller Laufzeit für das Problem $1|pmtn|\sum Y_j$ (Potts und Van Wassenhove (1992)).

Algorithmus 7 ($1|pmtn|\sum Y_j$):

1. **Initialisierung:** Sortiere die Aufträge nicht-absteigend nach Lieferterminen. Es sei somit $d_1 \leq \ldots \leq d_n$ angenommen.
   Setze $S(j) = j \ \forall j \in \{1, \ldots, n\}$. Sei $T_{\max} := \max_j\{T_j\}$ die größte Terminüberschreitung eines Auftrags bei dieser Lösung.

2. **Optimale Lösung:** Verändere den Ablaufplan derart, dass die ersten $T_{\max}$ Zeiteinheiten an das Ende des Ablaufplans verschoben werden. Dabei wird womöglich ein Auftrag unterbrochen.

Durch das Verschieben der ersten $T_{\max}$ Zeiteinheiten sind diese auf jeden Fall verspätet. Alle übrigen Zeiteinheiten sind anschließend allerdings sicher nicht verspätet. Der resultierende Ablaufplan hat also stets den optimalen Zielfunktionswert $T_{\max}$.

Beispiel 4.22
Gegeben seien fünf Aufträge mit folgenden Bearbeitungszeiten und Lieferterminen:

j	1	2	3	4	5
p_j	5	8	7	4	6
d_j	13	14	17	22	22

Lösen Sie diese Instanz des Problems $1|pmtn|\sum Y_j$ mithilfe von Algorithmus 7.

Bei der Einplanung der Aufträge nach der Lieferterminregel sind die Terminüberschreitungen der Aufträge $T_1 = 0$, $T_2 = 0$, $T_3 = 3$, $T_4 = 2$

und $T_5 = 8$. Dadurch ergibt sich $T_{\max} = 8$. Der vorläufige und der optimale Ablaufplan sind in Abbildung 4.3 dargestellt. Im vorläufigen Ablaufplan ist der Zielfunktionswert $3 + 2 + 6 = 11$, während er im optimalen Ablaufplan $5 + 3 = 8$ beträgt.

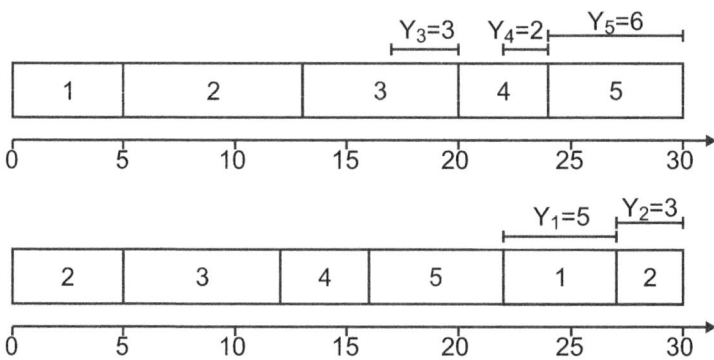

Abbildung 4.3.: Vorläufiger und optimaler Ablaufplan von Beispiel 4.22

Bevor wir uns dem Problem $1|r_j, pmtn| \sum Y_j$ widmen, das nach der bisherigen Struktur als nächstes käme, betrachten wir $1|pmtn| \sum w_j Y_j$. Dadurch erreichen wir, dass die drei verbleibenden Verfahren dieses Kapitels zumindest in gewisser Weise aufeinander aufbauen. Für das Problem $1|pmtn| \sum w_j Y_j$ wurde von Hariri et al. (1995) ein Verfahren mit polynomieller Laufzeit präsentiert. Das Verfahren plant Teile von Aufträgen rückwärts, beginnend bei dem größten Liefertermin, ein (alle Bearbeitungszeiten von Aufträgen, die nach dem spätesten Liefertermin eingeplant werden, sind sicher verspätet). Dazu wird im zweiten Schritt des Algorithmus der Auftrag j festgelegt, der eingeplant werden soll, sowie das zugehörige Intervall $[s,t]$, dessen Grenzen in diesem Schritt definiert werden. Im dritten Schritt werden dann die Variablen aktualisiert.

Algorithmus 8 ($1|pmtn| \sum w_j Y_j$):

1. **Initialisierung:** Sortiere die Aufträge nicht-absteigend nach Lieferterminen. Es sei somit $d_1 \leq \ldots \leq d_n$ angenommen. Sei $t := d_n$ der späteste Liefertermin. Sei $J = \{1, \ldots, n\}$ die Menge der noch (teilweise) einzuplanenden Aufträge.

4.2. Fragestellungen mit Auftragsunterbrechungen

2. Einplanung:

2.1. Einzuplanender Auftrag: Falls $d_j < t$ für alle $j \in J$, setze $t = \max_{j \in J}\{d_j\}$. Sei $A_t := \{j \in J | d_j \geq t\}$ die Menge der potentiell einzuplanenden Aufträge. Sei $j^* := \arg\max_{j \in A_t}\{w_j\}$ der nächste einzuplanende Auftrag.

2.2. Intervallgrenzen: Sei $B_{t,j^*} := \{k \in J | t - p_{j^*} < d_k < t\}$ die Menge der Aufträge, die ihren Liefertermin nach dem spätestmöglichen (durchgehenden) Beginn von j^* aber vor t haben.
Wenn $B_{t,j^*} = \emptyset$, setze $s := \max\{t - p_{j^*}, 0\}$.
Sonst sei k das größte Element in B_{t,j^*} und setze $s = d_k$.

2.3. Einplanung: Plane $t - s$ Einheiten von Auftrag j^* im Intervall $[s, t]$ ein.

3. Aktualisierung und Stoppkriterium: Setze $p_{j^*} := p_{j^*} - (t - s)$. Wenn $p_{j^*} = 0$, entferne j^* aus der Menge J. Setze $t := s$.
Falls $J = \emptyset$, dann stopp.
Falls $t = 0$, plane alle verbleibenden Aufträge in beliebiger Reihenfolge am Schluss (oder in vorhandenen Lücken) ein und stopp.
Sonst gehe zu Schritt 2.

Beispiel 4.23
Gegeben seien vier Aufträge mit folgenden Bearbeitungszeiten, Gewichten und Lieferterminen:

j	1	2	3	4
p_j	8	8	5	4
w_j	8	2	6	5
d_j	6	7	10	15

Lösen Sie diese Instanz des Problems $1|pmtn|\sum w_j Y_j$ mithilfe von Algorithmus 8.
Zunächst ist $t = d_4 = 15$, $A_{15} = \{4\}$, so dass beim ersten Durchlaufen von Schritt 2.1 $j^* = 4$ der einzuplanende Auftrag ist. Die Menge $B_{15,4} = \{k \in J | 11 < d_k < 15\}$ ist leer, so dass $s = \max\{15 - 4, 0\} = 11$ gilt. Daher wird Auftrag 4 im Intervall $[11, 15]$ eingeplant. Der Auftrag ist damit beendet und wird aus der Menge J entfernt und es wird $t = 11$ gesetzt.

In der zweiten Iteration tritt der Fall auf, dass $d_j < t = 11$ für alle $j \in J$. Daher wird t weiter reduziert und auf $t = 10$ gesetzt. Es ist $j^* = 3$ und die Menge $B_{11,3} = \{1,2\}$ ist nicht leer. Daher ist $s = d_2 = 7$ und Auftrag 3 wird im Intervall $[7, 10]$ eingeplant. Da Auftrag 3 noch nicht beendet ist, wird die (Rest-)Bearbeitungszeit auf $p_3 = 2$ gesetzt. Mit $t = 7$ geht es dann in die dritte Iteration.

In der dritten Iteration wird Auftrag 3 im Intervall $[6, 7]$ eingeplant und in der vierten Iteration wird Auftrag 1 im Intervall $[0, 6]$ eingeplant. Dadurch gilt im dritten Schritt, dass $t = 0$.

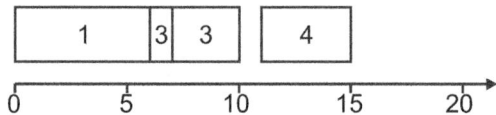

Abbildung 4.4.: Alle nicht verspäteten Zeiteinheiten von Beispiel 4.23

In Abbildung 4.4 sind die bisher eingeplanten Intervalle dargestellt. Dabei liegen keinerlei Verspätungen vor. Sämtliche noch einzuplanenden Restbearbeitungszeiten sind sicher verspätet und können daher beliebig eingeplant werden. Der Zielfunktionswert beträgt dann $2 \cdot 8 + 8 \cdot 2 + 1 \cdot 6 = 38$. Ein entsprechender Ablaufplan ist in Abbildung 4.5 dargestellt.

Abbildung 4.5.: Optimaler Ablaufplan von Beispiel 4.23

Für das Problem $1|r_j, pmtn| \sum Y_j$ wurde ein Verfahren von Hochbaum und Shamir (1990) vorgestellt. Ähnlich wie beim Algorithmus 8 werden Intervalle von hinten nach vorne Aufträgen zugeordnet. Die Intervallgrenzen können hierbei direkt zu Beginn festgelegt werden und müssen nicht erst im Verlauf des Algorithmus bestimmt werden.

Algorithmus 9 ($1|r_j, pmtn| \sum Y_j$):

1. **Initialisierung:** Sortiere die Aufträge nicht-aufsteigend nach ihren Ankunftszeiten. Es sei somit $r_1 \geq \ldots \geq r_n$ angenommen. Sor-

4.2. Fragestellungen mit Auftragsunterbrechungen

tiere die Ankunftszeiten r_j und Liefertermine d_j in einer Liste $L := (l_1, \ldots, l_{n'})$ mit $l_{j'} = r_j$ oder $l_{j'} = d_j$ für ein $j \in \{1, \ldots, n\}$ und ein $j' \in \{1, \ldots, n'\}$. (Dabei gilt $n \leq n' \leq 2n$)
Sei $I := \{[l_1, l_2], [l_2, l_3], \ldots, [l_{n'-1}, l_{n'}]\}$ eine Menge von Intervallen. Die Kapazität k eines Intervalls sei gegeben durch $k([l_j, l_{j+1}]) = l_{j+1} - l_j$.
Wir definieren $k([n', n'+1]) = 0$.

2. **Iteration:** Führe für jedes $j = 1, \ldots, n$ Schritt 3 aus.

3. **Einplanung:** Sei $l' = \max_{1 \leq \hat{j} \leq n'} \left\{ l_{\hat{j}} \mid r_j < l_{\hat{j}+1} \leq d_j, k\left([l_{\hat{j}}, l_{\hat{j}+1}]\right) > 0 \right\}$ der späteste Beginn eines Intervalls aus I, das noch Kapazität hat und das nicht nach d_j endet. Das zugehörige Intervall sei $I' = [l', l'+1]$

   1. **Fall (I' existiert nicht):** Plane p_j Einheiten von Auftrag j frühestmöglich nach $l_{n'}$ ein.
   2. **Fall ($p_j \leq k(I')$):** Plane p_j Einheiten von Auftrag j im Intervall I' ein. Setze $k(I') := k(I') - p_j$.
   3. **Fall ($p_j > k(I')$):** Plane $k(I')$ Einheiten von Auftrag j im Intervall I' ein. Setze $k(I') := 0$, $p_j := p_j - k(I')$ und beginne erneut mit Schritt 3.

Beispiel 4.24
Gegeben seien drei Aufträge mit den folgenden Bearbeitungszeiten, Ankunftszeiten und Lieferterminen:

j	1	2	3
p_j	6	12	5
r_j	8	2	0
d_j	16	18	8

Lösen Sie diese Instanz des Problems $1|r_j, pmtn| \sum Y_j$ mithilfe von Algorithmus 9.

Die Aufträge sind bereits nach Lieferterminen sortiert und es ergibt sich die Liste $L = \{0, 2, 8, 16, 18\}$ mit $n' = 5$. Daraus folgt die Intervallmenge $I = \{[0, 2], [2, 8], [8, 16], [16, 18]\}$ mit zugehörigen Kapazitäten 2, 6, 8 und 2.

Zunächst wird Auftrag 1 eingeplant. Für das Intervall $I' = [8, 16]$ gilt Fall 2, so dass Auftrag 1 dort komplett eingeplant wird. Die Kapazität des Intervalls wird von 8 auf 2 reduziert.

Als nächstes wird Auftrag 2 im Intervall $I' = [16, 18]$ eingeplant. Hier liegt Fall 3 vor, so dass nur 2 Einheiten eingeplant werden können und die (Rest-)Bearbeitungszeit von Auftrag 2 entsprechend angepasst wird. Es wird erneut Schritt 3 durchlaufen. Diesmal ist $I' = [8, 16]$, das nur noch eine Kapazität von 2 hat. Es liegt also wieder Fall 3 vor. Beim nächsten Durchlauf von Schritt 3 wird Auftrag 2 im Intervall $I' = [2, 8]$ eingeplant, wobei wieder Fall 3 vorliegt und Schritt 3 daher ein viertes Mal durchlaufen werden muss. Hierbei tritt nun Fall 1 ein, so dass die verbleibenden zwei Einheiten von Auftrag 2 nicht vor dem Zeitpunkt 18 eingeplant werden dürfen.

Abschließend wird Auftrag 3 im Intervall $I' = [0, 2]$ eingeplant. Da dieses nicht ausreicht, werden die verbleibenden drei Einheiten ans Ende des Ablaufplans gestellt. Ein optimaler Ablaufplan mit Zielfunktionswert 5 ist in Abbildung 4.6 dargestellt. Der Zielfunktionswert ergibt sich dabei direkt aus den Zeiteinheiten, die nach $l_{n'} = 18$ eingeplant sind. Die Reihenfolge, in der die Aufträge 1 und 2 im Intervall $[8, 16]$ eingeplant sind, ist dabei beliebig.

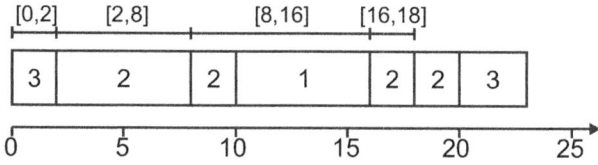

Abbildung 4.6.: Optimaler Ablaufplan von Beispiel 4.24

Auch für das Problem $1|r_j, pmtn| \sum w_j Y_j$ wurde ein Verfahren von Hochbaum und Shamir (1990) vorgestellt. Das Verfahren macht sich wieder zunutze, dass zunächst nur Bearbeitungszeiten eingeplant werden, die sicher nicht verspätet sein werden. Dazu wird zunächst beim Auftrag mit dem größten Gewicht versucht, möglichst viele Zeiteinheiten als nichtverspätet einzuplanen. Diese Anzahl der nicht-verspäteten Einheiten werden wir mit π_1 bezeichnen. Gegeben π_1 wird dann versucht, möglichst viele Zeiteinheiten des Auftrags mit dem zweitgrößten Gewicht ohne Verspätung einzuplanen, aber so, dass vom Auftrag mit dem größten Gewicht weiterhin π_1 Einheiten nicht verspätet sind. Daraus ergibt sich dann die Anzahl der nicht-verspäteten Zeiteinheiten π_2 des Auftrags mit dem

4.2. Fragestellungen mit Auftragsunterbrechungen

zweitgrößten Gewicht. Anschließend werden sukzessive für alle Aufträge entsprechende Werte π_j ermittelt. Dies geschieht jeweils mit Algorithmus 9. Das heißt, dass dieser Algorithmus mehrfach im Laufe des Verfahrens aufgerufen wird. Der Algorithmus für das ungewichtete Problem kann angewendet werden, weil die dort ermittelten verspäteten Einheiten sicher dem zuletzt hinzugefügten Auftrag (mit geringstem Gewicht) zuzuordnen sind. Nachdem für alle Aufträge die Werte π_j bestimmt wurden, kann mit Hilfe von Algorithmus 9 ein Ablaufplan bestimmt werden, der auch für das Problem $1|r_j, pmtn| \sum w_j Y_j$ optimal ist (es müssen nur noch verspätete Zeiteinheiten der Aufträge am Schluss angefügt werden).

Algorithmus 10 ($1|r_j, pmtn| \sum w_j Y_j$):

1. **Initialisierung:** Sortiere die Aufträge nicht-aufsteigend nach Gewichten. Es sei somit $w_1 \geq \ldots \geq w_n$ angenommen.
   Setze $\pi_1 := \min\{p_1, d_1 - r_1\}$.

2. **Iteration:** Führe für jedes $j = 2, \ldots, n$ Schritt 3 aus.

3. **Bestimmung von π_j:**

    3.1 Hilfsinstanz: Nutze die ersten j Aufträgen um eine Instanz des Problems $1|r_j, pmtn| \sum Y_j$ zu generieren. Die Ankunftszeiten und Liefertermine bleiben bei den ersten j Aufträgen gleich. Für die Aufträge $j' \in \{1, \ldots, j-1\}$ seien die Bearbeitungszeiten durch $\pi_{j'}$ gegeben. Für Auftrag j sei die Bearbeitungszeit weiterhin p_j.

    3.2 Lösung: Löse die Hilfsinstanz mit Algorithmus 9. Sei f der resultierende Zielfunktionswert. Setze $\pi_j := p_j - f$.

4. **Stopp:** Erzeuge erneut eine Hilfsinstanz von $1|r_j, pmtn| \sum Y_j$ mit n Aufträgen, für die die Bearbeitungszeiten π_j angenommen werden. Die Lösung dieser Instanz (bei der keine Verspätungen auftreten) wird anschließend ergänzt, indem alle noch nicht eingeplanten Bearbeitungszeiten von Aufträgen am Schluss eingeplant werden. Der optimale Zielfunktionswert beträgt dann $\sum\limits_{j=1}^{n} w_j(p_j - \pi_j)$.

Beispiel 4.25
Gegeben seien drei Aufträge mit den folgenden Bearbeitungszeiten, Ankunftszeiten, Lieferterminen und Gewichten:

j	1	2	3
p_j	5	6	12
r_j	0	8	2
d_j	8	16	18
w_j	6	5	2

Lösen Sie diese Instanz des Problems $1|r_j, pmtn| \sum w_j Y_j$ mithilfe von Algorithmus 10.

Die Aufträge sind bereits nach Gewichten sortiert und da Auftrag 1 vollständig zwischen Ankunftszeit und Liefertermin bearbeitet werden kann, gilt $\pi_1 = 5$. Im zweiten Schritt wird nun für Auftrag 2 überprüft, wie viele Zeiteinheiten des Auftrags ohne Verspätung eingeplant werden können, wenn von Auftrag 1 zwingend $\pi_1 = 5$ Zeiteinheiten einzuplanen sind. Die Lösung der Hilfsinstanz liefert den Zielfunktionswert $f = 0$ (keine Verspätung), so dass $\pi_2 = 6$ gilt. Anschließend wird auch für Auftrag 3 das Hilfsproblem aufgestellt. Dieses entspricht genau dem Beispiel 4.24 mit vertauschter Auftragsnummerierung. Der Zielfunktionswert ist also $f = 5$ und es gilt $\pi_3 = 12 - 5 = 7$. Damit lässt sich bereits der Zielfunktionswert des gesamten Problems ermitteln, für den $2 \cdot 5 = 10$ gilt. Abschließend wird im Schritt 4 noch der finale Ablaufplan bestimmt, der in Abbildung 4.7 dargestellt ist.

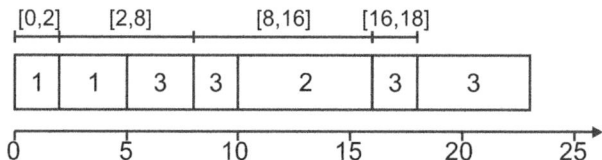

Abbildung 4.7.: Optimaler Ablaufplan von Beispiel 4.25

Bemerkung 4.26:
Für das Problem $1|r_j, pmtn| \sum w_j Y_j$ gibt es ein Verfahren von Leung et al. (1994), das in der Betrachtung des worst case schneller ist.

4.3. Zusammenfassung der Ergebnisse

Bevor wir die in diesem Kapitel gewonnenen Erkenntnisse bezüglich der Komplexität zusammenfassen, gehen wir noch einmal auf den Begriff

4.3. Zusammenfassung der Ergebnisse

der Verallgemeinerung bzw. des Spezialfalls ein. Nicht jede Änderung an einer Problemstellung ist zwangsläufig eine Verallgemeinerung oder ein Spezialfall, wie in der folgenden Bemerkung hervorgehoben wird.

Bemerkung 4.27:
1. Es sei angemerkt, dass der Fall der Unterbrechung $pmtn$ (bzw. $r_j, pmtn$) allgemein weder als Verallgemeinerung noch als Spezialfall gewertet werden kann. Obwohl wir hier hauptsächlich Fälle kennengelernt haben, in denen das Hinzufügen von $pmtn$ ein Problem vereinfacht, so muss dies nicht immer der Fall sein. Es gilt dabei Folgendes zu unterscheiden. Der Zielfunktionswert einer Instanz kann sich durch Hinzunahme von $pmtn$ natürlich nicht verschlechtern, denn ein Ablaufplan ohne Unterbrechung ist ja weiterhin erlaubt. Womöglich gibt es aber bei Unterbrechung einen optimalen Zielfunktionswert, der schwer (im Sinne von NP-schwer) zu ermitteln ist.

2. Die Kodierung eines Entscheidungsproblems kann in gewissen Fällen Einfluss auf die Laufzeit einer Turingmaschine haben, und somit auch auf den Umstand, ob ein Problem sicher der Menge P zugeordnet werden kann, oder nicht. Einige der bereits betrachteten NP-schweren Probleme können in polynomieller Zeit gelöst werden, bezogen auf die Länge des Inputs, wenn sie in Unärdarstellung kodiert werden. Das liegt daran, dass sich die Lösungszeit aufgrund der Kodierung zwar nicht (strukturell) verändert, aber Instanzen mit relativ langer Laufzeit nun auch eine deutlich längere Eingabegröße haben können. Andere NP-schwere Probleme bleiben selbst bei Unärdarstellung NP-schwer. Letztere Probleme werden auch NP-schwer im strengen Sinne genannt (analog für NP-vollständige Probleme). NP-schwere Probleme, die nicht im strengen Sinne NP-schwer sind, bezeichnet man als NP-schwer im einfachen Sinne.

3. Der Einmaschinenfall ist ein Spezialfall der anderen, hier betrachteten Maschineneigenschaften Pm, Fm, Jm und Om. Somit sind alle Probleme, die im Einmaschinenfall NP-schwer sind, auch für Pm, Fm, Jm und Om NP-schwer.

Die Ergebnisse dieses Kapitels bezüglich der Komplexität der einzelnen Ablaufplanungsprobleme ohne Unterbrechungen sind in Tabelle 4.1 zusammengefasst. Dargestellt sind eine Vielzahl von Problemen der Form $1|\beta|\gamma$, wobei die Werte für β und γ der Tabelle entnommen werden können.

$\gamma\backslash\beta$		Verallgemeinerungen			Spezialfälle	
		r_j	$prec$	s_{jk}	$p_j = p$	$d_j = d$
$C_{\max}$	P	P	P	NP-sch.*		
$L_{\max}$	P	NP-sch.*	P	NP-sch.*		
$\sum C_j$	P				alle in P	
$\sum w_j C_j$	P		alle NP-sch.*			
$\sum U_j$	P					
$\sum Y_j$	NP-sch.	NP-sch.	NP-sch.	NP-sch.	P	P
$\sum w_j Y_j$	NP-sch.	NP-sch.	NP-sch.	NP-sch.	P	P
$\sum w_j U_j$	NP-sch.				P	NP-sch.
$\sum T_j$	NP-sch.		alle NP-sch.*		P	P
$\sum w_j T_j$	NP-sch.*				P	NP-sch.

Tabelle 4.1.: Komplexität der betrachteten Einmaschinenmodelle ohne Unterbrechungen (mit „NP-sch." werden NP-schwere Probleme im einfachen Sinne bezeichnet und mit * markierte Probleme sind NP-schwer im strengen Sinne)

Alle Ergebnisse lassen sich aus den Informationen dieses Kapitels sowie aus Korollar 3.33 herleiten. Überprüfen Sie für jedes Problem, wo sich ein entsprechender Hinweis in diesem Kapitel findet, ggf. unter Hinzunahme von Korollar 3.33.

Die hier erarbeiteten Komplexitätsresultate zu Ablaufplanungsproblemen mit Unterbrechungen finden sich in Tabelle 4.2. Die Verallgemeinerungen $prec$ und s_{jk} scheinen bei Unterbrechungen als derart konstruiert, dass wir auf deren Betrachtung verzichten. Auch hier lassen sich wieder alle Ergebnisse aus den bisher gewonnenen Erkenntnissen herleiten. Überprüfen Sie auch hier, welche Teile dieses Kapitels für jedes Ergebnis notwendig sind.

Natürlich gibt es eine Vielzahl von weiteren Kombinationsmöglichkeiten selbst bei den Einmaschinenmodellen. Für einige ist bisher ungeklärt, ob

4.3. Zusammenfassung der Ergebnisse

$\gamma\backslash\beta$	$pmtn$	Verallgem. $r_j, pmtn$	Spezialfälle $p_j = p, pmtn$	$d_j = d, pmtn$
$C_{\max}$	P	P		
$L_{\max}$	P	P		
$\sum C_j$	P	P		
$\sum w_j C_j$	P	NP-sch.*	alle in P	
$\sum U_j$	P	P		
$\sum Y_j$	P	P		
$\sum w_j Y_j$	P	P		
$\sum w_j U_j$	NP-sch.	NP-sch.	P	NP-sch.
$\sum T_j$	NP-sch.	NP-sch.	P	P
$\sum w_j T_j$	NP-sch.*	NP-sch.*	P	NP-sch.

Tabelle 4.2.: Komplexität der betrachteten Einmaschinenmodelle mit Unterbrechungen (mit „NP-sch." werden NP-schwere Probleme im einfachen Sinne bezeichnet und mit * markierte Probleme sind NP-schwer im strengen Sinne)

sie in P liegen, NP-schwer sind oder weder noch. Das gilt zum Beispiel für $1|p_j = p, r_j| \sum w_j T_j$ oder für $1|p_j = p, r_j, pmtn| \sum w_j C_j$.

5. Modelle mit parallelen Maschinen

Bei den Problemstellungen $Pm||\gamma$ muss jeder Auftrag auf einer beliebigen Maschine von insgesamt m identischen Maschinen ausgeführt werden. Sofern ein Auftrag geteilt wird und auf mehr als einer Maschine ausgeführt wird, was natürlich nur im Fall $pmtn$ erlaubt ist, so können die Teilaufträge jedoch nicht zur gleichen Zeit bearbeitet werden. Es zeigt sich leider, dass die Problemstellung für die Zielfunktion $\gamma = C_{\max}$ selbst bei nur zwei vorhandenen Maschinen schwer ist.

Satz 5.1 ($P2||C_{\max}$)
Das Problem $P2||C_{\max}$ ist NP-schwer.

BEWEIS: Der Beweis wird in Aufgabe 14 durchgeführt. □

Aus dem Satz folgt unmittelbar, dass auch $Pm||C_{\max}$ NP-schwer ist, da $P2||C_{\max}$ ein Spezialfall ist. Auch $P3||C_{\max}$, $P4||C_{\max}$ etc. sind NP-schwer.

Satz 5.2 ($Pm||C_{\max}$)
$Pm||C_{\max}$ ist NP-schwer für jeden Wert $m \geq 2$.

BEWEIS: Das Entscheidungsproblem von $P2||C_{\max}$ (Gibt es einen Ablaufplan mit $C_{\max} \leq \varphi$) lässt sich auf $Pm||C_{\max}$ reduzieren. Zu einer gegebenen Instanz von $P2||C_{\max}$ werden $m-2$ weitere Aufträge mit Bearbeitungszeit φ hinzugefügt. Diese blockieren alle „zusätzlichen" Maschinen und es gilt, die ursprünglichen Aufträge auf zwei Maschinen einzuplanen. □

Wir wissen also bereits, dass die Problemstellung $Pm||\gamma$ für fast alle in diesem Buch behandelten Zielfunktionen NP-schwer ist (vergleiche Korollar 3.33). Bevor wir uns den beiden verbleibenden Zielfunktionen $\sum C_j$ und $\sum w_j C_j$ widmen, betrachten wir weiter $Pm||C_{\max}$.

Diese Aufgabenstellung kommt bei vielen Anwendungen vor, sowohl in der reinen Maschinenbelegungsplanung als auch in anderen Fällen, wie zum Beispiel bei der Verteilung von Computerprozessen auf Prozessoren.

Wir haben bereits gesehen, dass in vielen Fällen einfache Prioritätsregeln zu optimalen Ergebnissen führen. Die Sortierung nach kürzester Bearbeitungszeit (SPT-Regel) führt z.B. bei $1||\sum C_j$ (Aufgabe 2) und bei $1|d_j = d|\sum T_j$ (Satz 4.13) zu optimalen Ablaufplänen. Solche Prioritätsregeln lassen sich auch auf NP-schwere Probleme anwenden, führen dabei aber nicht notwendigerweise zu optimalen Ablaufplänen. Wir präzisieren zunächst den Begriff „Prioritätsregel".

Definition 5.3 (Prioritätsregel)
Gegeben sei eine Sortierung der Aufträge eines Ablaufplanungsproblems (nach bestimmten Kriterien, den Prioritäten, oder auch beliebig). Als Prioritätsregel wird der Ablaufplan bezeichnet, bei dem die am nächsten freie Maschine mit dem jeweils nächsten verfügbaren Auftrag der Sortierung belegt wird.

Da die Sortierung der Aufträge bei der Implementierung meist in Listen geschieht, wird für die Anwendung von Prioritätsregeln auch der Begriff „List Scheduling" verwendet. Weitere Beispiele für Prioritätsregeln sind die Lieferterminregel (EDD: earliest due date, Beispiel 1.1), die Sortierung nach gewichteter kürzester Bearbeitungszeit (WSPT: weighted shortest processing time, Beispiel 2.3) oder die Sortierung nach Ankunftszeiten r_j (Satz 4.2).

Die Sortierung muss nicht nach einem bestimmten Parameter erfolgen. So sind auch die Algorithmen 2 und 3 Prioritätsregeln, da sie zunächst die Aufträge sortieren.

Für die Anwendung auf das Problem $Pm||C_{\max}$ erscheint eine weitere Prioritätsregel sinnvoll, nämlich die Sortierung nach längster Bearbeitungszeit (LPT-Regel für longest processing time oder auch LOZ-Regel für längste Operationszeit).

Beispiel 5.4 ($P2||C_{\max}$)
Wir betrachten das Problem $P2||C_{\max}$. Wenn möglichst lange Aufträge zuerst eingeplant werden, kann am Schluss mit den kürzeren Aufträgen recht flexibel eine weitestgehend gleichmäßige Verteilung der Aufträge erreicht werden.

j	1	2	3	4	5	6	7	8
p_j	9	7	6	5	4	3	3	1

Wenden Sie die LPT-Regel auf dieses Beispiel an.

Es ergibt sich folgender Ablaufplan mit $C_{\max} = 20$.

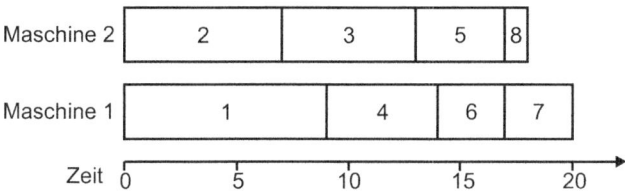

Dass der gefundene Ablaufplan nicht optimal ist, lässt sich leicht erkennen. Bestimmen Sie daher einen optimalen Ablaufplan.

Der folgende Ablaufplan mit $C_{\max} = 19$ ist optimal.

Natürlich müssen auf jeder Maschine nicht gleich viele Aufträge eingeplant werden. Der folgende Ablaufplan ist ebenfalls optimal.

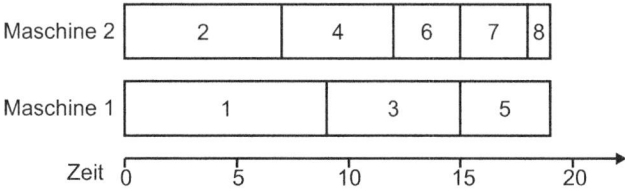

Die LPT-Regel liefert für $Pm||C_{\max}$ also nicht notwendigerweise einen optimalen Ablaufplan (obwohl das in vielen Instanzen der Fall sein wird). Ein Verfahren, das einen zulässigen Ablaufplan liefert, der aber nicht optimal sein muss, wird Heuristik genannt. In manchen Fällen können sehr konkrete Aussagen über die Güte der Heuristik gemacht werden. So kann der Ablaufplan für $Pm||C_{\max}$, der mit der LPT-Regel ermittelt wird, nicht viel schlechter sein als der optimale Ablaufplan. Was „nicht viel" bedeutet, wird im folgenden Satz konkretisiert.

Satz 5.5 ($Pm||C_{\max}$)
Betrachten wir eine Instanz des Problems $Pm||C_{\max}$. Sei $C_{\max}^*$ die minimale Gesamtbearbeitungszeit und $C_{\max}^{(LPT)}$ die mittels der LPT-Regel ermittelte Gesamtbearbeitungszeit. Dann gilt stets

$$\frac{C_{\max}^{(LPT)}}{C_{\max}^*} \leq \frac{4}{3} - \frac{1}{3m}.$$

Das heißt, dass der Zielfunktionswert des mit der LPT-Regel erzeugten Ablaufplans maximal $\frac{100m-100}{3m}$ Prozent über dem Optimum liegt.

BEWEIS: Siehe Graham (1969). □

Die Qualität (im worst case) der durch die LPT-Regel erzeugten Ablaufpläne nimmt also mit steigender Anzahl an Maschinen tendenziell eher ab.

m	maximale prozentuale Abweichung
2	16,67
3	22,22
4	25,00
5	26,67
6	27,78
⋮	⋮

Wenn jedoch m gegen unendlich strebt, so nähert sich die maximale prozentuale Abweichung $33,\overline{3}$. Ein mit der LPT-Regel generierter Ablaufplan für $Pm||C_{\max}$ wird also maximal ein Drittel länger sein als der optimale Ablaufplan und das auch nur dann, wenn es unendlich viele Maschinen gibt. Ein Algorithmus, der eine derartige maximale Abweichung zum Optimum garantieren kann, wird Approximationsalgorithmus genannt (siehe dazu Jansen und Margraf (2008)).

Die Schranke der LPT-Regel kann nicht verbessert werden, wie im folgenden Beispiel zu sehen ist.

Kapitel 5. Modelle mit parallelen Maschinen

Beispiel 5.6 ($Pm||C_{\max}$)
Sei $m = 2$.

j	1	2	3	4	5
p_j	3	3	2	2	2

Der mittels der LPT-Regel ermittelte Ablaufplan hat eine Gesamtbearbeitungsdauer von 7.

Im optimalen Ablaufplan hingegen gilt $C_{\max} = 6$.

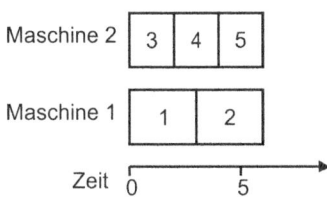

Da $7/6 = 1,16\bar{6}$, liegt die prozentuale Abweichung bei $16,\bar{6}$.
Für $m = 3$ wird folgendes Beispiel genutzt.

j	1	2	3	4	5	6	7
p_j	5	5	4	4	3	3	3

Mit der LPT-Regel wird hier $C_{\max} = 11$ erreicht.

Optimal ist hingegen $C_{\max} = 9$, so dass die LPT-Regel $22,2\bar{2}$ Prozent über dem Optimum liegt.

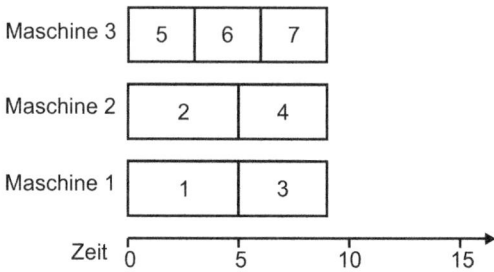

Für beliebiges m kann dieses Beispiel ganz allgemein beschrieben werden, indem $n = 2m+1$ Aufträge betrachtet werden, die folgende Bearbeitungszeiten haben: $p_1 = p_2 = 2m-1$, $p_3 = p_4 = 2m-2, \ldots, p_{n-2} = p_{n-1} = m$ und der letzte Auftrag mit $p_n = m$.

Im Allgemeinen wird die LPT-Regel allerdings viel bessere Ergebnisse als die oben beschriebene Schranke erzielen. Die LPT-Regel liefert oft einen optimalen Ablaufplan oder einen fast optimalen Ablaufplan. Das gilt insbesondere dann, wenn es sehr viele Aufträge gibt, von denen keiner extrem lang ist. Wenn wir (ohne Beschränkung der Allgemeinheit) annehmen, dass stets Maschine 1 die längste Bearbeitungszeit hat, so kann sogar gezeigt werden, dass bei steigender Anzahl der Aufträge auf Maschine 1 die LPT-Regel sich dem Optimum annähert.

Dass die Anwendung von Prioritätsregeln aber auch zu unerwartetem Verhalten führen kann, wurde bereits vor über 50 Jahren festgestellt (Graham (1966)). Um dies zu veranschaulichen, betrachten wir die Problemstellung $Pm|prec|C_{\max}$. Da dieses Problem eine Verallgemeinerung eines NP-schweren Problems ist, ist es ebenfalls NP-schwer. Die Gesamtbearbeitungsdauer kann sich verlängern, wenn

- andere Prioritäten verwendet werden (zu erwartendes Verhalten),
- die Reihenfolgebeziehungen abgeschwächt werden,
- eine Maschine hinzugefügt wird,
- die Bearbeitungsdauern sinken.

Kapitel 5. Modelle mit parallelen Maschinen

Beispiel 5.7 (siehe Błażewicz et al. (2019), Seite 149)
Es gebe acht Aufträge mit den Vorrangbeziehungen $1 \to 7$, $1 \to 8$, $3 \to 4$, $3 \to 5$, $3 \to 6$ und folgenden Bearbeitungszeiten.

j	1	2	3	4	5	6	7	8
p_j	3	4	2	4	4	2	13	2

Unter der Annahme, dass die Prioritäten genau dem Index eines Auftrags entsprechen (die Aufträge also in Reihenfolge 1,2,...,8 eingeplant werden), ergibt sich folgender, optimaler Ablaufplan mit $C_{\max} = 17$.

Es ist zu beachten, dass, nachdem die ersten drei Aufträge eingeplant wurden, zunächst Auftrag 7 eingeplant wird, da Aufträge 4, 5 und 6 noch nicht für die Maschine 2 zur Verfügung stehen.

Es ist natürlich zu erwarten, dass sich die Gesamtbearbeitungszeit verlängern kann, wenn eine andere Prioritätsliste angewendet wird. Beispielhaft wird dies für die Reihenfolge (1,2,3,4,5,6,8,7) in der nächsten Abbildung dargestellt.

Überraschend ist schon der Umstand, dass ein Aufweichen der Vorrangbeziehungen den Ablaufplan verschlechtern kann. Nehmen wir an, es gäbe die Vorrangbeziehung $3 \to 4$ nicht. Dann würde die Prioritätsregel folgenden Ablaufplan liefern.

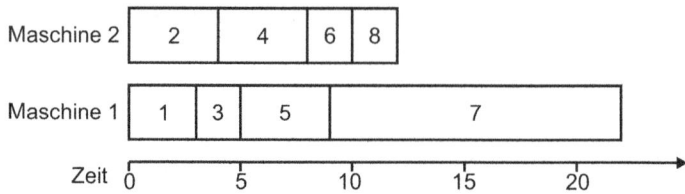

Auch das Hinzufügen einer weiteren Maschine kann den Ablaufplan verlängern. Bei drei Maschinen liefert die Prioritätsregel diesen Ablaufplan.

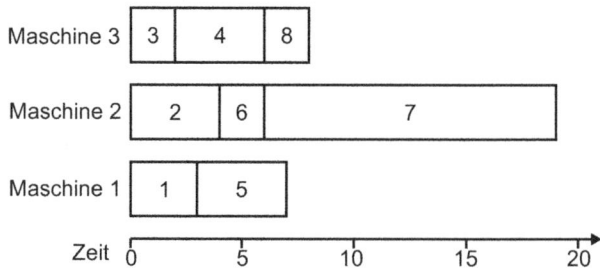

Sie werden leicht feststellen können, dass bei drei Maschinen der optimale Ablaufplan eine Gesamtbearbeitungszeit von 16 liefert.

Nehmen wir abschließend an, dass sich die Bearbeitungszeiten jedes Auftrags um eine Einheit verringern. Gehen wir jetzt also von folgenden Zeiten aus.

j	1	2	3	4	5	6	7	8
p_j	2	3	1	3	3	1	12	1

In diesem Fall verlängert sich die Gesamtbearbeitungszeit bei Anwendung der Prioritätsregel ebenfalls, obwohl sich die Zielfunktion im Optimum auf 14 verringern ließe.

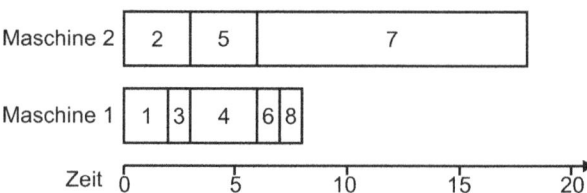

Kapitel 5. Modelle mit parallelen Maschinen

Viele Verfahren für Ablaufplanungsprobleme nutzen den Umstand, dass sich häufig bereits Aussagen über den optimalen Zielfunktionswert treffen lassen, ohne dass ein konkreter Ablaufplan präsentiert wird. Eine derartige Aussage ist z.B. beim (trivialen) Problem $1||C_{\max}$ gegeben, wo der Zielfunktionswert auf jeden Fall den Wert $\sum_{j=1}^{n} p_j$ annimmt. Wir werden jetzt das Problem $Pm|pmtn|C_{\max}$ betrachten, für das sich auch eine entsprechende Aussage machen lässt, die dazu genutzt werden kann, die Optimalität eines Verfahrens zu zeigen.

Satz 5.8 ($Pm|pmtn|C_{\max}$)
Sei $C_{\max}$ die Gesamtbearbeitungszeit eines beliebigen Ablaufplans für das Ablaufplanungsproblem $Pm|pmtn|C_{\max}$. O.B.d.A. sei der erste Auftrag derjenige mit der längsten Bearbeitungszeit. Dann gilt

$$C_{\max} \geq \max\left\{p_1, \sum_{j=1}^{n} \frac{p_j}{m}\right\}.$$

BEWEIS: Es ist zu zeigen, dass $C_{\max} \geq p_1$ UND $C_{\max} \geq \sum_{j=1}^{n} \frac{p_j}{m}$ gilt. Der erste Fall ist offensichtlich und im zweiten Fall leicht durch einen Widerspruchsbeweis zu erzielen, der als Selbststudienaufgabe erbracht werden kann. $\square$

Der folgende Algorithmus liefert stets einen Ablaufplan, in dem $C_{\max} = \max\left\{p_1, \sum_{j=1}^{n} \frac{p_j}{m}\right\}$ gilt. Entsprechend liefert das Verfahren eine optimale Lösung.

Algorithmus 11 ($Pm|pmtn|C_{\max}$):

1. **Initialisierung:** Sei $C_{\max}^* = \max\left\{p_1, \sum_{j=1}^{n} \frac{p_j}{m}\right\}$ der zu erzielende Zielfunktionswert. Plane sukzessive sämtliche Aufträge (in beliebiger Reihenfolge) auf der ersten Maschine ein. Die Bearbeitungsdauer auf Maschine 1 ist dann kleiner oder gleich $m \cdot C_{\max}^*$.

2. **Zerstückeln:** Schneide diesen Ablaufplan auf der Maschine in bis zu m Teile, die alle (ggf. außer den letzten) die Länge $C_{\max}^*$ haben.

3. **Aufteilung:** Ordne den ersten Teil Maschine 1 zu, den zweiten Teil Maschine 2, usw.

Das Aufteilen der Aufträge ist dank der Unterbrechung (preemption) erlaubt. Es kann auch nicht vorkommen, dass ein Auftrag zeitgleich auf zwei Maschinen ausgeführt wird. Ein Auftrag kann sich in maximal zwei unterschiedlichen Stückelungen befinden (ergibt sich aus der Definition von $C^*_{\max}$). In einem Teil wird der Auftrag dann am Anfang, im anderen Teil am Ende ausgeführt.

Zum Abschluss des Kapitels betrachten wir noch die beiden verbleibenden Zielfunktionen, für die wir noch keine Komplexitätsaussage für das Problem $Pm||\gamma$ getroffen haben. Bei der Zielfunktion $\sum C_j$ lässt sich wieder eine Prioritätsregel anwenden, die einen optimalen Zielfunktionswert liefert.

Satz 5.9 ($Pm||\sum C_j$)
Die Anwendung der SPT-Regel auf das Problem $Pm||\sum C_j$ liefert stets einen optimalen Ablaufplan. Das Problem liegt somit in P.

BEWEIS: Statt eines formalen Beweises sei kurz die Beweisidee skizziert. In einem optimalen Ablaufplan müssen die Aufträge auf jeder einzelnen Maschine offensichtlich nach der SPT-Regel sortiert sein. Der längste aller Aufträge ist also auf seiner Maschine der letzte. Wir können annehmen (o.B.d.A), dass er am spätesten beginnt (einfaches Austauschargument mit einem potentiell später beginnenden Auftrag).

Ausgehend von der Annahme, dass ein Ablaufplan mit n nach SPT-Regel eingeplanten Aufträgen optimal ist, kann nun gezeigt werden, dass ein optimaler Ablaufplan mit diesen n und einem weiteren Auftrag, der von allen die längste Bearbeitungszeit hat, nach SPT-Regel sortiert ist. Der Beweis erfolgt dann mit Hilfe der vollständigen Induktion. □

Da sich das Problem $Pm||\sum C_j$ genau wie $1||\sum C_j$ durch Sortierung nach Bearbeitungszeiten optimal lösen lässt, und $1||\sum w_j C_j$ sich optimal durch Sortierung nach gewichteten Bearbeitungszeiten lösen lässt, könnte man annehmen, dass sich $Pm||\sum w_j C_j$ durch Sortierung nach gewichteten Bearbeitungszeiten (WSPT-Regel) ebenfalls optimal lösen lässt. Das ist aber leider nicht der Fall.

Beispiel 5.10 ($P2||\sum w_j C_j$)
Betrachten wir das Problem $P2||\sum w_j C_j$ mit folgenden Bearbeitungszeiten und Gewichten.

j	1	2	3
p_j	2	2	5
w_j	1	1	2

Laut WSPT-Regel beginnen Aufträge 1 und 2 zum Zeitpunkt 0 auf Maschine 1 bzw. 2. Auftrag 3 beginnt zum Zeitpunkt 2. Der Zielfunktionswert ist dann $2 \cdot 1 + 2 \cdot 1 + 7 \cdot 2 = 18$.

Optimal ist hingegen, wenn Aufträge 1 und 2 auf Maschine 1 ausgeführt werden und Auftrag 3 auf Maschine 2. Dann ergibt sich ein Zielfunktionswert von $2 \cdot 1 + 4 \cdot 1 + 5 \cdot 2 = 16$.

Es ist nun leider nicht nur so, dass WSPT für das Problem keinen optimalen Ablaufplan liefert, es handelt sich sogar um ein schweres Problem.

Satz 5.11 ($Pm||\sum w_j C_j$)
$Pm||\sum w_j C_j$ *ist NP-schwer.*

BEWEIS: Siehe Bruno et al. (1974). □

Auch wenn WSPT für $Pm||\sum w_j C_j$ keine Optimalität garantiert, so handelt es sich dabei um eine sehr gute Heuristik, die oft einen optimalen Ablaufplan findet und auch nie viel schlechter ist als das Optimum.

Satz 5.12 ($Pm||\sum w_j C_j$)
Betrachten wir eine Instanz des Problems $Pm||\sum w_j C_j$. Sei f^* der optimale Zielfunktionswert und f^{WSPT} der mittels der WSPT-Regel ermittelte Zielfunktionswert. Dann gilt stets

$$\frac{f^{WSPT}}{f^*} < \frac{1}{2}\left(1 + \sqrt{2}\right).$$

Der von der WSPT-Regel erzeugte Zielfunktionswert liegt somit weniger als $50(\sqrt{2} - 1) \approx 20{,}71$ Prozent über dem Optimum.

BEWEIS: Siehe dazu den Aufsatz von Kawaguchi und Kyan (1986) oder von Schwiegelshohn (2011). □

Zum Abschluss des Kapitels sei noch darauf hingewiesen, dass bereits viele Ablaufplanungsprobleme mit parallelen Maschinen untersucht wurden, bei denen – anders als hier – nicht von identischen Maschinen ausgegangen wird. In dem Zusammenhang seien zwei weitere Maschinenumgebungen zumindest erwähnt.

Qm Jeder Auftrag muss auf einer von m verwandten Maschinen ausgeführt werden, die sich nur durch eine maschinenspezifische Geschwindigkeit s_i, $i = 1, \ldots, m$ unterscheiden. Die Bearbeitungszeit eines Auftrags j auf Maschine i beträgt dann $\frac{p_j}{s_i}$ Zeiteinheiten. Pm stellt also den Spezialfall dar, in dem stets $s_i = 1$ gilt.

Rm Hierbei muss jeder Auftrag ebenfalls auf einer von m Maschinen ausgeführt werden, die sich bezüglich der Bearbeitungszeiten allerdings völlig unterscheiden können. Daher ist für jede Auftrag-Maschinenkombination eine eigene Bearbeitungszeit p_{ij} gegeben. Anders als im vorherigen Fall kann es also sogar sein, dass ein Auftrag j auf einer Maschine länger bearbeitet wird als ein zweiter Auftrag k, während auf einer anderen Maschine die Bearbeitungszeit von k länger ist.

6. Flow Shops

Im Gegensatz zu den parallelen Maschinenmodellen gehen wir nun davon aus, dass jeder Auftrag auf jeder Maschine ausgeführt werden muss. Die Maschinen sind also unterschiedlich in ihren Aufgaben der Produktherstellung. Tritt der Fall ein, dass einzelne Aufträge bestimmte Maschinen nicht besuchen brauchen, so lässt sich dies mit einer Bearbeitungszeit der Länge 0 modellieren. Wir machen zwei Annahmen, die in der Praxis und der tiefer gehenden wissenschaftlichen Literatur nicht immer gelten. So muss jeder Auftrag eine Maschine genau einmal besuchen (und nicht häufiger), und an den Maschinen ist eine hinreichend große Lagerfläche vorhanden, so dass beliebig viele Aufträge an den Maschinen „warten" können.

Für Shop-Ablaufplanungsprobleme (Flow Shop, Job Shop, Open Shop) ist insbesondere die Minimierung der Gesamtbearbeitungszeit ($C_{\max}$) von großer Relevanz, so dass wir uns darauf beschränken werden. Nach wie vor kann jede Maschine gleichzeitig nur einen Auftrag bearbeiten, und ein Auftrag kann ebenfalls nicht auf mehr als nur einer Maschine zur gleichen Zeit in Bearbeitung sein. Wir betrachten nur die Situation, in der die Bearbeitung eines Auftrags auf einer Maschine nicht unterbrochen und später fortgesetzt werden kann. Der Fall *pmtn* wird also hier außen vor gelassen.

Bei den in diesem Kapitel betrachteten Flow Shops (Fließfertigung) gilt die Annahme, dass die Aufträge die Maschinen in einer bestimmten Reihenfolge durchlaufen müssen und diese Reihenfolge für alle Aufträge gleich ist. Wir gehen (o.B.d.A.) davon aus, dass die Maschinen derart nummeriert sind, dass alle Aufträge zuerst Maschine 1 besuchen müssen, dann Maschine 2, usw.

Im Verlauf werden wir auch kurz auf die beiden Sonderfälle eingehen, bei denen die Bearbeitungsreihenfolge der Aufträge auf jeder Maschine gleich ist ($\beta = prmu$) und bei denen der Übergang von einer Maschine zur nächsten ohne zeitliche Verzögerung geschehen muss ($\beta = nwt$).

© Springer-Verlag GmbH Deutschland, ein Teil von Springer Nature 2019
F. Jaehn und E. Pesch, *Ablaufplanung*, https://doi.org/10.1007/978-3-662-58780-5_6

Wenn wir die Zielfunktion $C_{\max}$ betrachten, ist die Bedingung, dass die Bearbeitungsreihenfolge der Aufträge auf jeder Maschine gleich ist, erst ab vier Maschinen eine Einschränkung.

Satz 6.1 ($F2||C_{\max}$)
Ein optimaler Ablaufplan für eine Instanz des Problems $F2|prmu|C_{\max}$ (bzw. des Problems $F3|prmu|C_{\max}$) ist auch ein optimaler Ablaufplan für $F2||C_{\max}$ (bzw. für $F3||C_{\max}$).

BEWEIS: Wir werden zeigen, dass die Reihenfolge der Aufträge auf den ersten beiden Maschinen und den letzten beiden Maschinen des allgemeinen Problems $Fm||C_{\max}$ ohne Beschränkung der Allgemeinheit als gleich angenommen werden kann. Damit ist dann die Aussage des Satzes bewiesen.

Betrachten wir also $Fm||C_{\max}$. Angenommen, die Reihenfolge der Aufträge auf den ersten beiden Maschinen sei verschieden. Dann muss es zwei Aufträge j und k geben, deren Reihenfolge auf den beiden Maschinen vertauscht ist und die auf Maschine 1 direkt aufeinander folgen. Die beiden Aufträge können dann aber auf Maschine 1 vertauscht werden, ohne dass dies Einfluss auf die Startzeitpunkte der Aufträge auf Maschine 2 (und allen weiteren Maschinen) hätte. Durch sukzessives Vertauschen zweier Aufträge lässt sich also ein Ablaufplan mit gleichem Zielfunktionswert erstellen, bei dem die Reihenfolge der Aufträge auf den ersten beiden Maschinen gleich ist.

Mit dem selben Austauschargument lässt sich analog zeigen, dass die letzten beiden Maschinen die Aufträge in gleicher Reihenfolge bearbeiten. □

Sobald allerdings vier Maschinen betrachtet werden, kann es passieren, dass das „Überholen" eines Auftrags sinnvoll ist.

Beispiel 6.2 ($F4||C_{\max}$)
Wir betrachten die folgende Instanz von $F4|prmu|C_{\max}$ bzw. $F4||C_{\max}$. Die Werte p_{ij} geben die Bearbeitungszeiten von Auftrag $j, j = 1, 2,$ auf Maschine $i, i = 1, 2, 3, 4,$ an.

j	1	2
p_{1j}	4	1
p_{2j}	1	4
p_{3j}	1	4
p_{4j}	4	1

Für $F4|prmu|C_{\max}$ gibt es insgesamt nur zwei unterschiedliche Ablaufpläne, die beide den Zielfunktionswert 14 haben.

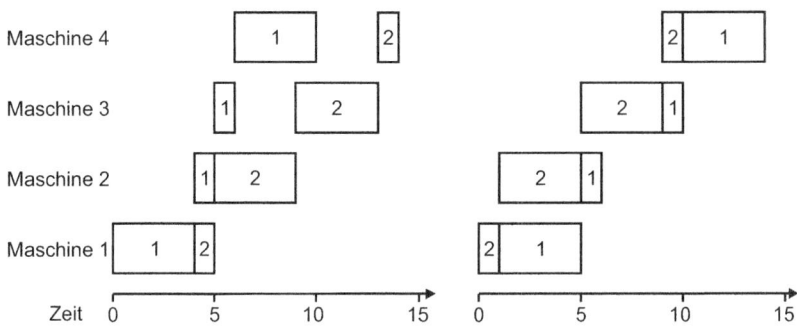

Der optimale Ablaufplan für $F4||C_{\max}$ hat allerdings eine Gesamtbearbeitungsdauer von 12.

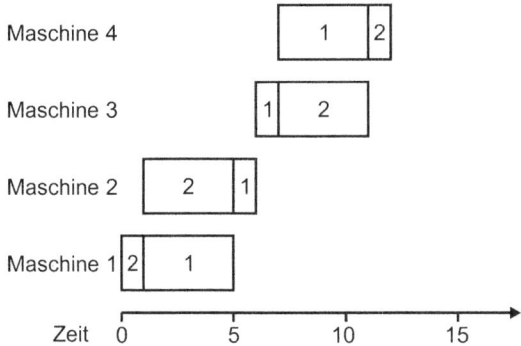

Obwohl Flow Shop-Probleme, ähnlich wie Modelle mit parallelen Maschinen, meist schwer lösbar sind, ist das Zweimaschinenproblem $F2||C_{\max}$ in polynomieller Laufzeit exakt lösbar. Dazu wird die sogenannte „Johnson-Regel", eine Prioritätsregel basierend auf Abwandlungen der SPT- und der LPT-Regel, angewendet. Während die SPT-Regel und die LPT-Regel die gesamte Bearbeitungszeit eines Auftrags auf allen Maschinen zur Grundlage nehmen, basiert die STT-Regel (shortest task time) nur auf der Bearbeitungszeit eines Auftrags auf einer Maschine. Analog wählt die

LTT-Regel (longest task time) den nächsten Auftrag auf einer Maschine danach aus, welcher Auftrag auf dieser Maschine die längste Bearbeitungszeit hat. Es ist zu beachten, dass zur Lösung des Problems $F2||C_{\max}$ nur eine Permutation der Aufträge benötigt wird, da nur zwei Maschinen vorkommen.

Algorithmus 12 (Johnsons Algorithmus):

1. **Initialisierung:** Sei J die Menge sämtlicher Aufträge und $J_1 := \{j \in J | p_{1j} < p_{2j}\}$ die Menge der Aufträge, deren Bearbeitungszeit auf Maschine 1 kürzer ist als auf Maschine 2.

2. **Festsetzung der Reihenfolge:** Plane zunächst alle Aufträge aus J_1 gemäß der STT-Regel (bezogen auf Maschine 1) ein. Plane anschließend die restlichen Aufträge gemäß der LTT-Regel (bezogen auf Maschine 2) ein.

Satz 6.3
Johnsons Algorithmus liefert einen optimalen Ablaufplan für $F2||C_{\max}$.

BEWEIS: Siehe Johnson (1954). □

Leider ist dies einer der sehr wenigen Flow Shops, für die nachgewiesen werden konnte, dass sie in P liegen. Hingegen sind die Ablaufplanungsprobleme $Fm||C_{\max}$ für $m \geq 3$ alle NP-schwer im strengen Sinne. Erneut erfolgt der Beweis, der erstmals von Garey et al. (1976) aufgestellt wurde, mittels der Reduktion von 3-Partition.

Satz 6.4 ($F3||C_{\max}$)
Das Ablaufplanungsproblem $F3||C_{\max}$ ist NP-schwer.

BEWEIS: Wir zeigen, dass sich 3-Partition (siehe den Beweis zu Satz 4.9) auf das Entscheidungsproblem von $F3||C_{\max}$ reduzieren lässt. Hier noch einmal die Beschreibung des Problems 3-Partition.

INSTANZ: Gegeben sei eine Menge A mit genau $3u, u \in \mathbb{N}$ Elementen und für jedes Element $a \in A$ die „Größe" dieses Elements $p_a \in \mathbb{N}$, wobei $\frac{B}{4} < p_a < \frac{B}{3}$ gilt und $B := \frac{\sum_{a \in A} p_a}{u}$ eine ganze Zahl ist.

FRAGE: Kann die Menge A in u Mengen $S_1, \ldots, S_u$ aufgeteilt werden, so dass $\sum_{a \in S_i} p_a = B$ für alle $i \in \{1, \ldots, u\}$ gilt?

Kapitel 6. Flow Shops

Aus einer Instanz von 3-Partition lässt sich die folgende Instanz von $F3||C_{\max}$ bilden. Es gebe $n = 4u+1$ Aufträge. Die letzten $u+1$ Aufträge sind wieder „Blocker". Der erste Blocker (also Auftrag $3u + 1$) hat die Bearbeitungszeiten $p_{1(3u+1)} = 0$, $p_{2(3u+1)} = B$ und $p_{3(3u+1)} = 2B$. Der letzte Blocker (also Auftrag $4u+1$) hat die Bearbeitungszeiten $p_{1(4u+1)} = 2B$, $p_{2(4u+1)} = B$ und $p_{3(4u+1)} = 0$. Die übrigen Blocker haben auf der ersten und dritten Maschine eine Bearbeitungszeit von $2B$ und auf der zweiten Maschine eine Bearbeitungszeit von B.

Wenn wir zunächst alle anderen Aufträge außen vor lassen und nur die Blocker betrachten, so lassen sich diese bis zum Zeitpunkt $(2u + 1)B$ durchführen, wenn sie wie folgt angeordnet sind (abgesehen vom ersten und letzten Blocker ist die Reihenfolge beliebig, sei hier aber der Einfachheit halber als aufsteigend angenommen).

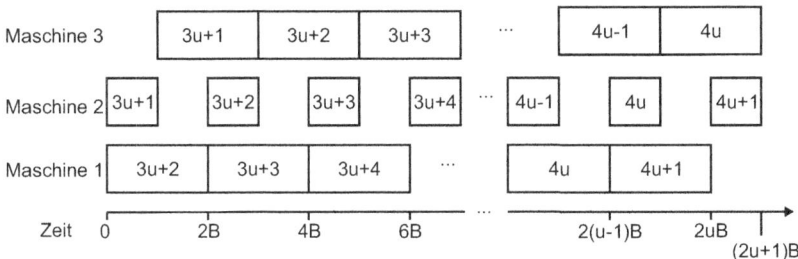

Auf Maschine 2 gibt es also genau u Abschnitte, in denen die Maschine nicht belegt ist. Jeder dieser Abschnitte hat die Länge B.

Die restlichen $3u$ Aufträge haben nun folgende Bearbeitungszeiten: $p_{1a} = 0$, $p_{2a} = p_a$, $p_{3a} = 0$ für alle $a \in \{1, \ldots u\}$. Diese Aufträge können genau dann in den bestehenden Ablaufplan integriert werden, wenn sie in die freien Abschnitte auf Maschine 2 integriert werden können. Die Instanz von $F3||C_{\max}$ hat also genau dann einen Ablaufplan mit $C_{\max} = (2u + 1)B$, wenn die zugehörige Instanz von 3-Partition eine Ja-Instanz ist. □

Für Flow Shops mit mehr als zwei Maschinen lässt sich die Johnson-Regel erweitern, sie liefert dann aber im Allgemeinen keinen optimalen Ablaufplan mehr. Eine derartige Heuristik wurde von Gonzalez und Sahni (1978) vorgestellt.

Algorithmus 13 (Verfahren von Gonzalez und Sahni):

Festlegung der Sequenz der einzelnen Maschinen: Bestimme die Reihenfolge der Aufträge auf den einzelnen Maschinen wie folgt: Wende Johnsons Algorithmus auf die ersten beiden Maschinen an, anschließend auf Maschine 3 und 4, Maschine 5 und 6, usw. Falls m ungerade ist, wähle für die letzte Maschine eine beliebige Reihenfolge der Aufträge.

Ablaufplan: Plane alle Aufträge gemäß den in 1 bestimmten Sequenzen so früh wie möglich ein.

Beispiel 6.5

Wir betrachten die gleichen Werte wie in Beispiel 6.2. Bei dem Verfahren von Gonzalez und Sahni werden zunächst nur die ersten beiden Maschinen betrachtet. Dort wird, laut Johnsons Regel Auftrag 2 vor Auftrag 1 durchgeführt. Anschließend werden Maschinen 3 und 4 betrachtet. Laut Johnsons Regel wird hier Auftrag 1 vor Auftrag 2 durchgeführt. Es ergibt sich also der in Beispiel 6.2 dargestellte optimale Ablaufplan für $F4||C_{\max}$.

Satz 6.6 ($Fm||C_{\max}$)

Betrachten wir eine Instanz des Problems $Fm||C_{\max}$. Sei $C^*_{\max}$ die minimale Gesamtbearbeitungszeit und $C^{(GS)}_{\max}$ die mittels des Verfahrens von Gonzalez und Sahni ermittelte Gesamtbearbeitungszeit. Dann gilt stets

$$\frac{C^{(GS)}_{\max}}{C^*_{\max}} \leq \lceil m/2 \rceil.$$

Das heißt, dass das Verfahren von Gonzalez und Sahni einen Ablaufplan liefert, dessen Zielfunktionswert maximal $100\lceil m/2 \rceil - 100$ Prozent über dem Optimum liegt.

BEWEIS: Siehe Gonzalez und Sahni (1978). □

Die Idee des Verfahrens von Gonzalez und Sahni ist es also, ein Multimaschinenmodell derart zu lösen, dass jeweils nur zwei Maschinen betrachtet werden. Obwohl die Schranke in Satz 6.6 nicht sehr stark ist (z.B. kann bei $m = 9$ der gefundene Ablaufplan 5 mal länger sein als der optimale), wird diese Heuristik insbesondere dann sehr gute Ergebnisse liefern, wenn sich die Maschinen bezüglich ihrer Bearbeitungszeit ähneln.

Kapitel 6. Flow Shops

Diese Idee, ein Multimaschinenmodell durch sukzessives Lösen eines (einfachen) Zweimaschinenmodells zu lösen, kann auch auf viele weitere Ablaufplanungsprobleme übertragen werden.

Die Probleme $F3|prmu|C_{\max}$ und $F3|nwt|C_{\max}$ sind auch NP-schwer. Das Verfahren von Gonzalez und Sahni lässt sich nicht auf diese beiden Probleme anwenden, da sich die Sequenz der Aufträge auf unterschiedlichen Maschinen nicht unterscheiden darf. Ein Ablaufplan für $Fm|prmu|C_{\max}$, der ja durch eine einfache Sequenz der Aufträge dargestellt werden kann, lässt sich leicht zu einem (womöglich nicht optimalen) Ablaufplan für $Fm|nwt|C_{\max}$ erweitern. Ist eine Sequenz gegeben und muss die *no-wait*-Bedingung eingehalten werden, so wird zunächst der erste einzuplanende Auftrag auf allen Maschinen frühestmöglich eingeplant. Der zweite Auftrag wird als nächstes auf allen Maschinen eingeplant, und zwar so früh wie möglich, ohne dass die *no-wait*-Bedingung verletzt wird.

Das folgende Verfahren findet eine Sequenz der Aufträge und kann somit auch zur Lösung von $Fm|prmu|C_{\max}$ und $Fm|nwt|C_{\max}$ genutzt werden.

Algorithmus 14 (Verfahren von Röck und Schmidt):

1. **Zusammenfassung:** Betrachten wir ein Hilfsproblem mit zwei Maschinen und den gleichen Aufträgen wie im Originalproblem. Die Bearbeitungszeit a_j eines Auftrags j auf der imaginären ersten Maschine sei $a_j = \sum_{i=1}^{\lceil m/2 \rceil} p_{ij}$ (die Summe der Bearbeitungszeiten des Auftrags auf der ersten Hälfte aller Maschinen). Die Bearbeitungszeit b_j auf der imaginären zweiten Maschine entspricht der restlichen Bearbeitungszeit: $b_j = \sum_{i=1}^{m} p_{ij} - a_j$.

2. **Lösung Hilfsproblem:** Löse das Hilfsproblem mit Johnsons Algorithmus.

3. **Sequenz:** Plane alle Aufträge gemäß der in Schritt 2 ermittelten Sequenz ein.

Wenden Sie den Algorithmus von Röck und Schmidt auf folgende Instanz an.

j	1	2
p_{1j}	4	1
p_{2j}	2	3
p_{3j}	1	4
p_{4j}	4	1

Im Hilfsproblem werden jeweils zwei Maschinen zu einer zusammengefasst und die Bearbeitungszeiten addiert.

j	1	2
a_j	6	4
b_j	5	5

Laut Johnsons Regel kommt nur Auftrag 2 in die Menge J_1 und wird daher vor Auftrag 1 ausgeführt. Je nachdem ob das Problem $F4|prmu|C_{\max}$ oder das Problem $F4|nwt|C_{\max}$ betrachtet wird, ergeben sich die folgenden Ablaufpläne, die beide die Länge 13 haben.

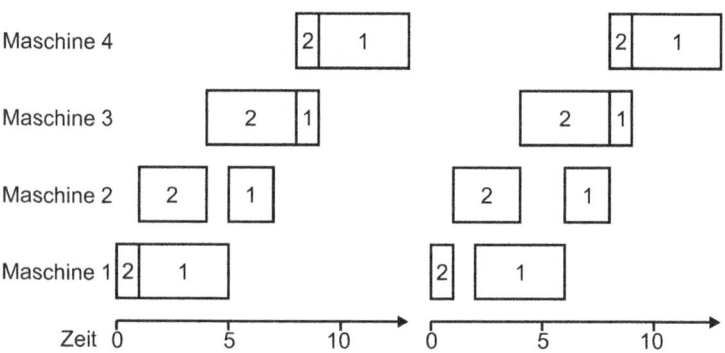

Satz 6.7 ($Fm||C_{\max}$)

Gegeben sei eine Instanz des Ablaufplanungsproblems $Fm||C_{\max}$ ODER eine Instanz des Problems $Fm|prmu|C_{\max}$ ODER eine Instanz des Problems $Fm|nwt|C_{\max}$. Sei $C_{\max}^*$ die minimale Gesamtbearbeitungszeit und $C_{\max}^{(RS)}$ die bei Anwendung des Verfahrens von Röck und Schmidt ermittelte Gesamtbearbeitungszeit. Dann gilt stets

$$\frac{C_{\max}^{(RS)}}{C_{\max}^*} \leq \lceil m/2 \rceil.$$

Das heißt, dass das Verfahren von Röck und Schmidt einen Ablaufplan liefert, dessen Zielfunktionswert maximal $100\lceil m/2 \rceil - 100$ Prozent über dem Optimum liegt.

BEWEIS: Siehe Röck und Schmidt (1983). □

7. Job Shops

In einem Job Shop gelten bis auf einen Unterschied die gleichen Voraussetzungen wie in einem Flow Shop. Jeder Auftrag hat eine individuelle, fest vorgegebene Reihenfolge, in der er die Maschinen durchlaufen muss. Zwei Aufträge können somit unterschiedliche Reihenfolgen haben. Ein Flow Shop ist also ein spezieller Job Shop, bei dem die Reihenfolge der zu durchlaufenden Maschinen für alle Aufträge identisch ist. Daher gilt, dass, wenn ein Flow Shop $Fm|\beta|\gamma$ NP-schwer ist, auch das zugehörige Job Shop $Jm|\beta|\gamma$ NP-schwer ist. Insbesondere ist also $Jm||C_{\max}$ für $m \geq 3$ NP-schwer. Während $F2||C_{\max}$ noch polynomiell lösbar ist, gilt dies für $J2||C_{\max}$ nicht (außer $P = NP$).

Satz 7.1 ($J2||C_{\max}$)
Das Problem $J2||C_{\max}$ ist NP-schwer.

BEWEIS: Siehe Lenstra und Rinnooy Kan (1979). □

Es sei angemerkt, dass ein Job Shop in der Praxis meist als Fließfertigung in Form eines Flow Shops zu finden ist. Anwendungen für die übrigen Probleme sind eher selten und werden wieder meist im Zusammenhang mit dem Ziel $C_{\max}$ genannt, auf das wir uns in diesem Kapitel beschränken werden. Dass es aber durchaus auch Anwendungen für Job Shops gibt, die keine Flow Shops sind, werden wir in Kapitel 9.1 sehen.

7.1. Das Verfahren von Akers

Nur für sehr wenige (nicht-trivale) Job Shops sind exakte Verfahren mit polynomieller Laufzeit bekannt. Eines dieser Probleme, nämlich den Spezialfall eines Job Shops mit nur zwei Aufträgen aber beliebiger Anzahl an Maschinen, werden wir im Folgenden betrachten. Für dieses Problem $Jm|n = 2|C_{\max}$ gibt es einen sehr eleganten graphischen Lösungsansatz von Akers (1956). Statt einer formalen Beschreibung des zugehörigen Algorithmus beschränken wir uns auf die intuitive Idee dieses Ansatzes.

Das Verfahren nutzt den Umstand aus, dass die Reihenfolge der Maschinen für jeden Auftrag bekannt ist. So kann man aus der Information, dass ein Auftrag bereits t Zeiteinheiten bearbeitet wurde (ohne Wartezeiten) unmittelbar schließen, auf welcher Maschine sich der Auftrag im Moment befindet.

Nehmen wir (o.B.d.A.) an, dass Auftrag 1 die Maschinen in der Reihenfolge $(1, 2, \ldots, m)$ durchlaufen muss. Die ersten p_{11} Zeiteinheiten (ohne die Berücksichtigung potentieller Wartezeiten) wird Auftrag 1 also auf Maschine 1 bearbeitet, die nächsten p_{21} Zeiteinheiten auf Maschine 2, usw. Nach insgesamt $\sum p_{i1}$ Zeiteinheiten (plus potentielle Wartezeiten) ist der Auftrag fertiggestellt, wie in der folgenden Abbildung dargestellt.

Auftrag 2 wird (sofern es sich nicht um einen Flow Shop handelt) in einer anderen Reihenfolge die Maschinen durchlaufen als Auftrag 1. Diese Reihenfolge sei durch eine Permutation σ dargestellt. Das heißt, dass $\sigma(i)$ die Maschine bezeichnet, die Auftrag 2 an i-ter Stelle besucht. Analog zu Auftrag 1 können wir ebenfalls die Bearbeitungszeiten graphisch darstellen, nutzen diesmal allerdings die Ordinate.

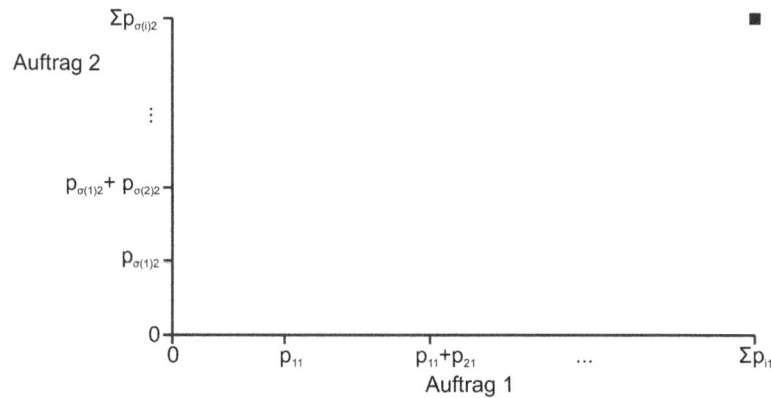

Der schwarze Punkt in der Zeichnung stellt den Zeitpunkt dar, an dem beide Aufträge vollständig bearbeitet sind. Jeder andere Punkt in dieser

7.1. Das Verfahren von Akers

Zeichnung gibt ebenfalls einen aktuellen Status an, wie weit die beiden Aufträge bereits bearbeitet wurden. Allerdings sind manche Punkte nicht erreichbar, da die beiden Aufträge nicht zeitgleich auf der selben Maschine bearbeitet werden können. Jeder Punkt, dessen Projektionen auf die Abszisse und die Ordinate zur gleichen Maschine führen, ist tabu und wird in der Zeichnung entsprechend markiert.

Es gilt nun auf dem kürzesten Weg vom Ursprung den Zielpunkt rechts oben zu erreichen, ohne dabei die gekennzeichneten Flächen, die eine zeitgleiche Nutzung einer Maschine von beiden Aufträgen darstellen, zu durchlaufen. „Kürzester Weg" ist dabei so zu verstehen, dass wir (beginnend beim Ursprung) Schritte nach rechts, nach oben oder diagonal nach rechts oben durchführen können und die Anzahl der Schritte zu minimieren ist (ein diagonaler Schritt zählt also genauso viel, wie ein vertikaler oder horizontaler). Jeder Schritt entspricht genau einer Zeiteinheit. Ein Schritt nach rechts (nach oben) stellt die Bearbeitung von Auftrag 1 (Auftrag 2) dar und ein diagonaler Schritt steht für die zeitgleiche Bearbeitung von Auftrag 1 und 2. Ein derartiger kürzester Weg kann in polynomieller Zeit gefunden werden. Wir verzichten in diesem Buch auf eine explizite Darstellung (siehe dazu z.B. Domschke (2007)) und bestimmen die kürzesten Wege in der Zeichnung „von Hand".

Wir veranschaulichen das Verfahren beispielhaft an einem Flow Shop mit sechs Maschinen und folgenden Zahlenwerten.

j	1	2
p_{1j}	4	1
p_{2j}	1	4
p_{3j}	1	4
p_{4j}	4	1
p_{5j}	4	1
p_{6j}	1	4

Die gesamte Bearbeitungszeit beträgt bei beiden Aufträgen jeweils 15 Zeiteinheiten, so dass sowohl die Abszisse als auch die Ordinate von 0 bis 15 laufen. Für jede Maschine wird nun in dem Graphen eine „Sperrfläche" eingezeichnet, die nicht erreichbare Punkte darstellt:

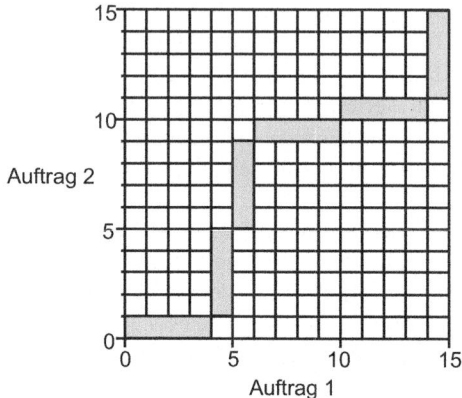

Die im Ursprung beginnende Sperrfläche stellt den Konflikt um Maschine 1 dar. Die Sperrfläche um die Punkte $(4,1)$ und $(5,5)$ stellt unerreichbare Punkte auf Grund von Maschine 2 dar, usw. In dieser Graphik gilt es nun einen Weg von dem Ursprung zum Punkt $(15,15)$ zu finden, der die eingezeichneten Flächen nicht durchläuft und der möglichst kurz ist (in Bezug auf die Anzahl von Schritten, die nach rechts, oben oder rechts-oben führen können). Der kürzeste Weg ist in diesem Fall der folgende.

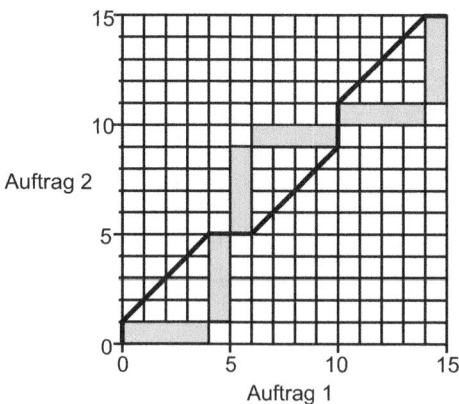

In dem optimalen Ablaufplan wird daher auf den Maschinen 1, 2, 5 und 6 zuerst Auftrag 2 ausgeführt. Dies ist dadurch ersichtlich, dass der Weg oberhalb der jeweiligen Sperrflächen verläuft. Auf den Maschinen 3 und 4 wird zuerst Auftrag 1 ausgeführt. Der Zielfunktionswert, der genau der Anzahl an Schritten des gefundenen Weges entspricht, beträgt 18.

7.2. Das Verfahren von Giffler und Thompson

Im Gegensatz zu den bisherigen Modellen (eine Maschine, parallele Maschinen, Flow Shops) ist bei den Job Shops das Anwenden von Prioritätsregeln nicht mehr ohne Weiteres möglich. Eine Priorisierung „Führe Auftrag j auf jeder Maschine vor Auftrag k aus" hat zwar im Flow Shop noch Sinn, würde aber im Job Shop den Ablauf deutlich und zudem unnötig verzögern.

Ein Verfahren, das die Anwendung von Prioritäten (ähnlich der Prioritätsregeln gemäß Definition 5.3) für Job Shops erlaubt, wurde von Giffler und Thompson (1960) vorgestellt. In diesem Zusammenhang verwenden wir den Begriff „Aufgabe". Die Ausführung eines Auftrags auf einer Maschine bezeichnen wir als Aufgabe, so dass jeder Auftrag aus genau m Aufgaben (im Englischen „task") besteht. Des Weiteren benutzen wir die Variable r_{ij} als den frühesten Zeitpunkt, zu dem Auftrag j auf Maschine i auf Grund der vorherigen Aufgaben des Auftrags ausgeführt werden kann. Wenn $(i_1, \ldots, i_m)$ die geforderte Maschinenreihenfolge von Auftrag j angibt, gilt somit $r_{i_v j} = C_{i_{v-1} j}$ für alle $v = 2, \ldots, m$. Zur einfacheren Darstellung des Algorithmus legen wir dabei fest, dass $r_{ij} = \infty$ gesetzt wird, sofern der Fertigstellungszeitpunkt der vorherigen Aufgabe noch nicht bekannt ist.

Der Algorithmus plant nun die Aufgaben Schritt für Schritt ein. Um den Zeitpunkt, zu dem eine Maschine i verfügbar ist, zu kennzeichnen, wird die Variable Z_i genutzt.

Algorithmus 15 (Verfahren von Giffler und Thompson):

1. **Initialisierung:** Setze $Z_i = 0$ für alle $i = 1, \ldots, m$
2. **Iteration:** Bestimme den Zeitpunkt, zu dem eine Aufgabe, die noch nicht eingeplant wurde, frühestens beendet sein kann:

$$C^* := \min_{i \in \{1,\ldots,m\}} \{\max\{Z_i, r_{ij}\} + p_{ij} | j \text{ noch nicht auf } i \text{ eingeplant}\}$$

Sei i^* eine Maschine, auf der dieser Zeitpunkt erreicht werden kann.

3. **Einplanung:** Unter allen auf Maschine i^* verfügbaren Aufgaben, d.h. $r_{i^*j} < C^*$, wähle eine Aufgabe j^* gemäß (vordefinierter) Prioritäten.
4. **Update:** Setze $Z_{i^*} := \max\{Z_{i^*}, r_{i^*j^*}\} + p_{i^*j^*}$. Aktualisiere die r_{ij}. Wenn noch nicht alle Aufgaben eingeplant wurden, gehe zu Schritt 2. Sonst stopp.

Bemerkung 7.2:
1. Im Schritt 2 wird mit C^* der Zeitpunkt berechnet, zu dem eine nächste Aufgabe frühestens beendet werden kann. Dies wird gemacht, um die Maschine zu ermitteln, die als nächstes belegt wird. Welcher Auftrag dort ausgeführt wird, entscheidet dann die Priorität. Das kann die Aufgabe sein, die zum Wert C^* geführt hat, kann aber auch eine andere Aufgabe sein.
2. Die in Schritt 2 zu bestimmende Maschine i^* muss nicht eindeutig sein. Sollte es zwei (oder mehrere) potentielle Maschinen geben, so hängt der gefundene Ablaufplan nicht davon ab, welche Maschine zuerst ausgewählt wird. Die andere Maschine (bzw. die anderen Maschinen) wird dann direkt in der nächsten Iteration ausgewählt.

Einige der den Prioritätsregeln zugrunde liegenden Prioritäten, die wir bereits kennengelernt haben, sowie weitere, die für Ablaufplanungsprobleme Bedeutung haben, sind in Tabelle 7.1 gelistet.

Bei SAPT und LAPT sind die Restbearbeitungszeiten nur auf den anderen Maschinen, aber nicht auf der aktuell zu betrachtenden Maschine zu berücksichtigen. Somit unterscheiden sich diese Prioritäten von SRPT bzw. LRPT, wo auch die Bearbeitungszeit auf der aktuellen Maschine einbezogen wird.

Beispiel 7.3 ($J4||C_{\max}$)
Vier Aufträge müssen auf vier Maschinen bearbeitet werden. Die Bearbeitungszeiten jedes Auftrags auf jeder Maschine sowie die Reihenfolge, in der die jeweiligen Aufträge die Maschinen zu durchlaufen haben, sind in den folgenden Tabellen gegeben:

j	1	2	3	4
p_{1j}	5	7	1	2
p_{2j}	3	4	6	1
p_{3j}	3	8	5	4
p_{4j}	2	6	3	7

	j	1	2	3	4
1. zu besuchende Maschine		1	2	4	3
2. zu besuchende Maschine		2	1	3	4
3. zu besuchende Maschine		3	3	2	2
4. zu besuchende Maschine		4	4	1	1

7.2. Das Verfahren von Giffler und Thompson

Abk.	Name	Bedeutung
SPT (KOZ)	Shortest Processing Time	Kürzeste Bearbeitungszeit des Auftrags
LPT (LOZ)	Longest Processing Time	Längste Bearbeitungszeit des Auftrags
STT	Shortest Task Time	Kürzeste Bearbeitungszeit der Aufgabe
LTT	Longest Task Time	Längste Bearbeitungszeit der Aufgabe
SRPT	Shortest Remaining Processing Time	Kürzeste verbleibende Bearbeitungszeit
LRPT	Longest Remaining Processing Time	Längste verbleibende Bearbeitungszeit
SAPT	Shortest Alternate Processing Time	Kürzeste verbleibende Bearbeitungszeit abzüglich der Bearbeitungszeit der auszuwählenden Aufgabe
LAPT	Longest Alternate Processing Time	Längste verbleibende Bearbeitungszeit abzüglich der Bearbeitungszeit der auszuwählenden Aufgabe
FCFS	First Come First Served	„Wer zuerst kommt, mahlt zuerst", Aufgabe, bei der r_{ij} zuerst kleiner ∞ war
Rand	Random	zufällige Auswahl

Tabelle 7.1.: Prioritäten für Ablaufplanungsprobleme

Beachten Sie, dass in der Tabelle zur Maschinenreihenfolge in der linken Spalte die Reihenfolge dargestellt wird („1. zu besuchende Maschine") und in den anderen Spalten die Indices der Maschinen angegeben sind. Auftrag 2 wird also zunächst auf Maschine 2, dann auf Maschine 1, usw. bearbeitet. Vereinzelt finden sich Darstellungen, in denen in der linken Spalte der Maschinenindex und in den anderen Spalten die Reihenfolge angegeben wird.

Wenden Sie das Verfahren von Giffler und Thompson zwei Mal auf dieses Beispiel an, indem sie zunächst die LPT-Regel und anschließend die LRPT-Regel anwenden.

Zunächst sind alle Maschinen und die jeweils ersten Aufgaben eines Auftrags direkt verfügbar. Es bietet sich für die Berechnung von C^* an, diese Informationen sowie die Bearbeitungszeiten in komprimierter Form in einer Matrix zu notieren. Dazu heben wir in der Matrix der Bearbeitungszeiten die Aufgaben hervor, die als nächstes eingeplant werden können. Anschließend ergänzen wir in einer zusätzlichen Spalte für jede Maschine die aktuell verfügbare Zeit Z_i sowie in einer Zeile den Fertigstellungszeitpunkt der vorherigen Aufgabe (falls vorhanden) eines jeden Auftrags. Letzterer Wert stimmt genau mit dem Wert r_{i+j} überein, wobei i^+ die Maschine der nächsten zu bearbeitenden Aufgabe des Auftrags j darstellt.

j	1	2	3	4	Z_i
p_{1j}	[5]	7	1	2	0
p_{2j}	3	[4]	6	1	0
p_{3j}	3	8	5	[4]	0
p_{4j}	2	6	[3]	7	0
r_{i+j}	0	0	0	0	

Es gilt nun zu jedem markierten Wert das entsprechende Maximum aus den zugehörigen Z_i und r_{i+j} zu addieren. Der kleinste dieser Werte entspricht dann C^*. In diesem Fall ist das also 3. Daher kann eine Aufgabe frühestens zum Zeitpunkt $C^* = 3$ auf Maschine $i^* = 4$ beendet sein. Auf Maschine 4 ist nur die Aufgabe von Auftrag 3 verfügbar, was alleine schon daran erkennbar ist, dass in der vierten Zeile nur eine Zahl markiert ist. Daher wird Auftrag 3 dort eingeplant und der entsprechende Eintrag in der Matrix gelöscht. Es ergibt sich $Z_4 = 3$ und $r_{33} = 3$:

j	1	2	3	4	Z_i
p_{1j}	[5]	7	1	2	0
p_{2j}	3	[4]	6	1	0
p_{3j}	3	8	[5]	[4]	0
p_{4j}	2	6	■	7	3
r_{i+j}	0	0	3	0	

Jetzt kann eine Aufgabe frühestens zum Zeitpunkt $C^* = 4$ entweder auf Maschine 2 oder auf Maschine 3 beendet werden. Betrachten wir zunächst mit Verweis auf Bemerkung 7.2 die Maschine $i^* = 3$. Verfügbar

7.2. Das Verfahren von Giffler und Thompson

sind diesmal sowohl Auftrag 3 als auch Auftrag 4, so dass die Prioritäten zu entscheiden haben. Im Falle von LPT würde Auftrag 3 ausgewählt, da Auftrag 3 eine Gesamtbearbeitungszeit von $1+6+5+3 = 15$ hat, Auftrag 4 aber nur von $2+1+4+7 = 14$. Wird hingegen LRPT angewendet, so wäre Auftrag 4 (weiterhin mit einem Wert von 14) gegenüber Auftrag 3 vorzuziehen, dessen verbleibende Bearbeitungszeit nur 12 beträgt.

Für die Auswahlregel LPT sind sämtliche Iterationen aufgeführt:

j	1	2	3	4	Z_i
p_{1j}	[5]	7	1	2	0
p_{2j}	3	[4]	[6]	1	0
p_{3j}	3	8	■	[4]	8
p_{4j}	2	6	■	7	3
r_{i+j}	0	0	8	0	

j	1	2	3	4	Z_i
p_{1j}	[5]	[7]	1	2	0
p_{2j}	3	■	6	1	4
p_{3j}	3	8	■	[4]	8
p_{4j}	2	6	■	7	3
r_{i+j}	0	4	8	0	

j	1	2	3	4	Z_i
p_{1j}	[5]	■	1	2	11
p_{2j}	3	■	[6]	1	4
p_{3j}	3	[8]	■	[4]	8
p_{4j}	2	6	■	7	3
r_{i+j}	0	11	8	0	

j	1	2	3	4	Z_i
p_{1j}	[5]	■	1	2	11
p_{2j}	3	■	[6]	1	4
p_{3j}	3	■	■	[4]	19
p_{4j}	2	[6]	■	7	3
r_{i+j}	0	19	8	0	

j	1	2	3	4	Z_i
p_{1j}	[5]	■	[1]	2	11
p_{2j}	3	■	■	1	14
p_{3j}	3	■	■	[4]	19
p_{4j}	2	[6]	■	7	3
r_{i+j}	0	19	14	0	

j	1	2	3	4	Z_i
p_{1j}	[5]	■	■	2	15
p_{2j}	3	■	■	1	14
p_{3j}	3	■	■	[4]	19
p_{4j}	2	[6]	■	7	3
r_{i+j}	0	19	15	0	

j	1	2	3	4	Z_i
p_{1j}	■	■	■	2	20
p_{2j}	[3]	■	■	1	14
p_{3j}	3	■	■	[4]	19
p_{4j}	2	[6]	■	7	3
r_{i+j}	20	19	15	0	

j	1	2	3	4	Z_i
p_{1j}	■	■	■	2	20
p_{2j}	■	■	■	1	23
p_{3j}	[3]	■	■	[4]	19
p_{4j}	2	[6]	■	7	3
r_{i+j}	23	19	15	0	

j	1	2	3	4	Z_i
p_{1j}	■	■	■	2	20
p_{2j}	■	■	■	1	23
p_{3j}	[3]	■	■	■	23
p_{4j}	2	[6]	■	[7]	3
r_{i+j}	23	19	15	23	

j	1	2	3	4	Z_i
p_{1j}	■	■	■	2	20
p_{2j}	■	■	■	1	23
p_{3j}	[3]	■	■	■	23
p_{4j}	2	■	■	[7]	25
r_{i+j}	23	25	15	23	

j	1	2	3	4	Z_i
p_{1j}	■	■	■	2	20
p_{2j}	■	■	■	1	23
p_{3j}	■	■	■	■	26
p_{4j}	[2]	■	■	[7]	25
r_{i+j}	26	25	15	23	

j	1	2	3	4	Z_i
p_{1j}	■	■	■	2	20
p_{2j}	■	■	■	[1]	23
p_{3j}	■	■	■	■	26
p_{4j}	[2]	■	■	■	32
r_{i+j}	26	25	15	32	

j	1	2	3	4	Z_i
p_{1j}	■	■	■	[2]	20
p_{2j}	■	■	■	■	33
p_{3j}	■	■	■	■	26
p_{4j}	[2]	■	■	■	32
r_{i+j}	26	25	15	33	

j	1	2	3	4	Z_i
p_{1j}	■	■	■	[2]	20
p_{2j}	■	■	■	■	33
p_{3j}	■	■	■	■	26
p_{4j}	■	■	■	■	34
r_{i+j}	34	25	15	33	

j	1	2	3	4	Z_i
p_{1j}	■	■	■	■	35
p_{2j}	■	■	■	■	33
p_{3j}	■	■	■	■	26
p_{4j}	■	■	■	■	34
r_{i+j}	34	25	15	35	

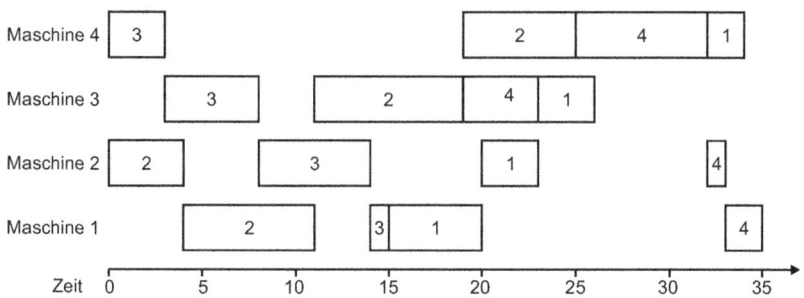

Abbildung 7.1.: Anwendung des Verfahrens von Giffler und Thompson mit LPT

In der letzten Matrix lässt sich nun der Fertigstellungszeitpunkt eines jeden Auftrags ablesen. Als letztes wird Auftrag 4 zum Zeitpunkt $C_4 = 35$ fertig, so dass $C_{max} = 35$ gilt. Ebenfalls lässt sich in der letzten Spalte erkennen, zu welchem Zeitpunkt eine Maschine sämtliche Aufträge erledigt hat. So ist zu erkennen, dass Maschine 3 bereits zum Zeitpunkt 26 fertig ist, während Maschine 1 am längsten benötigt. Der zugehörige Ablaufplan ist in Abbildung 7.1 dargestellt.

Der ermittelte Ablaufplan bei Anwendung der LRPT-Regel findet sich in Abbildung 7.2. Hier ist $C_{max} = 27$ und das Ergebnis ist somit deutlich besser.

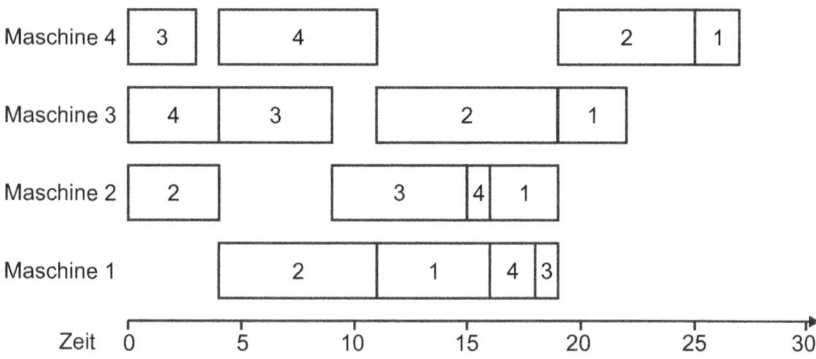

Abbildung 7.2.: Anwendung des Verfahrens von Giffler und Thompson mit LRPT

7.3. Die Shifting-Bottleneck-Heuristik

Zur Verdeutlichung des Verfahrens möchten wir hier nur auf eine Besonderheit hinweisen, die entsteht, nachdem die ersten vier Aufgaben zugeordnet wurden.

j	1	2	3	4	Z_i
p_{1j}	5	■	1	2	11
p_{2j}	3	■	6	1	4
p_{3j}	3	8	5	■	4
p_{4j}	2	6	■	7	3
r_{i+j}	0	11	3	4	

In dieser Situation wird offensichtlich Maschine 3 als nächstes belegt. Sowohl Auftrag 2 als auch Auftrag 3 haben als nächstes Aufgaben, die auf Maschine 3 auszuführen sind. Obwohl Auftrag 2 die größere verbleibende Bearbeitungszeit hat, wird Auftrag 3 ausgeführt, da Auftrag 2 noch nicht verfügbar ist. Auftrag 2 kann erst auf Maschine 3 beginnen, wenn Auftrag 3 auf dieser Maschine bereits beendet ist.

An dem Beispiel wird ersichtlich, dass die Wahl der Prioritäten entscheidende Bedeutung für die Qualität des Verfahrens von Giffler und Thompson hat. Zugegebenermaßen erscheint die LPT-Regel im Allgemeinen nicht sehr sinnvoll für Job Shops. Ob aber nun LRPT oder LTT oder gar FCFS am besten anzuwenden ist, hängt vom jeweiligen Einzelfall ab. Insbesondere für den (in der Praxis fast immer vorliegenden) Fall, dass die Instanzen für eine Berechnung von Hand zu groß sind, empfiehlt es sich daher, bei der Implementierung auf einem Computer mehrere Durchläufe mit unterschiedlichen Prioritäten durchzuführen.

7.3. Die Shifting-Bottleneck-Heuristik

Ein weiteres, sehr bekanntes und gebräuchliches Verfahren zur Lösung von Job Shop-Problemen ist die Shifting-Bottleneck-Heuristik (Adam et al. (1988)). Die Idee dabei ist, zunächst ein relaxiertes, d.h. vereinfachtes Problem zu betrachten, das sich leichter lösen lässt. Bei der Shifting-Bottleneck-Heuristik wird dazu einfach die Bedingung aufgehoben, dass jede Maschine nur einen Auftrag zu einem bestimmten Zeitpunkt bearbeiten kann. Wir führen also zunächst jeden Auftrag so schnell wie möglich aus und berücksichtigen dabei zunächst nicht, dass dadurch womöglich mehrere Aufträge auf einer Maschine zeitgleich bearbeitet werden. Der so gefundene Ablaufplan ist also in der Regel nicht zulässig (sollte er doch zulässig sein, so ist der gefundene Ablaufplan bereits optimal). Daher wird für jede Maschine die Reihenfolge der Aufträge festgelegt und als Vorrangbeziehung in das Problem integriert. Um festzustellen, bei welcher Maschine die Reihenfolge als nächstes festgelegt wird und wie diese Reihenfolge aussieht, gilt es als Hilfsproblem ein Einmaschinenproblem zu lösen. Sobald die Reihenfolge der Aufträge auf jeder Maschine festgelegt ist, ergibt sich ein zulässiger Ablaufplan.

Die Reihenfolge der Maschinen, die ein Auftrag j zu durchlaufen hat, sei wieder durch $(i_1, \ldots, i_m)$ gegeben. Mit $(i, j) \to (i', j')$, wobei entweder $i = i'$ oder $j = j'$ gilt, werden Vorrangbeziehungen beschrieben, die festlegen, dass Auftrag j' auf Maschine i' frühestens beginnen kann, nachdem Auftrag j auf Maschine i beendet ist.

Algorithmus 16 (Shifting-Bottleneck-Heuristik):

1. **Initialisierung:** Sei $M = \emptyset$ die Menge der Maschinen, bei denen Überlappungen bereits ausgeschlossen sind.
   Weiter sei $Prec = \{(i_k, j) \to (i_{k+1}, j) | j = 1, \ldots, n, \ k = 1, \ldots, m-1\}$ eine Menge von Vorrangbeziehungen (zunächst nur durch Aufträge bedingte Vorrangbeziehungen).
   Die Gesamtbearbeitungszeit (des relaxierten Problems) sei $C_{\max}^{\text{akt}} = \max_{j \in \{1, \ldots, n\}} \sum_{i=1}^{m} p_{ij}$.

2. **Iteration:** Wiederhole die folgenden Schritte 3 und 4 genau m mal.

3. **Planung der Engpassmaschine:** Für alle $i \in \{1, \ldots, m\} \setminus M$ (Maschine i ist nicht in M), berechne die „Verspätung" $L(i)$ mittels des Hilfsproblems in Schritt A (s.u.).
   Sei i^* eine Maschine, für die $L(i)$ maximal ist und sei $(j'_1, \ldots, j'_n)$ eine optimale Reihenfolge des Hilfsproblems von i^*.
   Setze $Prec = Prec \cup \{(i^*, j'_l) \to (i^*, j'_{l+1}) | l = 1, \ldots, n-1\}$. Sei $C_{\max}^{\text{akt}}$ die durch $Prec$ induzierte Mindestgesamtbearbeitungszeit.
   Setze $M = M \cup \{i^*\}$.

4. **Update der eingeplanten Maschinen:** Führe für jede Maschine $i \in M \setminus \{i^*\}$ folgende Schritte aus. Entferne die durch das (bereits gelöste) Hilfsproblem von i entstandenen Vorrangbeziehungen. Bestimme für i (erneut) das Hilfsproblem in Schritt A mit den aktuellen Werten. Sei $(j'_1, \ldots, j'_n)$ eine optimale Reihenfolge des Hilfsproblems

7.3. Die Shifting-Bottleneck-Heuristik

von i.
Setze $Prec = Prec \cup \{(i, j'_l) \to (i, j'_{l+1}) | l = 1, \ldots, n-1\}$. Sei $C_{\max}^{\text{akt}}$ die durch $Prec$ induzierte Mindestgesamtbearbeitungszeit.

A. Hilfsproblem:

A.1 Definition Hilfsproblem: Stelle für die Maschine i ein Hilfsproblem $1|r_j|L_{\max}$ mit n Aufträgen auf. Für jeden Auftrag j' setze

- $p_{j'} = p_{ij'}$,
- $r_{j'} = vor(j)$, wobei $vor(j)$ die durch $Prec$ induzierte Mindestbearbeitungszeit vor Auftrag j auf Maschine i darstellt,
- $d_{j'} = C_{\max}^{\text{akt}} - nach(j)$, wobei $nach(j)$ die durch $Prec$ induzierte Mindestbearbeitungszeit nach Auftrag j auf Maschine i darstellt.

A.2 Lösung Hilfsproblem: $L(i)$ bezeichne den optimalen Zielfunktionswert $L_{\max}$ des Hilfsproblems.

Bemerkung 7.4:
1. Das Hilfsproblem $1|r_j|L_{\max}$ ist, wie bekannt, NP-schwer. Daher kann die Shifting-Bottleneck-Heuristik eine sehr lange Laufzeit haben, sollte dieses Problem exakt gelöst werden. Allerdings sind diese Subprobleme meist so klein, dass sich ein exaktes Verfahren (siehe Beispiel 9.4) anbietet. Für die hier beschriebenen Aufgaben, die sich „von Hand" berechnen lassen, kann ein optimaler Ablaufplan immer durch „genaues Hinschauen" ermittelt werden.

2. Die in Schritt 3 und 4 zu berechnende Mindestgesamtbearbeitungszeit lässt sich recht leicht ablesen, wenn die Vorrangbeziehungen graphisch dargestellt werden. Dazu werden die Aufgaben als Knoten dargestellt und jede Vorrangbeziehung wird durch einen Pfeil angegeben. Die Nummer eines Knotens nennt die Maschine, auf der die Aufgabe, also der Auftrag, zu bearbeiten ist. Die längste „Kette" von Pfeilen, wobei sich die Länge auf die Bearbeitungszeiten der zugehörigen Aufgaben bezieht, gibt die Mindestgesamtbearbeitungszeit an. In Schritt 3 gilt zudem $C_{\max}^{\text{akt}} = C_{\max}^{\text{akt}} + L(i^*)$.

3. In Schritt 3 (und analog in Schritt 4) wird für eine Maschine die Reihenfolge der Aufträge festgelegt. Diese Reihenfolge wird

dann mittels der Vorrangbeziehungen beibehalten, wodurch sich die Gesamtbearbeitungszeit erhöhen kann.

Wenden Sie die Shifting-Bottleneck-Heuristik auf das Beispiel 7.3 an. Den vierten Schritt des Algorithmus (Update eingeplanter Maschinen) können Sie dabei vernachlässigen.

In der folgenden Abbildung sind zunächst die bisherigen Vorrangbeziehung für jeden Auftrag eingezeichnet. In den Kreisen stehen die jeweiligen Maschinennummern. Die Bearbeitungszeit p_{ij} der jeweiligen Aufträge auf den Maschinen ist außerhalb der Kreise notiert.

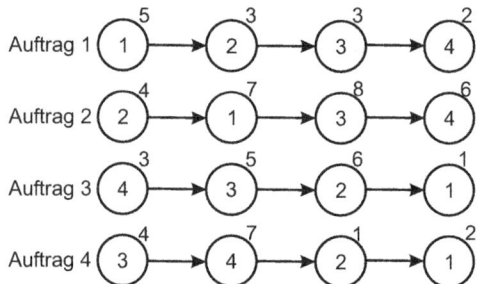

Auftrag 2 hat die längste Bearbeitungszeit, so dass $C_{\max}^{\text{akt}} = 25$ gilt. Für jede Maschine muss nun ein Hilfsproblem gelöst werden, das im Folgenden jeweils zusammen mit dem optimalen Ablaufplan notiert ist. Beispielhaft wird für Maschine 1 anhand von Auftrag 2 erläutert, wie sich die Ankunftszeiten und Liefertermine berechnen. In den Vorrangbeziehungen von Auftrag 2 ist zu erkennen, dass vor der Maschine 1 zuerst Maschine 2 für vier Zeiteinheiten besucht werden muss. Entsprechend ist die Ankunftszeit auf 4 zu setzen. Nach Maschine 1 müssen noch die Aufgaben auf Maschine 3 und 4 abgearbeitet werden. Die dafür veranschlagten 14 Zeiteinheiten werden von der aktuellen Gesamtbearbeitungszeit 25 abgezogen, so dass sich der Liefertermin von 11 ergibt.

Maschine 1					Maschine 2			
j'	1	2	3	4	j'	1	2	3	4
$p_{j'}$	5	7	1	2	$p_{j'}$	3	4	6	1
$r_{j'}$	0	4	14	12	$r_{j'}$	5	0	8	11
$d_{j'}$	17	11	25	25	$d_{j'}$	20	4	24	23

Opt. Reihenfolge $(2,1,3,4)$
$L(1) := L_{\max} = 0$

Opt. Reihenfolge $(2,1,3,4)$
$L(2) := L_{\max} = 0$

7.3. Die Shifting-Bottleneck-Heuristik

		Maschine 3					Maschine 4		
j'	1	2	3	4	j'	1	2	3	4
$p_{j'}$	3	8	5	4	$p_{j'}$	2	6	3	7
$r_{j'}$	8	11	3	0	$r_{j'}$	11	19	0	4
$d_{j'}$	23	19	18	15	$d_{j'}$	25	25	13	22

Opt. Reihenfolge $(4,3,2,1)$ Opt. Reihenfolge $(3,4,1,2)$
$L(3) := L_{\max} = 0$ $L(4) := L_{\max} = 0$

Da auf allen Maschinen der gleiche Wert für $L(i)$ vorliegt, kann eine Maschine frei gewählt werden. Es ist anzumerken, dass, obwohl bei keiner Maschine eine Verspätung vorliegt, an dieser Stelle nicht abgebrochen werden darf. Wählen wir Maschine 1. Die dort ermittelte Reihenfolge der Aufträge wird in die Vorrangbeziehungen aufgenommen:

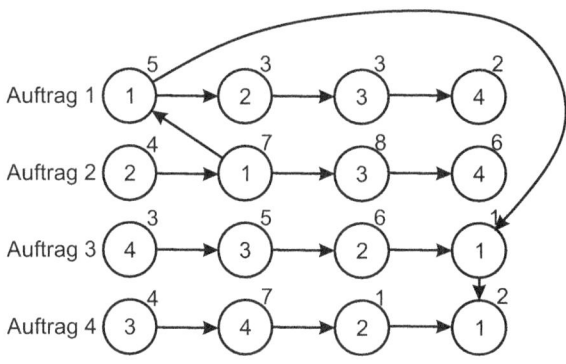

Es gilt nun $M = \{1\}$, $C_{\max}^{\text{akt}} = 25$, und damit ist die erste Iteration abgeschlossen. In der zweiten Iteration gilt es nun, die Maschinen 2, 3 und 4 erneut zu untersuchen.

		Maschine 2					Maschine 3		
j'	1	2	3	4	j'	1	2	3	4
$p_{j'}$	3	4	6	1	$p_{j'}$	3	8	5	4
$r_{j'}$	16	0	8	11	$r_{j'}$	19	11	3	0
$d_{j'}$	20	4	22	23	$d_{j'}$	23	19	16	15

Opt. Reihenfolge $(2,3,4,1)$ Opt. Reihenfolge $(4,3,2,1)$
$L(2) := L_{\max} = 0$ $L(3) := L_{\max} = 0$

Maschine 4

j'	1	2	3	4
$p_{j'}$	2	6	3	7
$r_{j'}$	22	19	0	4
$d_{j'}$	25	25	11	22

Opt. Reihenfolge $(3, 4, 2, 1)$
$L(4) := L_{\max} = 2$

In diesem Fall ist also Maschine 4 auszuwählen, so dass $M = \{1, 4\}$, $C_{\max}^{\text{akt}} = 27$ und folgende Vorrangbeziehungen entstehen.

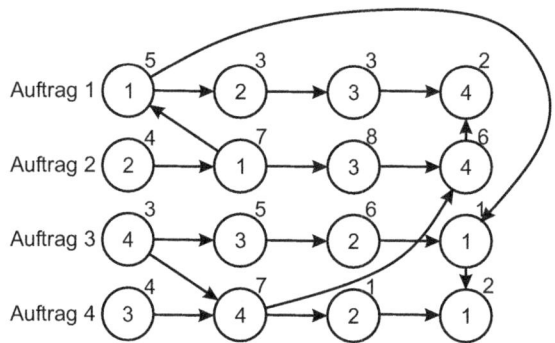

Auch wenn im Rahmen dieser Beispielaufgabe erwähnt wurde, dass der Schritt 4 des Algorithmus nicht ausgeführt werden muss, so gehen wir der Vollständigkeit halber kurz auf die Umsetzung ein. Im Schritt 4 würden nun die Vorrangbeziehungen von Maschine 1 entfernt, so dass nur noch die folgenden Vorrangbeziehungen verbleiben.

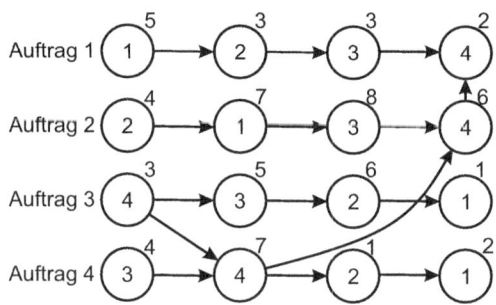

7.3. Die Shifting-Bottleneck-Heuristik

Anschließend gilt es, das um die aktualisierten Vorrangbeziehungen angepasste Hilfsproblem zu lösen.

Maschine 1

j'	1	2	3	4
$p_{j'}$	5	7	1	2
$r_{j'}$	0	4	14	12
$d_{j'}$	19	11	27	27

Opt. Reihenfolge $(2, 1, 3, 4)$
$L(1) := L_{\max} = 0$

Da sich in diesem Fall die optimale Reihenfolge nicht ändert, werden die gerade entfernten Vorrangbeziehungen wieder ergänzt und der Schritt 4 ist abgeschlossen.

An dieser Stelle verbleiben nun noch zwei Maschinen, deren Hilfsprobleme zu betrachten sind.

Maschine 2

j'	1	2	3	4
$p_{j'}$	3	4	6	1
$r_{j'}$	16	0	8	11
$d_{j'}$	22	4	24	25

Opt. Reihenfolge $(2, 3, 4, 1)$
$L(2) := L_{\max} = 0$

Maschine 3

j'	1	2	3	4
$p_{j'}$	3	8	5	4
$r_{j'}$	19	11	3	0
$d_{j'}$	25	19	18	12

Opt. Reihenfolge $(4, 3, 2, 1)$
$L(3) := L_{\max} = 0$

Wir wählen Maschine 2 und erhalten $M = \{1, 2, 4\}$, $C_{\max}^{\text{akt}} = 27$ und folgende Vorrangbeziehungen.

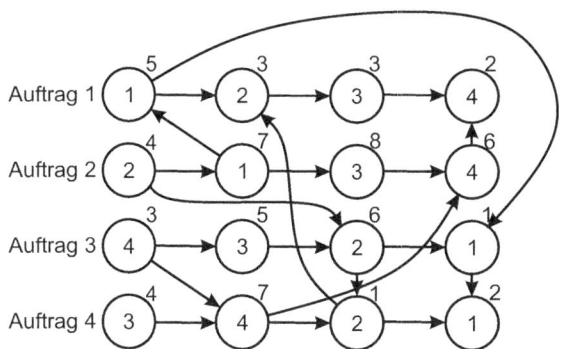

Der Vollständigkeit halber sei erneut erwähnt, dass an dieser Stelle der Schritt 4 des Algorithmus käme, wir ihn aber nicht weiter berücksichtigen. Abschließend wird noch das Hilfsproblem für Maschine 3 betrachtet.

<table>
<tr><td colspan="5">Maschine 3</td></tr>
<tr><td>j'</td><td>1</td><td>2</td><td>3</td><td>4</td></tr>
<tr><td>$p_{j'}$</td><td>3</td><td>8</td><td>5</td><td>4</td></tr>
<tr><td>$r_{j'}$</td><td>19</td><td>11</td><td>3</td><td>0</td></tr>
<tr><td>$d_{j'}$</td><td>25</td><td>19</td><td>12</td><td>11</td></tr>
</table>

Opt. Reihenfolge $(4,3,2,1)$
$L(3) := L_{\max} = 0$

Da das Update der eingeplanten Maschinen nicht durchgeführt wird, erhalten wir abschließend $M = \{1,2,3,4\}$, $C_{\max}^{\text{akt}} = 27$ und folgende Vorrangbeziehungen.

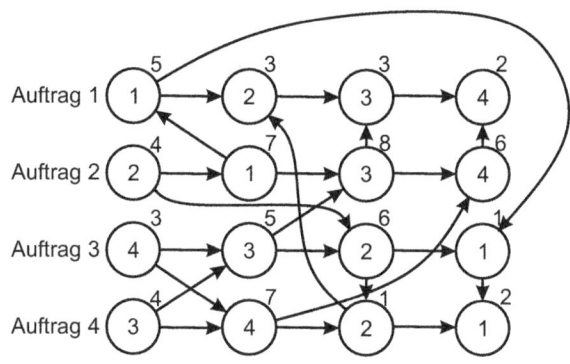

Aus diesen Vorrangbeziehungen lässt sich jetzt für jede Maschine ein eindeutiger Ablaufplan erstellen, der genau dem Ablaufplan aus Abbildung 7.2 auf Seite 108 entspricht.

8. Open Shops

Bei Open Shop-Problemen gelten ähnliche Voraussetzungen wie bei Job Shops und Flow Shops. Insbesondere muss jeder Auftrag auf jeder Maschine ausgeführt werden. Allerdings ist die Reihenfolge der Maschinen, die ein Auftrag durchläuft, frei wählbar. Ein Beispiel für einen Open Shop ist im Krankenhausmanagement zu finden. Patienten (entsprechen den Aufträgen) müssen verschiedene Untersuchungen durchlaufen, für die sie knappe Ressourcen (Ärzte bzw. Untersuchungsräume) für eine bestimmte Zeit benötigen. Ziel kann hier die Minimierung der Gesamtzeit sein, wobei gerade auch die Minimierung der Summe der Terminüberschreitungen (= Anzahl Überstunden) sinnvoll sein könnte.

Zunächst sei erwähnt, dass sich Prioritätsregeln gemäß Definition 5.3, aber noch besser mittels des Verfahrens von Giffler und Thompson (Algorithmus 15) auch auf Open Shops anwenden lassen. Allerdings gilt dann der zweite Punkt der Bemerkung 7.2 nicht mehr.

Für den Fall, dass nur zwei Maschinen vorliegen, lässt sich das Problem für die Zielfunktion $C_{\max}$ in polynomieller Zeit lösen. Dafür nutzen wir folgenden Algorithmus.

Algorithmus 17 ($O2||C_{\max}$):

1. **Initialisierung:** Für eine Maschine i' und einen Auftrag j' gelte $p_{i'j'} \geq p_{ij}$ für alle $i = 1, 2$ und $j = 1, \ldots, n$. Auftrag j' stellt also auf Maschine i' die längste Aufgabe dar. Plane Auftrag j' auf der Maschine $3 - i'$ ein (also auf der anderen Maschine). Wiederhole Schritt 2 genau $2n - 1$ mal.

2. **Iteration:** Sei $i \in \{1, 2\}$ die am frühesten verfügbare Maschine, auf der noch Aufträge zu bearbeiten sind.
   Falls es noch Aufträge gibt, die noch auf keiner Maschine eingeplant wurden, plane einen beliebigen dieser Aufträge auf i ein.
   Wähle den nächsten Auftrag zur Einplanung, so dass die Maschine möglichst wenig Leerzeit hat.

Bemerkung 8.1:
1. Bei dem Algorithmus 17 kann es höchstens auf einer Maschine zu maximal einer Leerzeit kommen.
2. Der optimale Zielfunktionswert ist stets

$$C_{\max} \geq \max\left\{\max_{j\in\{1,\ldots,n\}}(p_{1j}+p_{2j}), \sum_{j=1}^{n} p_{1j}, \sum_{j=1}^{n} p_{2j}\right\}.$$

Der Zielfunktionswert ist also mindestens so groß wie die beiden Bearbeitungszeiten eines Auftrags, wie die Summe der Bearbeitungszeiten auf Maschine 1 und wie die Summe der Bearbeitungszeiten auf Maschine 2.
3. Wenn der Zielfunktionswert den beiden Bearbeitungszeiten eines Auftrags entspricht, dann muss das Auftrag j' sein. Es handelt sich also um den Auftrag mit der längsten Aufgabe.
4. Der vorliegende Algorithmus ist nicht der schnellste für das Problem $O2||C_{\max}$, da es auch mit linearer Laufzeit gelöst werden kann (siehe Gonzalez und Sahni (1976)).

Satz 8.2 ($Om||C_{\max}$)
Das Problem $Om||C_{\max}$ ist NP-schwer für alle $m \geq 3$.

BEWEIS: Zur Reduktion auf $O3||C_{\max}$ nutzen wir das *NP*-schwere Partitionsproblem (siehe Garey und Johnson (1979) und Aufgabe 14):

INSTANZ: Gegeben sei eine Menge A und für jedes Element $a \in A$ die „Größe" dieses Elements $p_a \in \mathbb{N}$.

FRAGE: Gibt es eine Teilmenge $A' \subset A$, so dass

$$\sum_{a\in A'} p_a = \sum_{a\in A\setminus A'} p_a?$$

Es soll also eine Teilmenge gewählt werden, so dass die Summe der Größen der Elemente genau der Summe der Größen der verbleibenden Elemente entspricht. Sei $T := \frac{1}{2}\sum_{a\in A} p_a$.

Betrachten wir eine Instanz mit $n = |A| + 1$ Aufträgen und genau 3 Maschinen. Falls $m > 3$, so nehmen wir an, dass jeder Auftrag auf den zusätzlichen Maschinen eine Bearbeitungszeit von Null hat. Die Bearbeitungszeit der ersten $|A|$ Aufträge entspricht ihrem Gewicht in A. Es gilt

Kapitel 8. Open Shops

also $p_{1j} = p_{2j} = p_{3j} = p_j$ für alle $j \in \{1, \ldots, |A|\}$. Der n-te Auftrag, nennen wir ihn „Blocker", hat auf jeder Maschine eine Bearbeitungszeit von $p_{1n} = p_{2n} = p_{3n} = T$. Wir zeigen, dass die optimale Gesamtbearbeitungszeit dieser Instanz von $O3||C_{\max}$ genau dann $3T$ ist, wenn die zugehörige Instanz des Partitionsproblems eine Ja-Instanz ist. Offensichtlich nimmt $C_{\max}$ wegen des Blockers immer mindestens diesen Wert an. Da sich die Maschinen bezüglich der Bearbeitungszeiten nicht unterscheiden, können wir ohne Beschränkung der Allgemeinheit annehmen, dass der Blocker zunächst auf Maschine 1, dann auf Maschine 2 und abschließend auf Maschine 3 bearbeitet wird.

Angenommen es gäbe einen Ablaufplan mit $C_{\max} = 3T$. Dann müssen auf Maschine 2 die Aufträge, die jeweils vor und nach dem Blocker ausgeführt werden, genau die Bearbeitungszeit T haben.

Angenommen die Instanz des Partitionsproblems ist eine Ja-Instanz. Dann lassen sich die zugehörigen Aufträge der Instanz von $O3||C_{\max}$ wie folgt anordnen.

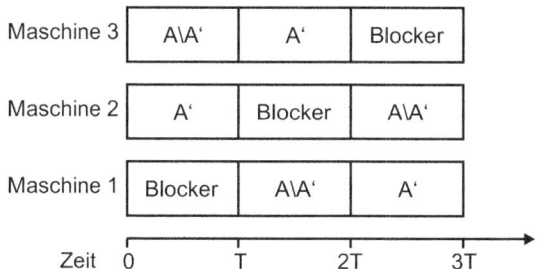

Gonzalez und Sahni (1976) präsentieren einen etwas anderen Beweis, bei dem sogar nur gefordert wird, dass alle Aufträge bis auf einen nur auf einer Maschine zu bearbeiten sind. □

Gerade an dem Problem $O2||C_{\max}$, das auch in linearer Zeit exakt lösbar ist, lässt sich hervorragend zeigen, dass das vollständige Auflisten sämtlicher möglicher Ablaufpläne ein denkbar ungünstiges Lösungsverfahren ist. Da die n Aufträge auf jeder Maschine in beliebiger und auch unterschiedlicher Reihenfolge eingeplant werden können, entstehen alleine so schon $n! \cdot n!$ unterschiedliche Möglichkeiten, einen Ablaufplan zu generieren. Für jede dieser Kombinationen gilt es dann aber noch zu entschieden, welche Maschine bei einem Auftrag, der zeitgleich für beide Maschinen zur Verfügung steht, bevorzugt wird. Selbst für $n = 6$ gibt es dann schon viele Millionen mögliche Ablaufpläne, obwohl eine derartige Instanz problemlos von Hand gelöst werden kann.

Die vollständige Enumeration sämtlicher Ablaufpläne ist natürlich allein deswegen wenig sinnvoll, weil dabei auch zahlreiche Ablaufpläne berücksichtigt werden, die ganz offensichtlich sinnlos sind. Insbesondere werden dabei Ablaufpläne betrachtet, in denen eine Maschine einen derart langen Stillstand hat, dass ein bereit stehender Auftrag hätte bearbeitet werden können. Daher ist es denkbar, sich auf Ablaufpläne zu fokussieren, die zumindest nicht auf den ersten Blick als sinnlos klassifiziert werden können. Dazu gehören zweifelsohne die sogenannten non delay-Ablaufpläne.

Definition 8.3 (Non delay-Ablaufplan)
Ein Ablaufplan eines beliebigen Ablaufplanungsproblems heißt non delay, falls es auf einer Maschine i nur dann einen Zeitraum (beginnend zum Zeitpunkt s_i und endend im Zeitpunkt c_i) gibt, in dem die Maschine keinen Auftrag bearbeitet, wenn die ausschließlich bis zum Zeitpunkt s_i betrachtete Belegung der anderen Maschinen dazu führt, dass keine Aufgabe auf Maschine i ausgeführt werden kann.

Eine Maschine darf also nur dann einen Zeitraum ohne Bearbeitung haben, wenn keine Aufgabe auf eine Bearbeitung auf dieser Maschine wartet. Ein non delay-Ablaufplan kann auch derart beschrieben werden, dass eine Maschine nach Beendigung einer Aufgabe schnellstmöglich eine nächste Aufgabe bearbeiten muss. Daher lassen sich leicht non delay-Ablaufpläne generieren, indem auf der nächsten verfügbaren Maschine stets die am frühesten bereitstehende Aufgabe eingeplant wird. Ablaufpläne, die durch das Verfahren von Giffler und Thompson erzeugt werden, sind nicht zwingend non delay. Weiter sei aber angemerkt, dass sich ein beliebiger Ablaufplan durch die Betrachtung der „Pausenzeiten" der Maschinen und gegebenenfalls durch Verschieben entsprechender Aufgaben leicht in einen non delay-Ablaufplan umwandeln lässt.

Beispiel 8.4 ($O3||C_{\max}$)
Betrachten wir folgende Instanz des Problems $O3||C_{\max}$ mit drei Aufträgen.

Kapitel 8. Open Shops

j	1	2	3
p_{1j}	3	2	2
p_{2j}	3	2	2
p_{3j}	3	2	2

In einem non delay-Ablaufplan muss offensichtlich auf jeder Maschine zu Beginn einer der drei Aufträge ausgeführt werden. Die Aufträge 2 und 3 enden bereits zum Zeitpunkt 2 und müssen anschließend auf der jeweils anderen Maschine weiter bearbeitet werden, um einen non delay-Ablaufplan zu erhalten. Dadurch ergibt sich nur ein einzig möglicher non delay-Ablaufplan (abgesehen vom möglichen Vertauschen der Maschinen bzw. Vertauschen der Aufträge 2 und 3). Dieser Ablaufplan mit Zielfunktionswert 10 ist in dem linken Gantt-Diagramm zu sehen:

Im rechten Gantt-Diagramm ist hingegen ein besserer (sogar optimaler) Ablaufplan mit Zielfunktionswert 9 dargestellt.

Auch wenn, wie im Beispiel gesehen, eine Beschränkung auf non delay-Ablaufpläne bei der Suche nach optimalen Ablaufplänen nicht möglich ist, so ist deren Betrachtung dennoch oft sinnvoll. So kann z.B. für drei Maschinen eine Güte für non delay-Ablaufpläne angegeben werden.

Satz 8.5 ($O3||C_{\max}$)
Gegeben sei ein non delay-Ablaufplan für eine Instanz des Problems $O3||C_{\max}$. Die Gesamtbearbeitungszeit des Ablaufplans ist höchstens $\frac{5}{3}$ mal so lang wie die Gesamtbearbeitungszeit des optimalen Ablaufplans dieser Instanz.

BEWEIS: Siehe Chen und Strusevich (1993). □

Auch wenn wir mit dem Verfahren von Giffler und Thompson bereits eine Heuristik kennengelernt haben, die sich auf allgemeine Open Shops anwenden lässt, so lohnt sich auch ein Blick auf ein Verfahren, das speziell für Open Shops gedacht ist. Als sehr effektiv hat sich dabei eine simple Heuristik erwiesen, die von Bräsel et al. (1993) vorgestellt wurde. Die Idee ist dabei, die jeweils k-te ($k = 1, \ldots, n$) auf einer Maschine zu bearbeitende Aufgabe simultan für alle Maschinen zuzuordnen. Für diesen Algorithmus wird angenommen, dass $n \geq m$ gilt (beachte Bemerkung 8.6).

Algorithmus 18 (Verfahren von Bräsel, Tautenhahn und Werner):

1. **Iteration:** Führe Schritt 2 für alle $k = 1, \ldots, n$ aus.

2. **Zuordnung der nächsten m Aufgaben:** Ordne allen Maschinen als nächstes jeweils eine der verbleibenden Aufgaben zu und zwar derart, dass die längste Bearbeitungszeit der ausgewählten Aufgaben möglichst klein ist.

In dem zweiten Schritt ist ein Zuordnungsproblem (siehe Aufgabe 15) zu lösen. Für diese Problemstellung sind in der Literatur effiziente Verfahren präsentiert worden (für eine Übersicht siehe z.B. Burkard et al. (2009)). Für unsere Anwendungen ist allerdings ein Lösen mittels „genauem Hinschauen" ausreichend. So wie der zweite Schritt hier (und auch in der Originalquelle) beschrieben ist, ist der Algorithmus für den Fall $n > m$ nicht immer wohldefiniert. Es kann nämlich in einem der letzten Schritte passieren, dass überhaupt keine Zuordnung mehr möglich ist, weil eine Maschine bereits alle Aufgaben erledigt hat. Daher ist im zweiten Schritt eine derartige Zuordnung auszuwählen, die in allen folgenden Iterationen weiterhin eine Zuordnung ermöglicht. Das kann zum Beispiel dadurch erreicht werden, dass ein Auftrag, bei dem bisher weniger Aufgaben eingeplant wurden als bei anderen Aufträgen, bevorzugt eingeplant werden muss. Wir betrachten diesen Sonderfall in den hier vorliegenden Beispielen allerdings nicht und verweisen für weitere Verfahren, mit denen festgestellt werden kann, ob noch zulässige Zuordnungen möglich sind, auf die Literatur zu Zuordnungsproblemen, insbesondere auf Burkard et al. (2009).

Es sei noch angemerkt, dass Bräsel et al. (1993) alternative Regeln präsentieren, nach denen im zweiten Schritt die Zuordnung zu erfolgen hat.

Kapitel 8. Open Shops 123

Bemerkung 8.6:
1. Da in einem Open Shop jeder Auftrag auf jeder Maschine in beliebiger Reihenfolge ausgeführt werden kann, also die Maschinenreihenfolge für jeden Auftrag und die Auftragsreihenfolge für jede Maschine festgelegt werden kann, ist die Bezeichnung für Aufträge und Maschinen austauschbar. In der oben erwähnten Anwendung, bei der Untersuchungsräume die Maschinen darstellen, die von Patienten, die den Aufträgen entsprechen, zu besuchen sind, ist auch folgende Interpretation denkbar. Die Patienten werden als Maschinen modelliert, und jeder Untersuchungsraum (interpretierbar als Auftrag) muss auf jeder Maschine „bearbeitet" werden.
2. Offensichtlich ist daher auch das Problem $Om|n=2|C_{\max}$ leicht lösbar.
3. Das Verfahren von Bräsel, Tautenhahn und Werner ist somit auch für den Fall $m > n$ modifiziert anwendbar.

Beispiel 8.7 ($O3||C_{\max}$)
Betrachten wir die folgende Instanz des Problems $O3||C_{\max}$ mit $n=5$ Aufträgen.

j	1	2	3	4	5
p_{1j}	1	3	6	5	10
p_{2j}	1	8	4	7	2
p_{3j}	4	3	1	8	6

Wenden Sie das Verfahren von Bräsel, Tautenhahn und Werner auf diese Instanz an.

Es ist in der ersten Iteration offensichtlich nicht möglich, jeder Maschine derart eine Aufgabe zuzuordnen, dass die maximale Bearbeitungszeit 1 beträgt. Wird Maschine 1 der Auftrag 1, Maschine 2 der Auftrag 5 und Maschine 3 der Auftrag 3 zugeordnet, so ist die maximale Bearbeitungszeit 2. Im zweiten Schritt wird dann Maschine 1 der Auftrag 2, Maschine 2 der Auftrag 3 und Maschine 3 der Auftrag 1 zugeordnet, so dass hier die maximale Bearbeitungszeit 4 beträgt. Durch sukzessives Anwenden dieses Verfahrens entsteht dann der folgende Ablaufplan.

Maschine 3	3	1	2	5		4
Maschine 2	5	3	1	4		2
Maschine 1	1	2	4	3		5

Zeit 0   5   10   15   20   25

9. Ablaufplanung in der Praxis

Die in der Theorie betrachteten und mit der Dreifeldnotation dargestellten Fragestellungen können als Grundform der in der Praxis vorkommenden Ablaufplanungsprobleme aufgefasst werden. Meist erweisen sich die praktischen Fragestellungen als deutlich weitreichender und entsprechen somit selten den idealtypischen Modellen.

Im Folgenden werden wir einige Punkte beschreiben, in denen sich viele praktische Fragestellungen (aber längst nicht alle) von den in diesem Buch betrachteten Modellen unterscheiden. Es sei angemerkt, dass die hier beschriebenen Modelle in der wissenschaftlichen Literatur bereits stark erweitert wurden, um vielen der im Folgenden genannten Unzulänglichkeiten zu begegnen.

1. Die so grundlegende Annahme, dass n Aufträge einzuplanen sind, ist oft nicht realistisch. Vielmehr gilt es oft, ein System zu planen, in dem laufend neue Aufträge hinzukommen. Der Themenbereich Online-Scheduling (siehe Albers (2003); Komm (2016)) befasst sich in der Theorie mit derartigen Fragestellungen.

2. Die Bearbeitungszeiten sind ebenfalls selten fix, sondern hängen von Faktoren wie der Maschinenabnutzung, Lernkurveneffekten der Mitarbeiter oder dem Zufall ab. Übersichtsartikel zu Lernkurveneffekten liefern Biskup (2008) und Glock et al. (2018).

3. In der Praxis wird häufig Wert auf „robuste" Pläne gelegt, die auch dann anwendbar sind, wenn unerwartete Störungen wie z.B. zeitliche Verzögerungen auftreten (Robust Scheduling). Bei schweren Störungen wird gegebenenfalls auch eine Umplanung notwendig, die sich an dem bisherigen Plan ausrichten sollte. Siehe dazu Ouelhadj und Petrovic (2009).

4. Die theoretischen Modelle gehen von fixen Gewichten w_j aus, während diese in der Praxis häufig zeit- und/oder maschinenabhängig sind. Zudem lassen sie sich oft nur schwierig bestimmen.

5. Ablaufplanungsmodelle kennen (meist) nur Ja-Nein-Restriktionen. So kann zum Beispiel ein Auftrag auf einer Maschine ausgeführt werden oder dies ist nicht möglich. Dadurch lassen sich Präferenzen der Form „Der Auftrag sollte nicht auf der Maschine ausgeführt werden, könnte dort aber zur Not bearbeitet werden" nicht abbilden. Auch hierzu gibt es bereits Ansätze in der wissenschaftlichen Literatur, die unter dem Stichwort „Fuzzy Scheduling" von Dubois et al. (2003) zusammengefasst werden.

6. Maschinen stehen in den Modellen (abgesehen von Rüstzeiten) stets zur Verfügung. (Vorbeugende) Wartungsmaßnahmen, Reparaturen oder prozessbedingte Pausen z.B. während eines Schichtwechsels finden daher zunächst keine Berücksichtigung. Ein Ansatz dazu findet sich bei Lee (1996).

7. Bei den Problemen, in denen die Aufträge mehrere Maschinen besuchen müssen (shop-Probleme), sind wir davon ausgegangen, dass die Aufträge nach Beendigung auf der einen Maschine ohne Verzögerung auf der nächsten Maschine zur Verfügung stehen. Nicht selten kommt es allerdings vor, dass die entsprechenden Transportzeiten oder Transportkapazitäten einen derartigen Einfluss haben, so dass sie berücksichtigt werden sollten. Die Dissertation von Knust (2000) beschäftigt sich mit begrenzten Transportkapazitäten. Transportzeiten und deren Minimierung in Open Shops und Flow Shops werden bei Yu et al. (2011) behandelt, während Nouri et al. (2016) Job Shops beleuchten.

8. Wie bereits in Abbildung 2.1 (Seite 23) dargestellt, genügen die tatsächlich zu erzielenden Ziele oft nicht der stückweisen linearen Form der theoretischen Zielfunktionen. Zudem gibt es natürlich mehr sinnvolle Zielsetzungen als die in diesem Buch erwähnten. So ist es bei Ablaufplanungsproblemen im Zusammenhang mit Fließbändern oft gewünscht, die Ressourcen (Arbeitsstationen) möglichst gleichmäßig auszulasten, also keine Arbeitsstation deutlich länger einzuplanen als die anderen (siehe dazu Boysen et al. (2007) bzw. Scholl et al. (2013) bei zusätzlicher Berücksichtigung reihenfolgeabhängiger Rüstkosten). Es ist darüber hinaus festzustellen, dass sich viele Planer in der Praxis der expliziten Zielsetzung ihrer Planung gar nicht bewusst sind.

Kapitel 9. Ablaufplanung in der Praxis

9. Problematisch ist besonders, dass es in der Praxis meist mehr als eine Zielsetzung zu optimieren gilt. So sollen häufig einerseits Fälligkeitszeitpunkte eingehalten werden, andererseits aber auch die Gesamtbearbeitungszeit gering gehalten werden. Die Gewichtigkeit der Ziele kann dabei sogar im Laufe der Zeit variieren. Eine Übersicht über wissenschaftliche Aufsätze, die sich mit diesem Thema beschäftigen, gibt Lei (2009).

10. In diesem Buch wurden stochastische Modelle, in denen insbesondere Bearbeitungszeiten dem Zufall genügen, ausgeklammert. Aber selbst die in der wissenschaftlichen Literatur vorhandenen stochastischen Modelle treffen – um überhaupt Ablaufpläne generieren zu können – fast immer vereinfachende Annahmen, wie z.B. bestimmte Verteilungsfunktionen, Unabhängigkeit der Zufallsvariablen etc. Im Lehrbuch von Pinedo (2016) findet dieser Aspekt Beachtung.

11. Die klassischen Ablaufplanungsprobleme erlauben nicht, dass ein Auftrag zeitgleich auf mehreren Maschinen ausgeführt wird. Insbesondere in der Projektplanung ist dies allerdings häufig der Fall (obgleich hier der Begriff „Maschine" eher durch „Ressource" ersetzt werden sollte). Sind zudem, wie in der Projektplanung üblich, Vorrangbeziehungen zu berücksichtigen, bietet sich für diese Problemstellung eine Modellierung als RCPSP (Resource Constrained Project Scheduling Problem) an. Übersichten zu dieser Kombination aus Ablaufplanung und Projektplanung finden sich bei Brucker et al. (1999), Kolisch und Padman (2001) sowie Hartmann und Briskorn (2010).

Es bleibt festzuhalten, dass sich die Ergebnisse der klassischen Theorie sehr wohl für praktische Fragestellungen nutzen lassen. Entsprechende Beispiele werden im folgenden Abschnitt 9.1 gegeben. Allerdings darf dabei meist nicht von einer Eins-zu-eins-Umsetzung ausgegangen werden. Vielmehr sind die Ablaufplanungsmodelle als Kern praktischer Fragestellungen zu verstehen und sind als Bausteine für die praktische Planung nützlich. Dazu ist es wichtig, bei der Modellierung die wesentlichen (für die Erreichung der Ziele notwendigen) Eigenschaften zu erfassen und gleichzeitig eher unwichtige Aspekte, die ein Modell womöglich unnötig verkomplizieren, außen vor zu lassen.

Für Planungsprobleme, deren explizite Modellierung zu umfangreich ist oder für die der Aufwand einer Modellierung voraussichtlich zu groß ist, empfehlen sich allgemein anwendbare Verfahren. Dazu gehören die bereits bekannten Prioritätsregeln, die durch eine einfache Anwendbarkeit bestechen. Das verspricht im Vergleich zu komplizierteren bzw. schlechter vermittelbaren Verfahren auch eine höhere Akzeptanz im anwendenden Unternehmen.

Ein Verfahren, das sich sehr allgemein auf verschiedene Problemstellungen anwenden lässt, wird als Metastrategie bezeichnet. Im Abschnitt 9.2 wird beispielhaft die Funktionsweise von heuristischen und exakten Metastrategien erläutert. Dazu betrachten wir eine Metaheuristik, die auf einer Nachbarschaftssuche basiert, und anschließend noch Branch-and-Bound als ein allgemein anwendbares exaktes Verfahren.

9.1. Anwendungsbeispiele

Im Folgenden erläutern wir die Modellierung dreier praktischer Fragestellungen, die als Ablaufplanungsprobleme modelliert wurden und die Thema wissenschaftlicher Veröffentlichungen sind. In allen drei Fällen gelingt die Darstellung als Ablaufplanungsproblem hervorragend, wobei zum Teil nicht auf die klassischen Zielfunktionen zurückgegriffen werden kann. Zusätzlich präsentieren wir einen Aufsatz, in dem basierend auf einer Klasse von praktischen Fragestellungen, nämlich die Berücksichtigung positionsabhängiger Wartungsmaßnahmen, neue Ablaufplanungsprobleme generiert werden.

Landebahnnutzung mittels eines Einmaschinenmodells mit reihenfolgeabhängigen Rüstzeiten

Eine Anwendung in der Flughafenlogistik präsentieren Briskorn und Stolletz (2014). An einem Flughafen gilt es, den heute ankommenden n Flugzeugen Landezeiten vorzugeben. Dazu gibt es eine Landebahn, die im Planungszeitraum uneingeschränkt zur Verfügung steht. Jedes ankommende Flugzeug j hat zwar eine „Wunschlandezeit" d_j, kann aber durch Anpassung der Geschwindigkeit etwas früher oder später landen. Allerdings kann ein Flug natürlich nicht beliebig früh eintreffen, so dass er nicht vor einem bestimmten Zeitpunkt r_j eingeplant werden darf. Andererseits darf ein Flugzeug auch nicht beliebig spät eingeplant werden,

9.1. Anwendungsbeispiele

da ansonsten der Treibstoff eine kritische Menge unterschreiten würde. Daher gibt es für jeden Flug j einen festen Termin $\bar{d}_j$, zu dem er spätestens gelandet sein muss. Die Dauer, die ein Flugzeug für die Landung benötigt, hängt von der Größe des Flugzeugs ab. Für jedes Flugzeug j ist somit die Dauer p_j, während der die Landebahn blockiert ist, bekannt. Zusätzlich müssen zwischen zwei Flugzeugen Sicherheitsabstände beachtet werden, da ansonsten die Luftverwirbelungen des vorderen Flugzeugs eine Gefahr für das hintere Flugzeug darstellen. Diese Sicherheitsabstände hängen ebenfalls von der Größe der jeweiligen Flugzeuge ab. Folgt ein großes Flugzeug auf ein kleines, so ist der Sicherheitsabstand am kleinsten. Folgt hingegen ein kleines Flugzeug auf ein großes, so ist der Sicherheitsabstand am größten. Der Sicherheitsabstand zwischen zwei Flugzeugen j und k lässt sich durch den Parameter s_{jk} ausdrücken.

Insbesondere an der Bezeichnung der Parameter lässt sich bereits erkennen, dass hier eine Modellierung als Ablaufplanungsproblem möglich ist. Dabei stellt die Landebahn die einzige Ressource dar, auf der die „Aufträge", also die Flugzeuge, bearbeitet werden müssen. Es sind die Ankunftszeiten r_j, die „Liefertermine" d_j, die Fälligkeitszeitpunkte (Deadlines) $\bar{d}_j$ sowie reihenfolgeabhängige Rüstzeiten s_{jk} zu beachten. Das Ziel ist es, die Landezeiten so einzuplanen, dass für jeden Flug die Abweichung von d_j möglichst gering ist. Das Einplanen der Landung vor dem Wunschtermin wird also genauso bestraft wie die Landung nach dem Wunschtermin. Dies lässt sich durch die Zielfunktion

$$\sum_{j=1}^{n} |C_j - d_j| = \sum_{j=1}^{n} \underbrace{\max\{C_j - d_j, 0\}}_{\text{Terminüberschr.} T_j} + \underbrace{\max\{d_j - C_j, 0\}}_{\text{Frühzeitigkeit } E_j}$$

erreichen, die in der Dreifeldnotation meist mit $\sum(E_j + T_j)$ abgekürzt wird. Dies ist allerdings bereits eine Vereinfachung der in der Praxis gängigen Ziele, bei denen insbesondere die Nicht-Einhaltung bestimmter Zeitslots stark bestraft wird. Häufig ist es auch so, dass eine Verfrühung anders bestraft wird als eine Terminüberschreitung, was sich aber leicht durch eine Gewichtung darstellen lässt ($\sum(\alpha E_j + \beta T_j)$).

Als Ablaufplanungsproblem lässt sich das Problem der Landebahnnutzung also durch $1|r_j, \bar{d}_j, s_{jk}| \sum(E_j + T_j)$ darstellen. Der Vollständigkeit halber sei allerdings erwähnt, dass es sich bei diesem Anwendungsfall eher um einen Spezialfall von $1|r_j, \bar{d}_j, s_{jk}| \sum(E_j + T_j)$ handelt. Die Flugzeuge lassen sich hierbei in Flugzeugklassen (z.B. die jeweiligen Flugzeugtypen) einteilen, so dass die Bearbeitungszeiten p_j innerhalb einer Flugzeugklasse alle gleich sind. Auch die reihenfolgeabhängigen Rüstzeiten hängen nur vom Flugzeutyp, nicht aber von dem jeweiligen Flugzeug ab.

Stahlherstellung als Flow Shop mit no-wait-Bedingung

Höhn et al. (2012) betrachten eine Problemstellung aus der Stahlindustrie. Mehrere Stahlgüsse müssen zunächst in einem Schmelzofen erhitzt werden und dann in einer für alle Einheiten gleichen Reihenfolge mehrere Arbeitsschritte durchlaufen. Für manche Arbeitsschritte stehen, zumindest in einigen Werken, mehrere identische Maschinen zur Verfügung, von denen dann natürlich nur eine Maschine besucht werden muss. Die Bearbeitungsdauer eines Arbeitsschrittes ist von Guss zu Guss verschieden. Da der Stahl während dieser Arbeitsgänge stets geschmolzen sein muss, darf es zwischen zwei Arbeitsgängen keinerlei Pausenzeiten geben, die den Stahl abkühlen ließen.

Abschließend wird der flüssige Stahl beim Stranggießen zu Brammen verarbeitet. Das Stranggießen, was als letzter Arbeitsschritt bzw. als letzte „Maschine" aufgefasst werden kann, darf nicht unterbrochen werden. Tritt eine Unterbrechung ein, weil kein weiterer Stahl zur Verfügung steht, so muss die Stranggießanlage abgeschaltet und aufwändig gereinigt werden. Es ist daher das oberste Ziel, die Anzahl an Unterbrechungen auf der Stranggießanlage so gering wie möglich zu halten.

Die einzelnen Arbeitsschritte können hierbei als Maschinen aufgefasst werden, die von jedem Auftrag, der jeweils einem Stahlguss entspricht, durchlaufen werden müssen. Da die Reihenfolge der Arbeitsschritte für alle Aufträge gleich ist, liegt ein Flow Shop vor. Da es bei der Ausführung der Arbeitsschritte zudem zu keiner Verzögerung kommen darf, muss eine no-wait-Bedingung berücksichtigt werden. Der Fall, dass zur Ausführung eines Auftrags mehrere identische Maschinen zur Auswahl stehen, wird in der wissenschaftlichen Literatur auch als „flexibler Flow Shop" bezeichnet und in der Dreifeldnotation durch FF abgekürzt. Eine Besonderheit stellt in diesem Fall die Zielfunktion dar, die für Ablaufplanungsprobleme eher ungewöhnlich ist. Wir bezeichnen diese mit *interruption*. Das Problem der Stahlherstellung lässt sich daher durch das Ablaufplanungsproblem $Fm|nwt|interruption$ bzw. $FFm|nwt|interruption$ beschreiben.

Da sich die Zielfunktion zur Minimierung der Unterbrechungen stark von der Minimierung der Gesamtbearbeitungszeit unterscheidet, ist eine Untersuchung dieser Problemstellung unumgänglich. Höhn et al. (2012) zeigen dabei, dass das Problem $FF2|nwt|interruption$, bei dem also nur zwei Arbeitsschritte unternommen werden müssen, in polynomieller Zeit lösbar ist, sofern für den ersten Arbeitsschritt nur eine Maschine zur Verfügung steht. Sind hingegen drei Arbeitsschritte notwendig, so ist selbst das Problem $F3|nwt|interruption$ (und damit auch $FF3|nwt|interruption$) NP-schwer.

Eisenbahn-Fahrplangestaltung als Job Shop

In Anlehnung an Oliveira und Smith (2001) präsentieren wir eine Modellierung für die Erstellung von Fahrplänen im Zugverkehr. Zunächst wird zum allgemeinen Verständnis der Sicherheitsvorkehrungen im Bahnverkehr auf den sogenannten Streckenblock eingegangen. Um zu verhindern, dass Züge kollidieren, ist das Schienennetz in kleinere Gleisabschnitte, die Streckenblöcke (bzw. gibt es analog den Bahnhofsblock), eingeteilt, in denen sich stets nur ein Zug befinden darf. Ein Zug darf den Block, in dem er sich befindet, nur dann verlassen, wenn der zu befahrende Block leer ist. Ist dies nicht der Fall, muss er in seinem aktuellen Block warten. Dieses System wird sowohl auf Streckenabschnitten eingesetzt, die nur in eine Richtung befahren werden, als auch auf eingleisigen Trassen.

In der Fahrplanerstellung ist es üblich, die Planung hierarchisch zu gestalten. Als erstes werden die Zugläufe der Personen- und Güterzüge festgelegt. Das heißt, dass für jeden Zug festgelegt wird, welche Streckenblöcke er zu durchfahren hat und in welcher Reihenfolge diese Blöcke durchfahren werden. Anschließend werden – zumindest bei den Personenzügen – auch Anschlusszüge festgelegt. Das bedeutet, dass ein Zug in seinem Startbahnhof erst losfahren darf, wenn ein anderer Zug dort eingetroffen ist. Auf Grundlage dieser Planung werden dann noch frühestmögliche Abfahrtszeiten und gegebenenfalls auch Wunschankunftszeiten bestimmt.

Es gilt nun festzulegen, in welcher Reihenfolge die einzelnen Züge die jeweiligen Streckenblöcke nutzen dürfen. Als Ziel kommt dabei häufig in Frage, dass die Züge alle möglichst schnell ihr Ziel erreichen. Dabei wird in der Regel eine Gewichtung vorgenommen, bei der überregionale Züge ein höheres Gewicht erhalten als regionale Züge, die wiederum höher

9.1. Anwendungsbeispiele

gewichtet sind als Güterzüge. Liegen bereits Wunschankunftszeiten vor, so ist auch ein gängiges Ziel, die (gewichteten) Terminüberschreitungen zu minimieren.

Für diese Problemstellung bietet sich eine Modellierung als Job Shop an. Die einzelnen Streckenblöcke werden dabei als die Maschinen aufgefasst. Die Züge entsprechen den Aufträgen, die die Maschinen in einer fest vorgegebenen Reihenfolge durchlaufen müssen. Der Umstand, dass ein Zug nicht jeden Streckenblock durchfahren muss, kann einfach durch eine „Bearbeitungszeit" (=Durchfahrdauer) von null Zeiteinheiten modelliert werden. Die restlichen Bearbeitungszeiten lassen sich leicht durch die Länge des Blocks, die Höchstgeschwindigkeit in dem Block und die Höchstgeschwindigkeit (bzw. Regelgeschwindigkeit) des jeweiligen Zuges berechnen. Die Berücksichtigung von Anschlusszügen kann durch Vorrangbeziehungen erreicht werden. Durch die frühestmöglichen Abfahrtszeiten eines Zuges sind zudem in der Modellierung Ankunftszeiten r_j zu berücksichtigen. Je nachdem welche Zielsetzung verfolgt wird, liegt also ein Ablaufplanungsproblem der Form $Jm|r_j, prec| \sum w_j C_j$ oder der Form $Jm|r_j, prec| \sum w_j T_j$ vor.

Erwähnt werden muss in diesem Zusammenhang, dass diese Modellierung die Realität zum Teil nur unzureichend widerspiegelt. So erlaubt das Modell, dass ein Auftrag nach Bearbeitung auf einer Maschine (also ein Zug, der einen Streckenblock durchfahren hat) auf die Bearbeitung auf der nächsten Maschine warten kann, ohne die bisherige Maschine zu blockieren. In der Realität ist das natürlich anders, da es keinen „Wartebereich" zwischen den Maschinen gibt.

Wird eine Zugfahrt inklusive aller Zwischenhalte als ein Auftrag gesehen, so können die Vorrangbeziehungen nicht garantieren, dass Zuganschlüsse bei Zwischenhalten gewährleistet werden. Das ließe sich zwar dadurch modellieren, dass eine Zugfahrt aus mehreren Aufträgen besteht, die jeweils ein Teilstück darstellen und die durch Vorrangbeziehungen verbunden sind. Dadurch würde allerdings die Anzahl an Aufträgen deutlich wachsen und dies die ohnehin schon große Instanz nochmals vergrößern.

Ablaufplanung mit positionsabhängigen Wartungsmaßnahmen

Zu Beginn des Kapitels haben wir bei den Unzulänglichkeiten der standardisierten Ablaufplanungsprobleme darauf hingewiesen, dass in der Praxis durchaus auch Ausfallzeiten und vorbeugende Wartungsmaßnahmen zu berücksichtigen sind. Dieser Aspekt findet in der Literatur bereits große Beachtung. Dabei hängt die Abnutzung von Maschinen aber fast ausschließlich von der Nutzungsdauer der Maschine oder ihrem Alter ab. Dies ist sicher auch der in der Praxis am häufigsten vorkommende Fall. Dennoch gibt es auch einige Anwendungsfälle, in denen die Abnutzung hauptsächlich oder gar ausschließlich von der Anzahl der ausgeführten Aufträge abhängt.

Bei Passagierflugzeugen hängt die Abnutzung der Turbinen hauptsächlich von der Anzahl der Flüge ab, und deutlich weniger von der Länge der Flüge. Die Turbinen werden nämlich hauptsächlich bei dem Steigflug und vor allem bei der Schubumkehr bei der Landung belastet. Die Abnutzung der Räder hängt sogar ausschließlich von der Anzahl der Flüge und nicht von deren Länge ab.

Ein ähnliches Bild zeigt sich bei Batterien, die zum Starten von Verbrennungsmotoren genutzt werden, wie dies zum Beispiel in Autos der Fall ist. Die Lebensdauer der Batterien hängt hauptsächlich von den Entladezyklen ab, die wiederum von der Anzahl der Starts der Motoren abhängen, aber nicht von deren Nutzungsdauer.

Um diesem Umstand gerecht zu werden, haben Drozdowski et al. (2017) Einmaschinenmodelle entsprechend erweitert. Gefordert wird dabei die Restriktion, dass nach der Ausführung von maximal k (Teil-)Aufträgen die Maschine für s Zeiteinheiten ungenutzt bleibt, um gewartet zu werden. Die Dreifeldnotation wird dazu um den Eintrag pd im Feld β ergänzt. Interessant ist dabei, dass sich viele Einmaschinenmodelle, die in P liegen, auch durch die Hinzunahme dieser Restriktion weiterhin in polynomieller Zeit lösen lassen. Das gilt für $1|pd, pmtn|C_{\max}$, $1|pd, r_j|C_{\max}$, $1|pd, r_j, pmtn|C_{\max}$, $1|pd|L_{\max}$ und $1|pd, pmtn|L_{\max}$.

Gerade in den Fällen mit Unterbrechungen verändert sich die Struktur der Probleme mit der Nebenbedingung allerdings grundlegend. Denn jede Unterbrechung erhöht die Anzahl der auszuführenden Teilaufträge und damit unter Umständen auch die Anzahl der Wartungsmaßnahmen.

9.1. Anwendungsbeispiele

Unterbrechungen sind dadurch weiterhin erlaubt, können aber einen negativen Effekt auf die Zielfunktion haben. Tatsächlich ist es daher auch so, dass das Problem $1|r_j, pmtn|L_{\max}$, das wir als polynomiell lösbar kennen gelernt haben, durch Hinzunahme der neuen Nebenbedingung NP-schwer wird.

Das Problem $1|pd, r_j, pmtn|L_{\max}$ zeigt dabei einige überraschende Unterschiede zu dem entsprechenden Problem ohne Wartungsmaßnahmen. Zur Lösung von $1|r_j, pmtn|L_{\max}$ haben wir eine Abwandlung von Algorithmus 6 präsentiert. Es lässt sich leicht feststellen, dass es bei Anwendung des Verfahrens stets zu maximal $n-1$ Unterbrechungen von Aufträgen kommt. Es gibt also stets eine optimale Lösung für $1|r_j, pmtn|L_{\max}$ mit maximal $n-1$ Unterbrechungen. Bei $1|pd, r_j, pmtn|L_{\max}$ hingegen gibt es Instanzen, bei denen jede optimale Lösung mehr als n Unterbrechungen hat. Die kleinste von Drozdowski et al. (2017) präsentierte Instanz mit n Unterbrechungen hat dabei schon $n=17$ Aufträge.

Überraschend ist bei $1|pd, r_j, pmtn|L_{\max}$ auch der Umstand, dass es eine Instanz gibt, die gemäß unserer Definition eines Ablaufplanungsproblems nur ganzzahlige Eingabedaten hat, in jedem optimalen Ablaufplan die Fertigstellungszeitpunkte aber nicht ganzzahlig sind:

Beispiel 9.1 ($1|pd, r_j, pmtn|L_{\max}$, siehe Drozdowski et al. (2017))
Die Wartungsnebenbedingung fordere, dass nach spätestens $k=4$ Aufträgen die Maschine für $s=1$ Zeiteinheit pausieren muss. Weiter seien $n=3$ Aufträge gegeben.

j	1	2	3
p_j	3	1	1
r_j	0	1	3
d_j	5	2	4

Es lässt sich erkennen, dass es keine Lösung mit $L_{\max} = 0$ gibt. Dazu müssten Aufträge 2 und 3 direkt in ihren Zeitfenstern eingeplant werden und Auftrag 1 zwei Mal unterbrochen werden. Dann gäbe es aber 5 Teilaufträge, was eine Wartungsmaßnahme zur Folge hätte. Die beste ganzzahlige Lösung ist daher $L_{\max} = 1$. Eine mögliche derartige Lösung ist in Abbildung 9.1 dargestellt. Wenn in diesem Beispiel maximal ein Auftrag höchstens einmal unterbrochen wird, so kommt der resultierende Ablaufplan ohne Wartungsmaßnahmen aus. In diesem Fall ist es möglich, wie in Abbildung 9.2 ersichtlich, einen Ablaufplan mit $L_{\max} = 0{,}5$ zu generieren.

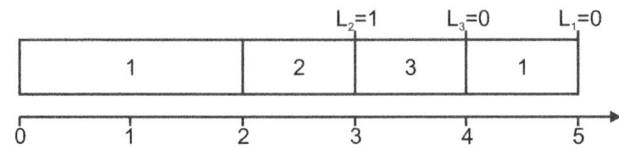

Abbildung 9.1.: Bester ganzzahliger Ablaufplan von Beispiel 9.1

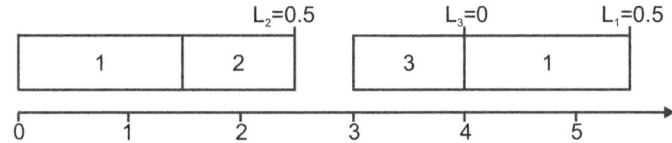

Abbildung 9.2.: Optimaler Ablaufplan von Beispiel 9.1

9.2. Metastrategien

Metaheuristiken

Heuristiken garantieren keine optimale Lösung, und für deren Anwendung auf die meisten praktischen Probleme kann nicht einmal eine Gütegarantie angegeben werden. Das heißt, dass die gefundene Lösung sehr weit vom Optimum entfernt sein kann.

Ganz allgemein ist es daher bei der Auswahl einer (Meta-)Heuristik für ein Optimierungsproblem notwendig, auf die spezielle Struktur der Problemstellung zu achten, so dass diese von der Heuristik ausgenutzt werden kann. Führt z.B. eine kleine Veränderung einer Lösung zu einem ähnlichen Zielfunktionswert, so lassen sich mit der Suche nach lokalen Optima basierend auf einer Nachbarschaftssuche meist gute Ergebnisse erzielen. Dies ist bei manchen Ablaufplanungsproblemen der Fall. Führt hingegen eine kleine Veränderung der Lösung zu einem völlig anderen Zielfunktionswert, so könnte die Anwendung anderer Verfahren sinnvoll sein.

Es lassen sich für ganz allgemeine Optimierungsprobleme keine Aussagen darüber treffen, ob eine Heuristik besser ist als eine andere (siehe Wolpert und Macready (1997)). Entsprechend gilt es in jedem Einzelfall zu entscheiden, welche Heuristik sinnvoll erscheint.

9.2. Metastrategien

Im Wesentlichen lassen sich Metaheuristiken in drei Klassen einteilen. Zunächst seien die von der Natur inspirierten Verfahren genannt. Darunter fallen z.B.

- genetische Algorithmen (siehe etwa Dorndorf und Pesch (1995) und Nguyen et al. (2019) zur Anwendung auf Job Shops und Nguyen et al. (2017) für allgemeine Ablaufplanungsprobleme),
- Ameisenalgorithmen (siehe Dorigo und Stützle (2019) für eine allgemeine Übersicht und Merkle et al. (2002) für eine Anwendung auf das RCPSP) und
- Simulated Annealing (siehe Koulamas et al. (1994) und Suman und Kumar (2006) für eine allgemeine Übersicht und van Laarhoven et al. (1992) für eine Anwendung auf Job Shops).

Eine zweite Klasse stellen Vereinfachungen von exakten Verfahren dar. Zu nennen sind hierbei

- Truncated Branch-and-Bound, das Anwendung auf das RCPSP erfährt (Dorndorf et al. (2000), Franck et al. (2001), Dorndorf (2002)) und
- Beam-Search, das u.a. auf der Dynamischen Programmierung basiert (siehe Ow und Morton (1988) für eine allgemeine Übersicht, Sabuncuoglu und Bayiz (1999) für eine Anwendung auf Job Shops und Ghirardi und Potts (2005) für eine Anwendung auf nicht verwandte parallele Maschinen (Rm)).

Beide Klassen werden wir in diesem Buch nicht weiter betrachten. Des weiteren gibt es auf einer lokalen Suche (Nachbarschaft) basierende Verfahren. Dazu gehört neben dem bereits erwähnten Simulated Annealing der einfache Bergsteigeralgorithmus (Hill-Climbing), den wir im Folgenden beschreiben. Darauf aufbauend erwähnen wir kurz die Funktionsweise einer Tabusuche (Glover (1989), Glover (1990)) und von Ejection-Chains (Glover und Rego (2006)).

Definition 9.2 (Nachbarschaft)
Gegeben sei ein Optimierungsproblem (z.B. ein Ablaufplanungsproblem). Weiter sei eine Funktion gegeben, die jeder zulässigen Lösung S eine Menge von zulässigen Lösungen zuordnet. Dann heißt diese Menge <u>Nachbarschaft von S</u> und ein Element dieser Menge wird <u>Nachbar von S</u> genannt.

Beispiel 9.3

Gegeben sei ein Einmaschinen-Ablaufplanungsproblem $1|\beta|\gamma$. S sei ein zugehöriger Ablaufplan. Eine Nachbarschaft könnte z.b. alle Ablaufpläne enthalten, die sich ausgehend von S durch Vertauschen zweier benachbarter Aufträge ergeben. Sei $S = (1, 2, 3, \ldots, n-1, n)$, so gibt es $n-1$ Nachbarlösungen (sofern diese nicht durch β eingeschränkt sind) $(2, 1, 3, 4, \ldots, n-1, n)$, $(1, 3, 2, 4, \ldots, n-1, n)$, $\ldots$, sowie $(1, 2, 3, 4, \ldots, n, n-1)$
Eine andere mögliche Nachbarschaft wären alle Ablaufpläne, die sich durch Vertauschen zweier beliebiger Aufträge ergeben.

Durch die Definition einer derartigen Nachbarschaft ergibt sich unmittelbar ein intuitives Verfahren.

Algorithmus 19 (Bergsteigeralgorithmus – Hill-Climbing):

1. **Initialisierung:** Bestimme mittels einer Prioritätsregel eine Startlösung S.

2. **Nachbarschaftssuche:** Sei S' die Lösung aus der Nachbarschaft von S mit dem besten Zielfunktionswert.

3. **Stoppkriterium:** Hat S' einen besseren Zielfunktionswert als S, so setze $S = S'$ und gehe zu Schritt 2. Sonst stopp.

Der Nachteil des Bergsteigeralgorithmus ist, dass er einem lokalen Optimum nicht entweichen kann. Diesem Nachteil versuchen die Tabusuche und das Ejection-Chain-Verfahren entgegenzuwirken. Der dritte Schritt des Bergsteigeralgorithmus wird derart abgewandelt, dass S' selbst dann als neue Lösung akzeptiert wird, wenn sich dadurch der Zielfunktionswert verschlechtert. Damit man in der nächsten Iteration nicht direkt zur vorherigen Lösung zurückkehrt, wird die entsprechende Veränderung der Lösung „tabu" gesetzt. Bei der Tabusuche bleibt eine derartige Veränderung eine bestimmte Anzahl von Iterationen tabu. Bei dem Ejection-Chain-Verfahren werden sukzessive alle Veränderungen tabu gesetzt und unter den in dieser Kette gefundenen Lösungen wird die beste als neue Lösung akzeptiert. Eine erste Anwendung von Ejection Chains auf Job Shops findet sich bei Dorndorf und Pesch (1994).

Exakte Verfahren

Exakte Lösungsverfahren spielen ob der häufig sehr komplexen Problemstellungen in der Praxis eine eher untergeordnete Rolle. Nichtsdestotrotz ist ihr Einsatz bei greifbaren Problemstellungen, bei denen zudem selbst ein marginaler Zielfunktionsgewinn von hoher Bedeutung ist, unverzichtbar.

Die zwei bekanntesten, allgemein anwendbaren, exakten Verfahren sind die Dynamische Programmierung und Branch-and-Bound. Wir betrachten nur letzteres Verfahren. Branch-and-Bound basiert auf der Idee, dass das Durchsuchen sämtlicher Ablaufpläne irgendwann zwangsläufig auch den optimalen Ablaufplan zum Vorschein bringt. Da die Anzahl aller Ablaufpläne in der Regel extrem groß ist (z.B. gibt es bei $1||\gamma$ insgesamt $n!$ Ablaufpläne), werden Mengen von Ablaufplänen nicht betrachtet, in denen das Optimum ausgeschlossen werden kann (das sogenannte Beschränken oder Bounding). Um tatsächlich sämtliche Ablaufpläne abzudecken, wird das Ursprungsproblem in einer Fallunterscheidung in mehrere kleinere Probleme zerteilt (das sogenannte Verzweigen oder Branching).

Wir gehen wie bisher davon aus, dass das Branch-and-Bound-Verfahren auf eine Problemstellung mit zu minimierender Zielfunktion angewendet wird.

Algorithmus 20 (Branch-and-Bound):

1. **Initialisierung:** Bestimme mittels einer Heuristik eine zulässige Lösung und speichere diese als beste Lösung. Der Zielfunktionswert $f^{(UB)}$ ist eine obere Schranke (upper bound) des optimalen Zielfunktionswertes.

2. **Verzweige:** Teile das Problem in Teilprobleme auf. Führe für jedes Teilproblem Schritt 3 aus.

3. **Beschränke:** Ermittle für das Teilproblem eine untere Schranke $f^{(LB)}$ (lower bound) des Zielfunktionswertes. Falls $f^{(LB)} \geq f^{(UB)}$, so kann dieses Teilproblem keine verbesserte Lösung liefern und muss nicht weiter betrachtet werden. Falls $f^{(LB)} < f^{(UB)}$, so gehe zu Schritt 4.

4. **Iteration:** Löse das Teilproblem exakt (z.B. durch Anwenden von Branch-and-Bound auf dieses Problem). Führt dieses Teilproblem

zu einer Lösung mit Zielfunktionswert $f < f^{(UB)}$, so speichere diese Lösung als beste Lösung und setze $f^{(UB)} := f$.

Diese sehr allgemeine Beschreibung bedarf natürlich in jedem Einzelfall einer genauen Spezifizierung. Die Heuristik in Schritt 1 muss gewählt werden, und es gilt zu klären, wie ein Problem aufgeteilt wird und wie die untere Schranke eines Teilproblems zu berechnen ist.

Das Verzweigen geschieht in Ablaufplanungsproblemen in der Regel derart, dass eine Fallunterscheidung vorgenommen wird, welcher Auftrag auf einer Maschine als erstes durchgeführt werden soll (natürlich funktioniert es auch, nach dem letzten Auftrag auf einer Maschine zu verzweigen, was in manchen Fällen sehr sinnvoll ist).

Das Bestimmen einer unteren Schranke kann dagegen nur problemspezifisch geschehen. Allgemein wird versucht, ein relaxiertes Problem zu lösen. Das bedeutet, dass das Problem vereinfacht wird (z.B. durch Weglassen einer Nebenbedingung) und dann leichter lösbar ist.

Beispiel 9.4 ($1|r_j|L_{\max}$)
Das Problem $1|r_j|L_{\max}$ ist bekanntlich NP-schwer. Als Startlösung könnte der mittels Prioritätsregel (sortiere nach Ankunftszeiten) ermittelte Ablaufplan herangezogen werden.

Das Problem $1|r_j, pmtn|L_{\max}$, das in polynomieller Zeit lösbar ist, ist eine Relaxierung von $1|r_j|L_{\max}$. Dabei wird die Nebenbedingung, dass ein Auftrag nicht unterbrochen werden darf, aufgehoben. Da jeder Ablaufplan von $1|r_j|L_{\max}$ auch als Ablaufplan für $1|r_j, pmtn|L_{\max}$ verwendet werden kann, ist der optimale Ablaufplan von $1|r_j|L_{\max}$ niemals besser als der von $1|r_j, pmtn|L_{\max}$.

Durch diese Spezifizierungen lässt sich die Instanz

j	1	2	3	4
p_j	4	5	2	3
r_j	0	1	2	5
d_j	11	10	9	8

wie folgt lösen:

Die Startlösung $(1, 2, 3, 4)$ liefert einen Zielfunktionswert von $L_{\max}^{(UB)} = 6$. Die Lösung des relaxierten Problems (siehe den Hinweis auf Seite 64 zum

9.2. Metastrategien

Algorithmus 6) liefert $L_{\max}^{(LB)} = 3$, so dass der optimale Wert zwischen 3 und 6 liegen muss. Zur weiteren Untersuchung wird das Problem verzweigt, indem der erste Auftrag festgelegt wird.

1. **Fall:** Als erstes wird Auftrag 1 eingeplant: $(1, \cdot, \cdot, \cdot)$
   Das relaxierte Problem, das nun Auftrag 1 komplett als erstes ausführt und die restlichen Aufträge mit Unterbrechungen ausführen darf, führt zu einem Zielfunktionswert von $L_{\max}^{(LB)} = 4$. Das Problem muss also weiter verzweigt werden.

   Fall 1.1: Als zweites wird Auftrag 2 eingeplant: $(1, 2, \cdot, \cdot)$
   In diesem Fall liefert das relaxierte Problem den Ablaufplan $(1, 2, 4, 3)$ mit Zielfunktionswert $L_{\max}^{(LB)} = 5$. Es ist zu beachten, dass bei diesem Ablaufplan kein Auftrag unterbrochen ist. Daher haben wir eine verbesserte Lösung gefunden, speichern $(1, 2, 4, 3)$ als neue beste Lösung und setzen $L_{\max}^{(UB)} = 5$.

   Fall 1.2: Als zweites wird Auftrag 3 eingeplant: $(1, 3, \cdot, \cdot)$
   Das relaxierte Problem liefert $(1, 3, 4, 2)$ mit Zielfunktionswert $L_{\max}^{(LB)} = 4$. Diese Ablaufplan bedarf ebenfalls keiner Unterbrechung, so dass er als neue beste Lösung gewählt werden kann und $L_{\max}^{(UB)} = 4$ gesetzt wird.

   Fall 1.3: Der verbleibende Fall (als zweites wird Auftrag 4 eingeplant) muss nicht mehr betrachtet werden, da wir für den gesamten Fall 1 bereits $L_{\max}^{(LB)} = 4$ ermitteln konnten. Die Lösung lässt sich also nicht weiter verbessern.

2. **Fall:** Als erstes wird Auftrag 2 eingeplant: $(2, \cdot, \cdot, \cdot)$
   Beachte, dass Auftrag 2 erst zum Zeitpunkt 1 beginnen darf. Das relaxierte Problem liefert $L_{\max}^{(LB)} = 4 \geq L_{\max}^{(UB)} = 4$ und muss nicht weiter betrachtet werden.

3. **Fall:** Als erstes wird Auftrag 3 eingeplant: $(3, \cdot, \cdot, \cdot)$
   Das relaxierte Problem liefert $L_{\max}^{(LB)} = 5 \geq L_{\max}^{(UB)} = 4$ und muss nicht weiter betrachtet werden.

4. **Fall:** Als erstes wird Auftrag 4 eingeplant: $(4, \cdot, \cdot, \cdot)$
   Das relaxierte Problem liefert $L_{\max}^{(LB)} = 8 \geq L_{\max}^{(UB)} = 4$ und muss nicht weiter betrachtet werden.

Der optimale Ablaufplan ist also $(1, 3, 4, 2)$ mit Zielfunktionswert 4.

Beispiel 9.5 $(1||\sum T_j)$
Wir gehen wieder davon aus, dass die Startlösung durch eine Prioritätsregel (hier Lieferterminregel, EDD) erzeugt wird. Das Berechnen einer unteren Schranke kann wie folgt durchgeführt werden.

Betrachten wir folgende Variante des ursprünglichen Problems: Angenommen, wir „verschieben" den Fälligkeitszeitpunkt eines Auftrags um einige Zeiteinheiten nach hinten. Durch diese Änderung kann sich der optimale Zielfunktionswert natürlich nicht verschlechtern und wir erhalten eine untere Schranke. Sei d der späteste Fälligkeitszeitpunkt aller noch nicht eingeplanten Aufträge. Wenn wir nun die Fälligkeitszeitpunkte aller noch nicht eingeplanten Aufträge auf d verschieben, erhalten wir eine Instanz des Problems $1|d_j = d|\sum T_j$, das sich leicht mittels der SPT-Regel lösen lässt (Satz 4.13). Wir nutzen diese Schranke in folgender Instanz.

j	1	2	3	4
p_j	12	8	15	9
d_j	16	26	25	27

Da noch kein Auftrag fest eingeplant ist, wird $d = 27$ gewählt. Einplanen der Aufträge nach der SPT-Regel führt dann zu $C_1 = 29$, $C_2 = 8$, $C_3 = 44$ und $C_4 = 17$ und zu der unteren Schranke $(\sum T_j)^{(LB)} = 19$.

Die zulässige Startlösung nach der Lieferterminregel $(1, 3, 2, 4)$ führt zu einem Zielfunktionswert $(\sum T_j)^{(UB)} = 28$.

Als Verzweigungsregel bietet es sich hier an, das Festlegen der Aufträge vom Ende her zu gestalten. Das hat zwei Gründe. Zum einen ist das Vorgehen relativ einfach möglich, da der Zeitpunkt der Fertigstellung aller Aufträge in dieser Problemstellung unabhängig vom Ablaufplan ist ($C_{\max} = \sum p_j = 44$). Im Beispiel 9.4 war das nicht der Fall. Zum anderen können sehr schnell viele Fälle bei der Beschränkung ausgeschlossen werden. Wird z.B. Auftrag 1 als letztes eingeplant, erhält dieser Auftrag auf Grund seines frühen Liefertermins sofort eine große Verspätung.

1. Fall: Auftrag 1 wird als letztes eingeplant: $(\cdot, \cdot, \cdot, 1)$
Allein die Terminverspätung von Auftrag 1 ($T_1 = C_1 - d_1 = 44 - 16 = 28$) führt dazu, dass dieses Teilproblem keine verbesserte Lösung liefern kann.

2. Fall: Auftrag 2 wird als letztes eingeplant: $(\cdot, \cdot, \cdot, 2)$
Auftrag 2 hat eine Verspätung von $T_2 = 18$. Berechnung der unteren

9.2. Metastrategien

Schranke für die restlichen Aufträge: $d = 27$. Einsortieren nach SPT-Regel führt zu $T_4 = 0$, $T_1 = 0$, $T_3 = 9$. Somit erhalten wir die untere Schranke $(\sum T_j)^{(LB)} = 18 + 9 = 27$ und müssen weiter verzweigen.

Fall 2.1: Auftrag 1 wird als vorletztes eingeplant: $(\cdot, \cdot, 1, 2)$
$T_1 = 20$, $T_2 = 18$. $T_1 + T_2 = 38 \geq (\sum T_j)^{(UB)} = 28$

Fall 2.2: Auftrag 3 wird als vorletztes eingeplant: $(\cdot, \cdot, 3, 2)$
$T_3 = 11$, $T_2 = 18$. $T_3 + T_2 = 29 \geq (\sum T_j)^{(UB)} = 28$

Fall 2.3: Auftrag 4 wird als vorletztes eingeplant: $(\cdot, \cdot, 4, 2)$
$T_4 = 9$, $T_2 = 18$. Die untere Schranke liefert mit $d = 25$ nun $T_1 = 0$ und $T_3 = 2$. Somit gilt $(\sum T_j)^{(LB)} = 9 + 18 + 2 = 29 \geq (\sum T_j)^{(UB)} = 28$

3. Fall: Auftrag 3 wird als letztes eingeplant: $(\cdot, \cdot, \cdot, 3)$
Es gilt $T_3 = 19$. Die untere Schranke liefert mit $d = 27$ nun $T_2 = 0$, $T_4 = 0$ und $T_1 = 2$. $(\sum T_j)^{(LB)} = 21$. Es wird weiter verzweigt.

Fall 3.1: Auftrag 1 wird als vorletztes eingeplant: $(\cdot, \cdot, 1, 3)$
$T_3 = 19$, $T_1 = 13$. $T_1 + T_3 = 32 \geq (\sum T_j)^{(UB)} = 28$

Fall 3.2: Auftrag 2 wird als vorletztes eingeplant: $(\cdot, \cdot, 2, 3)$
$T_3 = 19$, $T_2 = 3$. Die untere Schranke liefert mit $d = 27$ nun $T_4 = 0$ und $T_1 = 0$. $(\sum T_j)^{(LB)} = 22$. Es wird weiter verzweigt.

Fall 3.2.1: Auftr. 1 wird als drittletztes eingeplant: $(4, 1, 2, 3)$ Zielfunktionswert 27. Neue beste Lösung! $(\sum T_j)^{(UB)} = 27$

Fall 3.2.2: Auftr. 4 wird als drittletztes eingeplant: $(1, 4, 2, 3)$ Zielfunktionswert 22. Neue beste Lösung! $(\sum T_j)^{(UB)} = 22$

Fall 3.3: Auftrag 4 wird als vorletztes eingeplant: $(\cdot, \cdot, 4, 3)$
$T_3 = 19$, $T_4 = 2$. Die untere Schranke liefert mit $d = 26$ nun $T_2 = 0$ und $T_1 = 0$. $(\sum T_j)^{(LB)} = 21$. Es wird weiter verzweigt.

Fall 3.3.1: Auftr. 1 wird als drittletztes eingeplant: $(2, 1, 4, 3)$ Zielfunktionswert 25. Keine verbesserte Lösung!

Fall 3.3.2: Auftr. 2 wird als drittletztes eingeplant: $(1, 2, 4, 3)$ Zielfunktionswert 21. Neue beste Lösung! $(\sum T_j)^{(UB)} = 21$

9.2. Metastrategien

4. Fall: Auftrag 4 wird als letztes eingeplant: $(\cdot, \cdot, \cdot, 4)$
Es gilt $T_4 = 17$. Die untere Schranke liefert mit $d = 26$ nun $T_2 = 0$, $T_1 = 0$ und $T_3 = 10$. Somit gilt $(\sum T_j)^{(LB)} = 10 + 17 = 27 \geq (\sum T_j)^{(UB)} = 21$

Der optimale Ablaufplan ist also $(1, 2, 4, 3)$ mit Zielfunktionswert 21.

A. Aufgabensammlung

Die in dem Buch vorgestellten Inhalte, insbesondere die Algorithmen, können nur durch selbständiges Einüben verinnerlicht werden. Entsprechend wird im Folgenden für jeden ausführlich dargestellten Algorithmus mindestens eine Übungsaufgabe nebst Lösung präsentiert. An dieser Stelle sei erwähnt, dass der Leser sich durch Abwandlung von Zahlen, Hinzufügen und Entfernen von Aufträgen und weiteren möglichen Veränderungen problemlos zusätzliche Übungsaufgaben generieren kann. Es kann zwar passieren, dass eine derartig generierte Aufgabe nicht mehr zu einem sinnvollen Ergebnis führt oder der entsprechende Algorithmus sogar nicht mehr auf die Aufgabe anwendbar ist. Dies ist aber nur vordergründig ein Nachteil. Vielmehr ist es so, dass gerade solche Aufgaben ein tieferes Verständnis der Problemstellung, der Anwendbarkeit der Algorithmen und der Funktionsweise der Algorithmen fördern. Entsprechend empfehlen wir die Verfahren an selbst erzeugten Aufgaben so lange einzüüben, bis die Sicherheit vorliegt, diese korrekt gelöst zu haben.

Aufgabe 1:
Ergänzen Sie die in der Einleitung (Seite 9) begonnene Liste von möglichen Ressourcen-Auftrags-Kombinationen, die die genannten Annahmen erfüllen. Finden Sie mindestens fünf weitere Beispiele.

Aufgabe 2:
Gegeben sei eine Maschine, auf der n Aufträge durchgeführt werden müssen. Ein Auftrag $j \in \{1, \ldots, n\}$ hat Bearbeitungszeit p_j, und C_j sei der Zeitpunkt, an dem der Auftrag fertiggestellt wird. Wie müssen die Aufträge angeordnet werden, so dass die Summe der Fertigstellungszeitpunkte $\sum_{j=1}^{n} C_j$ minimal ist? Begründen Sie die Optimalität Ihrer Lösung.

Aufgabe 3:
Führen Sie den Algorithmus von Moore (Algorithmus 1) für folgendes Beispiel durch und zeichnen Sie den Ablaufplan anschließend mit Hilfe eines Gantt-Diagramms.

j	1	2	3	4	5	6	7	8	9
p_j	3	2	6	8	3	5	6	4	3
d_j	12	12	30	28	11	10	20	6	14

Tipp: Beachten Sie die notwendige Vorsortierung der Aufträge.

Aufgabe 4:
Beschreiben Sie die Ablaufplanungsprobleme aus Beispiel 1.1, Beispiel 1.3 und Aufgabe 2 mit Hilfe der Dreifeldnotation.

Aufgabe 5:
Geben Sie mit Hilfe der Dreifeldnotation fünf Ablaufplanungsprobleme an, die leicht lösbar sind (es dürfen auch triviale Problemstellungen sein). Wie sehen die optimalen Ablaufpläne aus?

Aufgabe 6:
Gegeben sei das Problem $1||\gamma$ mit 9 Aufträgen und folgenden Bearbeitungszeiten, Lieferterminen und Gewichten.

j	1	2	3	4	5	6	7	8	9
p_j	7	9	9	4	4	2	8	2	5
d_j	6	9	18	25	34	39	43	48	52
w_j	7	3	1	1	3	2	4	10	10

Weiter sei ein Ablaufplan mit $S(j) = j$ für alle $j \in \{1, \ldots, n\}$ gegeben.

a) Geben Sie für alle zehn im zweiten Kapitel genannten Ziele die in diesem Fall vorliegenden Zielfunktionswerte an.

b) Sei nun der Ablaufplan $S'(j) = n + 1 - j$ für alle $j \in \{1, \ldots, n\}$ gegeben (umgekehrte Reihenfolge). Geben Sie erneut alle Zielfunktionswerte an.

Aufgabe 7:
Betrachten Sie folgende Instanz des Ablaufplanungsproblems $P4||C_{\max}$:

j	1	2	3	4	5	6	7	8	9	10	11
p_j	1	3	3	8	8	8	8	12	13	14	22

Bestimmen Sie den optimalen Ablaufplan.

Aufgabe 8:
Vier Aufträge ($n = 4$) sind auf zwei Maschinen ($m = 2$) mit folgenden Bearbeitungszeiten auszuführen.

Anhang A. Aufgabensammlung

j	1	2	3	4
p_{1j}	11	14	5	4
p_{2j}	6	11	1	12

Bestimmen Sie für alle Maschinen optimale Sequenzen und geben Sie den Zielfunktionswert für die folgenden Probleme an:

a) $F2|prmu|C_{\max}$

b) $F2|nwt|C_{\max}$

c) $O2||C_{\max}$

d) $J2||C_{\max}$
  Hierbei müssen Aufträge 1 und 4 als erstes auf Maschine 1 bearbeitet werden und Aufträge 2 und 3 müssen zuerst auf Maschine 2 bearbeitet werden.

Aufgabe 9:
Betrachten Sie folgendes (bisher nicht erwähntes) Ziel eines Ablaufplans. $\sum L_j$, die Summe der Verspätungen. Zeigen Sie, dass eine Lösung, die $\sum L_j$ minimiert, auch $\sum C_j$ minimiert (und umgekehrt).

Aufgabe 10 (siehe Pinedo (2016), Seite 67):
Für das Problem $1||L_{\max}$ lässt sich folgendes Verfahren anwenden. Zu jedem Zeitpunkt t, wenn die Maschine zur Verfügung steht (ganz zu Beginn ($t = 0$) und jeweils nach Beendigung eines Auftrags) wird der Auftrag als nächstes gewählt, bei dem der Wert

$$\max\{0, d_j - p_j - t\}$$

minimal ist (sogenannte „Minimaler-Schlupf-Regel"). Zeigen Sie mit Hilfe eines Gegenbeispiels, dass der so gefundene Ablaufplan nicht zwingend optimal ist.

Aufgabe 11:
Wir betrachten erneut das Problem $1||L_{\max}$, wobei wir stets von $p_j \in \mathbb{N}$ für alle $j \in \{1, \ldots, n\}$ ausgehen.

a) Formulieren Sie das Problem als Entscheidungsproblem.

b) Angenommen wir betrachten eine Instanz, bei der die Summe aller Bearbeitungszeiten 128 ist. Der Auftrag mit dem frühesten Liefertermin hat seinen Liefertermin bereits zum Zeitpunkt 1. Geben Sie eine untere und eine obere Schranke für den optimalen Zielfunktionswert an.

c) Angenommen, Sie möchten das Optimierungsproblem aus b) mit Hilfe der sukzessiven Anwendung des Entscheidungsproblems aus a) lösen. Geben Sie an, wie die Zielwerte des Entscheidungsproblems zu wählen sind, so dass sich das Optimierungsproblem mit der Durchführung möglichst weniger Entscheidungsprobleme lösen lässt.

Aufgabe 12:
Betrachten Sie folgendes Entscheidungsproblem:

INSTANZ: Gegeben zwei ganze Zahlen $a, b \in \mathbb{Z}$.

FRAGE: Ist $a \leq b$?

a) Modellieren Sie dieses Problem mit Hilfe einer formalen Sprache, indem Sie das Alphabet und die Sprache angeben.

b) Gehen wir nun davon aus, dass $a, b \in \{1, 2, 3\}$. Geben Sie für diese Problemstellung erneut ein passendes Alphabet an, geben Sie die Menge der Wörter auf diesem Alphabet an (beschränken Sie sich auf Wörter mit genau 3 Symbolen) und geben Sie alle Elemente der Sprache an.

Aufgabe 13:
Betrachten Sie folgende Turingmaschine auf dem Alphabet der Dezimalziffern und zusätzlichem Trennsymbol ($\Sigma = \{0, 1, \ldots, 9, ;\}$). Es gebe folgende Zustände $Q = \{q_0, q_1, q_2, q_3, q_Y, q_N\}$ und die folgende Übergangsfunktion δ, die als Eingabe einen Zustand q_i und ein Symbol γ erhält.

	$\gamma=$			
	0	1,2,…,9	;	$\square$
q_0	$(q_0, 0, \rightarrow)$	$(q_0, \gamma, \rightarrow)$	$(q_0, ;, \rightarrow)$	$(q_1, \square, \leftarrow)$
q_1	$(q_1, 9, \leftarrow)$	$(q_2, \gamma - 1, \leftarrow)$	$(q_N, ;, \leftarrow)$	$(q_N, \square, \leftarrow)$
q_2	$(q_2, 0, \leftarrow)$	$(q_2, \gamma, \leftarrow)$	$(q_3, ;, \leftarrow)$	$(q_N, \square, \leftarrow)$
q_3	$(q_3, 9, \leftarrow)$	$(q_0, \gamma - 1, \rightarrow)$	$(q_N, ;, \leftarrow)$	$(q_Y, \square, \rightarrow)$

a) Vollziehen Sie die Rechenschritte der Maschine für die Eingabe 101; 2 nach, indem Sie in jedem Schritt die aktuellen Werte des Speicherstreifens, den Zustand und die Position des Schreib-Lese-Kopfes angeben.

b) Welcher Endzustand wird erreicht, wenn die Eingabe 1; 2 ist?

c) Welcher Endzustand wird erreicht, wenn die Eingabe 1; 1 ist?

d) Beschreiben Sie (kurz), welche Bedeutung die Zustände haben.

e) Welches Entscheidungsproblem löst diese Maschine?

f) Wie viele Schritte benötigt die DTM maximal, wenn die Anzahl der Eingabesymbole

- gleich 1 ist,
- gleich 3 ist.

g) Ist die Laufzeit der DTM polynomiell oder exponentiell?

h) Wie ließe sich die DTM (noch) verbessern?

Aufgabe 14:
Wir betrachten eines der bekanntesten NP-vollständigen Probleme, das sogenannte Partitionsproblem (Garey und Johnson (1979)):

INSTANZ: Gegeben sei eine Menge A und für jedes Element $a \in A$ die „Größe" dieses Elements $p_a \in \mathbb{N}$.

FRAGE: Gibt es eine Teilmenge $A' \subset A$, so dass

$$\sum_{a \in A'} p_a = \sum_{a \in A \setminus A'} p_a?$$

Es soll also eine Teilmenge gewählt werden, so dass die Summe der Größen der Elemente genau der Summe der Größen der verbleibenden Elemente entspricht.

Zeigen Sie, dass sich das Partitionsproblem auf $P2||C_{\max}$ reduzieren lässt. Nehmen Sie dazu an, dass es einen Lösungsweg (z.B. eine DTM) für $P2||C_{\max}$ gibt. Zeigen sie, dass sich jede Instanz des Partitionsproblems mit Hilfe dieses Lösungsweges lösen lässt, indem die Instanz in eine Instanz des Problems $P2||C_{\max}$ umgewandelt wird.

Aufgabe 15:
Bei dem Zuordnungsproblem soll jedes der n Elemente einer Menge A einem der n Elemente einer Menge B zugeordnet werden. Wird ein Element $j \in A$ einem Element $k \in B$ zugeordnet, so entstehen Kosten in Höhe von c_{jk}. Gesucht ist die Zuordnung, bei der die Gesamtkosten möglichst gering sind.

a) Zeigen Sie, dass sich das Problem $1|p_j = 1|\sum w_j T_j$ als Zuordnungsproblem formulieren lässt. Überlegen Sie sich dazu insbesondere, in welcher Weise bei $1|p_j = 1|\sum w_j T_j$ eine Zuordnung stattfinden könnte und wie die entsprechenden Mengen A und B dann aussehen.

b) Das Zuordnungsproblem liegt in P. Welche Aussage ist durch die Bearbeitung von Aufgabenteil a) nun über $1|p_j = 1|\sum w_j T_j$ möglich?

Aufgabe 16:
Gegeben seien die folgenden sieben Aufträge mit zugehörigen Bearbeitungszeiten und Gewichten.

j	1	2	3	4	5	6	7
p_j	6	7	4	4	9	4	20
w_j	12	6	0	4	7	7	19

Gehen Sie davon aus, dass Sie nur eine Maschine zur Verfügung haben und die gewichtete Durchlaufzeit minimieren möchten ($1||\sum w_j C_j$). Geben Sie die optimale Reihenfolge der Aufträge sowie den Zielfunktionswert an.

Aufgabe 17:
Lösen Sie die folgende Instanz des Problems $1|r_j|C_{\max}$ und zeichnen Sie einen optimalen Ablaufplan als Gantt-Diagramm.

j	1	2	3	4	5	6	7
p_j	3	6	6	5	4	8	9
r_j	0	16	8	12	0	20	25

Aufgabe 18:
Lösen Sie die folgende Instanz des Problems $1|prec|C_{\max}$ und zeichnen Sie einen optimalen Ablaufplan als Gantt-Diagramm. (Die angegebenen Liefertermine sind für die nächste Aufgabe von Bedeutung)

j	1	2	3	4	5	6	7
p_j	3	6	6	5	4	8	9
d_j	36	28	22	20	35	44	30

Dabei gibt es folgende Vorrangbeziehungen: $1 \to 6$ (Auftrag 6 darf erst starten, wenn Auftrag 1 beendet ist), $2 \to 1$, $2 \to 7$, $3 \to 1$, $3 \to 5$, $3 \to 6$, $4 \to 3$, $7 \to 1$, $7 \to 5$

Anhang A. Aufgabensammlung

Aufgabe 19:
Betrachten Sie erneut die Zahlenwerte aus Aufgabe 18. Lösen Sie die dortige Instanz des Problems $1|prec|L_{\max}$ und geben Sie den Zielfunktionswert an.

Aufgabe 20:
Gegeben sei folgende Instanz des Problems $1||\sum w_j U_j$.

j	1	2	3	4	5	6	7
p_j	3	7	8	8	10	10	12
w_j	12	12	8	7	7	6	3
d_j	21	10	25	23	30	33	20

a) Überprüfen Sie zunächst, ob die Bearbeitungszeiten und Gewichte in den Aufgaben 6 und 16 abgestimmt (agreeable) sind.

b) Zeigen Sie, dass in dieser Aufgabe abgestimmte Bearbeitungszeiten und Gewichte (agreeable) vorliegen.

c) Lösen Sie diese Instanz des Problems $1||\sum w_j U_j$ und geben Sie den Zielfunktionswert an.

Aufgabe 21:
Für das Problem $1|p_j = p|\sum Y_j$ sei die folgende Instanz gegeben. Es gelte $p_j = p = 7$ und die in der Tabelle angegebenen Liefertermine.

j	1	2	3	4	5	6
d_j	8	9	11	15	25	40

Lösen Sie diese Instanz des Problems, indem Sie Algorithmus 5 anwenden.

Aufgabe 22:
Die Aufträge einer Instanz des Problems $1|p_j = p|\sum Y_j$ seien derart sortiert, dass $d_1 \leq \ldots \leq d_n$ gelte.

a) Ihnen sei der Wert u aus Algorithmus 5 bekannt (aber nicht $T_{\max}$ und p). Überlegen Sie sich allgemein für einen Auftrag j, wie groß T_j in Abhängigkeit von u maximal sein kann. Bestimmen Sie anschließend, wie groß C_j ist. Geben Sie dann allgemein für Auftrag j an, wie groß d_j mindestens sein muss.

b) Nutzen Sie Ihr Wissen aus Aufgabenteil a), um eine Aussage darüber zu treffen, wie groß der Zielfunktionswert der Lösung $(u+1, u+2, \ldots, n, 1, 2, \ldots, u)$ maximal sein kann.

c) Erzeugen Sie eine Instanz des Problems mit $n = 4$, $p = 5$ und $u = 2$, so dass die Lösungen $(u, u+1, \ldots, n, 1, 2, \ldots, u-1)$ und $(u+1, u+2, \ldots, n, 1, 2, \ldots, u)$ den gleichen Zielfunktionswert haben.

Aufgabe 23:
Betrachten Sie die folgende Instanz des Problems $1|p_j = p| \sum w_j Y_j$, in der $p_j = p = 4$ angenommen wird.

j	1	2	3	4	5	6
d_j	6	8	9	15	17	21
w_j	2	5	3	2	5	4

Stellen Sie die Kostenmatrix für das zugehörige Zuordnungsproblem auf. Bestimmen Sie anschließend die optimale Lösung, indem Sie sich überlegen, wie groß der optimale Zielfunktionswert mindestens sein muss, und versuchen eine Lösung mit diesem Zielfunktionswert zu finden.

Aufgabe 24:
Lösen Sie die folgende Instanz des Problems $1|r_j, pmtn| \sum C_j$ und zeichnen Sie einen optimalen Ablaufplan als Gantt-Diagramm. (Die angegebenen Liefertermine sind für die nächste Aufgabe von Bedeutung.)

j	1	2	3	4	5	6	7
p_j	5	6	6	5	10	8	9
r_j	0	16	8	12	0	20	25
d_j	35	25	20	18	30	31	49

Aufgabe 25:
Betrachten Sie erneut die Zahlenwerte aus Aufgabe 24. Lösen Sie die dortige Instanz des Problems $1|r_j, pmtn|L_{\max}$ und zeichnen Sie einen optimalen Ablaufplan als Gantt-Diagramm.

Aufgabe 26:
Lösen Sie die folgende Instanz des Problems $1|pmtn| \sum Y_j$ und zeichnen Sie einen optimalen Ablaufplan als Gantt-Diagramm.

j	1	2	3	4
p_j	8	10	3	4
d_j	10	12	16	20

Aufgabe 27:
Nutzen Sie Algorithmus 8 zur Lösung der folgenden Instanz des Problems $1|pmtn|\sum w_j Y_j$.

j	1	2	3	4
p_j	6	7	6	6
w_j	4	2	5	3
d_j	5	10	15	20

Zeichnen Sie einen optimalen Ablaufplan als Gantt-Diagramm und geben Sie den Zielfunktionswert explizit an.

Aufgabe 28:
Geben sei folgende Instanz des Problems $1|r_j, pmtn|\sum Y_j$.

j	1	2	3	4	5
p_j	5	10	8	3	4
r_j	14	10	3	0	0
d_j	20	25	14	14	7

Bestimmen Sie einen optimalen Ablaufplan, indem Sie Algorithmus 9 anwenden. Zeichnen Sie diesen als Gantt-Diagramm.

Aufgabe 29:
Lösen Sie die folgende Instanz des Problems $1|r_j, pmtn|\sum w_j Y_j$.

j	1	2	3	4
p_j	6	20	4	6
r_j	10	4	13	0
d_j	18	28	25	15
w_j	4	3	2	1

Für $j = 2$ genügt es, wenn Sie das Hilfsproblem durch „genaues Hinschauen" lösen. Stellen Sie für $j = 2$ und $j = 3$ das Hilfsproblem explizit auf und nutzen Sie die Lösung des Hilfsproblems für $j = 3$, um die optimale Lösung in einem Gantt-Diagramm darzustellen. Geben Sie den Zielfunktionswert der optimalen Lösung an.

Aufgabe 30 (siehe Pinedo (2016), Seite 144):
Betrachten Sie das Problem $P6||C_{\max}$ mit folgenden 13 Aufträgen.

j	1	2	3	4	5	6	7	8	9	10	11	12	13
p_j	6	6	6	7	7	8	8	9	9	10	10	11	11

Finden Sie einen Ablaufplan mittels der LPT-Regel und bestimmen Sie einen optimalen Ablaufplan.

Aufgabe 31:
Geben Sie eine Instanz für das Problem $P4||C_{\max}$ an, bei der die LPT-Regel die maximale Abweichung vom Optimum annimmt (Satz 5.5). Zeichnen Sie jeweils ein Gantt-Diagramm, das den Ablaufplan der LPT-Regel und den optimalen Ablaufplan darstellt.

Aufgabe 32:
Wir betrachten erneut die Zahlenwerte aus Aufgabe 30. Bestimmen Sie jeweils einen optimalen Ablaufplan für die folgenden Probleme und zeichnen Sie diese als Gantt-Diagramme.

a) $P6|pmtn|C_{\max}$
b) $P8|pmtn|C_{\max}$
c) $P10|pmtn|C_{\max}$

Tipp: Beachten Sie, welche Nummerierung der Aufträge zur Lösung dieser Probleme vorausgesetzt wird.

Aufgabe 33:
Lösen Sie das Problem $P6||\sum C_j$, wieder ausgehend von den Zahlenwerten aus Aufgabe 30. Zeichnen Sie ein Gantt-Diagramm und geben Sie den Zielfunktionswert an.

Aufgabe 34:
Gegeben sei die folgende Instanz des Problems $P4||\sum w_j C_j$:

j	1	2	3	4	5	6	7
p_j	3	6	6	5	4	8	9
w_j	0	6	4	2	2	7	4

a)   Lösen Sie das Problem mit der WSPT-Regel, zeichnen Sie den resultierenden Ablaufplan, und geben Sie den Zielfunktionswert an.

b)   Bestimmen Sie einen besseren als den in a) gefundenen Ablaufplan, zeichnen Sie diesen und geben Sie den Zielfunktionswert an.

Anhang A. Aufgabensammlung 157

Aufgabe 35:
Betrachten Sie folgende Instanz des Problems $F4|prmu|C_{\max}$, bei dem die Aufträge wie gewohnt die Maschinen in der Reihenfolge von 1 bis 4 zu durchlaufen haben. Gegeben sei der Ablaufplan $S(j) = j$ für alle $j \in \{1, 2, 3, 4, 5\}$.

j	1	2	3	4	5
p_{1j}	3	5	1	6	4
p_{2j}	6	3	0	6	9
p_{3j}	1	3	4	2	12
p_{4j}	4	6	3	9	1

Bestimmen Sie die Fertigstellungszeitpunkte C_{ij} für alle $i \in \{1, \ldots, 4\}$, $j \in \{1, \ldots, 5\}$, die Fertigstellungszeitpunkte C_j für alle $j \in \{1, \ldots, 5\}$ sowie den Zielfunktionswert.

Aufgabe 36:
Betrachten Sie folgende Instanz des Ablaufplanungsproblems $F2||C_{\max}$.

j	1	2	3	4	5	6	7	8
p_{1j}	3	5	3	4	2	4	3	8
p_{2j}	2	8	1	9	5	4	7	6

Lösen Sie das Problem mit Johnsons Algorithmus und geben Sie den Zielfunktionswert an.

Aufgabe 37:
In Ihrem Unternehmen werden in vier Arbeitsschritten Autoteile produziert. Jeder Arbeitsschritt wird auf einer anderen Maschine ausgeführt, die zu jedem Zeitpunkt nur ein Teil bearbeiten kann. Die Reihenfolge der Arbeitsschritte ist fest vorgegeben und für jedes Autoteil gleich. Allerdings gibt es Produkte, bei denen nicht jeder Arbeitsschritt ausgeführt werden muss. Aktuell sollen fünf Autoteile produziert werden. Die Bearbeitungszeiten der fünf Teile ($j = 1, \ldots, 5$) auf den vier Maschinen ($i = 1, \ldots, 4$) sind wie folgt gegeben.

j	1	2	3	4	5
p_{1j}	4	2	1	6	3
p_{2j}	5	0	2	3	1
p_{3j}	2	9	4	2	3
p_{4j}	6	0	3	1	4

Sie möchten nun die Bearbeitungsreihenfolge der Autoteile auf jeder Maschine festlegen, so dass alle Teile möglichst schnell fertig sind.

a) Benennen Sie die obige Problemstellung mit Hilfe der Dreifeldnotation.

b) Lösen Sie die Problemstellung mit dem Verfahren von Gonzalez und Sahni. Geben Sie zusätzlich sämtliche Fertigstellungszeitpunkte der Autoteile auf jeder Maschine an. Nennen Sie den Zielfunktionswert.

c) Lösen Sie die Problemstellung mit dem Verfahren von Röck und Schmidt. Geben Sie zusätzlich sämtliche Fertigstellungszeitpunkte der Autoteile auf jeder Maschine an. Nennen Sie den Zielfunktionswert.

d) Bestimmen Sie einen besseren als die bisher gefundenen Ablaufpläne.

e) Angenommen, die Reihenfolge der Aufträge müsste zusätzlich auf jeder Maschine gleich sein. Wie verändert sich dann der in c) gefundene Ablaufplan?

f) Nehmen wir nun an, dass ein Auftrag, nachdem er auf einer Maschine bearbeitet wurde, ohne zeitliche Verzögerung die Bearbeitung auf der nächsten Maschine beginnen muss. Wie verändert sich jetzt der in c) gefundene Ablaufplan?

Aufgabe 38:
Lösen Sie folgende Instanz des Problems $F4|prmu|C_{\max}$ mit dem für diese Problemstellung beschriebenen Verfahren. Geben Sie dazu die Fertigstellungszeitpunkte C_{ij} ($i = 1, 2, 3, 4$; $j = 1, 2, 3, 4, 5$) entweder explizit an, oder nutzen Sie ein Gantt-Diagramm zur Veranschaulichung. Geben Sie den Zielfunktionswert an.

j	1	2	3	4	5
p_{1j}	2	1	2	5	1
p_{2j}	4	5	2	3	1
p_{3j}	5	4	1	2	3
p_{4j}	2	2	4	1	5

Aufgabe 39:
Lösen Sie die folgende Instanz des Problems $F7|n = 2|C_{\max}$ mit dem Verfahren von Akers. Geben Sie den Zielfunktionswert an und zeichnen Sie den Ablaufplan als Gantt-Diagramm.

j	1	2
p_{1j}	5	3
p_{2j}	3	1
p_{3j}	2	1
p_{4j}	4	2
p_{5j}	5	3
p_{6j}	2	1
p_{7j}	5	3

Aufgabe 40:
Lösen Sie die folgende Instanz des Problems $J6|n=2|C_{\max}$ mit dem Verfahren von Akers. Geben Sie den Zielfunktionswert explizit an.

j	1	2
p_{1j}	4	2
p_{2j}	4	4
p_{3j}	3	3
p_{4j}	5	3
p_{5j}	2	1
p_{6j}	2	1

Auftrag 1 durchläuft die Maschinen in der Reihenfolge $(1,2,\ldots,6)$ und Auftrag 2 in der Reihenfolge $(3,2,4,1,6,5)$.

Aufgabe 41:
Wir betrachten eine Instanz des Problems $F3||C_{\max}$.

j	1	2	3	4
p_{1j}	2	4	2	6
p_{2j}	3	5	4	5
p_{3j}	8	3	5	3

Lösen Sie dieses Problem zwei Mal mit dem Verfahren von Giffler und Thompson. Wenden Sie dabei folgende Prioritäten an. Beachten Sie auch Bemerkung 7.2 (2).

a) LRPT (sollte diese Priorität in einem Schritt kein eindeutiges Ergebnis liefern, so wenden Sie in diesem Schritt die SPT-Regel an)

b) SPT

Aufgabe 42:
Lösen Sie diesmal mit den Zahlenwerten aus Aufgabe 41 das Problem $J3||C_{\max}$. Dabei müssen die Aufträge die Maschinen in folgender Reihenfolge durchlaufen (in der Matrix sind jeweils die Maschinennummern angegeben):

j	1	2	3	4
1. Maschine für Auftrag j	1	3	2	3
2. Maschine für Auftrag j	2	1	1	2
3. Maschine für Auftrag j	3	2	3	1

Nutzen Sie dazu das Verfahren von Giffler und Thompson mit folgenden Prioritäten.

a) LTT (sollte diese Priorität in einem Schritt kein eindeutiges Ergebnis liefern, so wenden Sie in diesem Schritt die LPT-Regel an)

b) FCFS (sollte diese Priorität in einem Schritt kein eindeutiges Ergebnis liefern, so wenden Sie in diesem Schritt die SPT-Regel an)

Geben Sie jeweils die Gesamtbearbeitungszeit an. Ermitteln Sie abschließend einen noch besseren Ablaufplan als die oben gefundenen.

Aufgabe 43:
Lösen Sie erneut das Problem $J3||C_{\max}$ aus Aufgabe 42, diesmal mit der Shifting-Bottleneck-Heuristik.

Aufgabe 44:
Lösen Sie das Problem $O2||C_{\max}$ mit den gleichen Zahlenwerten wie aus Aufgabe 36, indem Sie den zugehörigen Algorithmus anwenden.

Aufgabe 45:
Bei Algorithmus 17 wird in der Initialisierung zunächst der Auftrag mit der längsten Aufgabe eingeplant. Zeigen Sie, dass dieser Teil des Algorithmus zwingend erforderlich ist, damit eine optimale Lösung generiert wird.
Wandeln Sie den Algorithmus dazu derart ab, dass er ohne Initialisierung insgesamt $2n$ mal die Iteration durchläuft. Zeigen Sie mit Hilfe einer Instanz, dass der abgewandelte Algorithmus eine nicht-optimale Lösung liefern kann.

Aufgabe 46:
Lösen Sie das Problem $O4||C_{\max}$ für die folgenden Zahlenwerte mit dem dafür vorgestellten Verfahren.

j	1	2	3	4
p_{1j}	3	4	8	4
p_{2j}	3	2	1	2
p_{3j}	5	1	3	3
p_{4j}	8	1	5	4

Ist der gefundene Ablaufplan optimal? Wenn ja, begründen Sie, andernfalls geben Sie einen besseren Ablaufplan an.

Aufgabe 47:
Für die folgende Instanz des Problems $1||\sum T_j$ haben Sie die Lieferterminregel angewendet und die Auftragsreihenfolge $(1, 2, 3, 4)$ mit Zielfunktionswert $\sum T_j = 28$ erhalten.

j	1	2	3	4
p_j	4	15	8	9
d_j	8	17	18	19

Wenden Sie den Bergsteigeralgorithmus an, um den Ablaufplan zu verbessern.

a) Verwenden Sie die Nachbarschaft, die durch Vertauschen zweier benachbarter Aufträge entsteht.

b) Verwenden Sie die Nachbarschaft, die durch Vertauschen zweier beliebiger Aufträge entsteht.

Aufgabe 48:
Wenden Sie das Branch-and-Bound-Verfahren auf folgende Instanz des Problems $1|r_j|L_{\max}$ an.

j	1	2	3	4	5
p_j	6	3	10	5	3
r_j	0	5	8	11	15
d_j	29	30	21	31	20

Aufgabe 49:
Wenden Sie das Branch-and-Bound-Verfahren auf folgende Instanz des Problems $1||\sum T_j$ an.

j	1	2	3	4	5
p_j	6	1	12	5	3
d_j	17	21	16	22	20

B. Lösungen zu den Aufgaben

Aufgabe 1:
Selbstverständlich lässt sich die Liste schier endlos erweitern. Hier einige Beispiele:
- Hotelzimmer + Übernachtungsanfragen
- Sitzplätze im Zug + Fahrgäste
- Prozessor + auszuführende Programme
- Playstation + spielwillige Personen
- Schienenabschnitte + Züge
- Akkuschrauber + Schrauben
- Containerbrücke + Container

Aufgabe 2:
Die Aufträge sollten nach ihrer Bearbeitungszeit sortiert werden (SPT-Regel).

Angenommen ein Ablaufplan wäre optimal, bei dem mindestens ein Paar von Aufträgen in „falscher" Reihenfolge ist. Man kann sich leicht überlegen, dass es dann auch mindestens ein Paar von Aufträgen in „falscher" Reihenfolge geben muss, bei dem die Aufträge im Ablaufplan direkt aufeinanderfolgen. Wähle ein solches Paar von Aufträgen (j, j') mit $p_j > p_{j'}$ aus. Wenn S_j den Startzeitpunkt von j darstellt, so gilt $C_j = S_j + p_j$ und $C_{j'} = S_j + p_j + p_{j'}$. Werden die beiden Aufträge vertauscht, so ändern sich die Fertigstellungszeitpunkte aller anderen Aufträge offensichtlich nicht. Allerdings gilt dann $C_j = S_j + p_{j'} + p_j$ und $C_{j'} = S_j + p_{j'}$, so dass sich der Zielfunktionswert um $p_j - p_{j'}$ verringert. Widerspruch zu der Annahme, dass der Ablaufplan optimal sei.

Aufgabe 3:
Zunächst gilt es, die Aufträge aufsteigend nach Lieferterminen zu sortieren.

j	8	6	5	1	2	9	7	4	3
p_j	4	5	3	3	2	3	6	8	6
d_j	6	10	11	12	12	14	20	28	30

Auftrag 5 ist der früheste verspätete Auftrag. Unter den ersten drei Aufträgen ist Auftrag 6 derjenige mit der längsten Bearbeitungszeit und wird daher ans Ende verschoben.

j	8	5	1	2	9	7	4	3	6
p_j	4	3	3	2	3	6	8	6	5
d_j	6	11	12	12	14	20	28	30	10

In der Tabelle soll der senkrechte Strich vor Auftrag 6 andeuten, dass alle rechts vom Strich liegenden Aufträge sicher verspätet sein werden. Nun ist Auftrag 9 der früheste verspätete Auftrag. Unter den ersten fünf Aufträgen hat Auftrag 8 die längste Bearbeitungszeit.

j	5	1	2	9	7	4	3	6	8
p_j	3	3	2	3	6	8	6	5	4
d_j	11	12	12	14	20	28	30	10	6

Jetzt ist (abgesehen von den beiden verschobenen Aufträgen) nur noch Auftrag 3 verspätet. Verschoben wird allerdings Auftrag 4.

j	5	1	2	9	7	3	6	8	4
p_j	3	3	2	3	6	6	5	4	8
d_j	11	12	12	14	20	30	10	6	28

Es findet sich kein verspäteter Auftrag, der nicht bereits verschoben wurde. Entsprechend ist der Ablaufplan, der auch in folgendem Gantt-Diagramm abgebildet ist, optimal.

Aufgabe 4:
Die drei Ablaufplanungsprobleme werden in der Dreifeldnotation durch $1||L_{\max}$, $1||\sum U_j$ und $1||\sum C_j$ dargestellt.

Aufgabe 5:
Auch diese Liste ist natürlich beliebig erweiterbar. Insbesondere können natürlich leicht lösbare Probleme durch Vereinfachungen wie $d_j = d$ oder $p_j = p$ verändert werden, so dass sie weiterhin leicht lösbar sind.

- $1||C_{\max}$: Hier ist jeder Ablaufplan optimal, bei dem die Aufträge lückenlos auf der Maschine bearbeitet werden.

- $1|p_j = p|\sum w_j C_j$: Die Sortierung nach Gewicht durch Dauer, die bei beliebigen Bearbeitungszeiten optimal ist, entspricht hierbei der Sortierung absteigend nach Gewichten.

- $1|p_j = p|\sum C_j$: Jeder Ablaufplan ohne Maschinenstillstand ist optimal.

- $1|d_j = d|L_{\max}$: Jeder Ablaufplan ohne Maschinenstillstand ist optimal.

- $1|d_j = d|\sum U_j$: Sortiere aufsteigend nach Bearbeitungszeit.

Aufgabe 6:

a) Zur besseren Übersicht ergänzen wir zunächst die Informationen der Aufträge um die Fertigstellungszeitpunkte und die Verspätungen.

j	1	2	3	4	5	6	7	8	9
p_j	7	9	9	4	4	2	8	2	5
d_j	6	9	18	25	34	39	43	48	52
w_j	7	3	1	1	3	2	4	10	10
C_j	7	16	25	29	33	35	43	45	50
L_j	1	7	7	4	-1	-4	0	-3	-2

Dadurch ergeben sich folgende Zielfunktionswerte:

$C_{\max} = 50, \quad L_{\max} = 7, \quad \sum C_j = 283, \quad \sum w_j C_j = 1442,$

$\sum T_j = 19, \quad \sum w_j T_j = 39, \quad \sum U_j = 4, \quad \sum w_j U_j = 12,$

$\sum Y_j = 19, \quad \sum w_j Y_j = 39$

b) Die obige Tabelle wird an den neuen Ablaufplan angepasst, so dass die Aufträge nach absteigenden Auftragsnummern sortiert sind.

j	9	8	7	6	5	4	3	2	1
p_j	5	2	8	2	4	4	9	9	7
d_j	52	48	43	39	34	25	18	9	6
w_j	10	10	4	2	3	1	1	3	7
C_j	5	7	15	17	21	25	34	43	50
L_j	-47	-41	-28	-22	-13	0	16	34	44

Die Zielfunktionswerte sind in diesem Fall die folgenden:

$C_{\max} = 50$, $L_{\max} = 44$, $\sum C_j = 217$, $\sum w_j C_j = 815$,

$\sum T_j = 94$, $\sum w_j T_j = 426$, $\sum U_j = 3$, $\sum w_j U_j = 11$,

$\sum Y_j = 25$, $\sum w_j Y_j = 85$

Aufgabe 7:
Die Summe der Bearbeitungszeiten aller Aufträge beträgt 100, so dass auf jeder Maschine die Gesamtbearbeitungszeit mindestens 25 sein muss. Wird also ein Ablaufplan mit $C_{\max} = 25$ gefunden, so ist dieser optimal. Bei folgendem Ablaufplan ist dies der Fall.

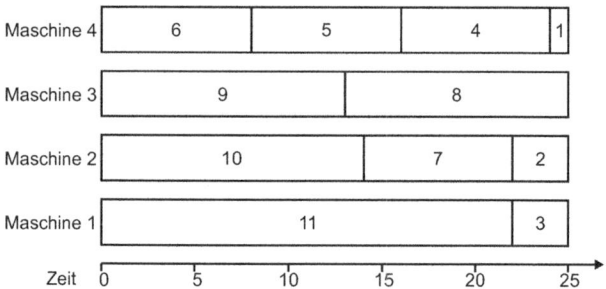

Da die Reihenfolge der Aufträge auf jeder Maschine für die Zielfunktion hier nicht relevant ist, gibt es mehrere optimale Ablaufpläne.

Aufgabe 8:
a)   Der Zielfunktionswert beträgt 36.

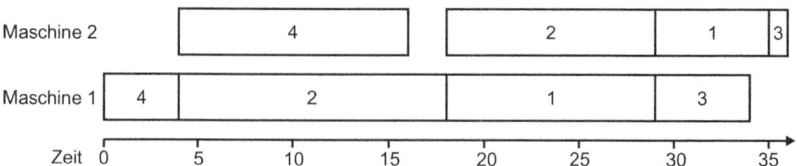

b) Der Zielfunktionswert beträgt 36.

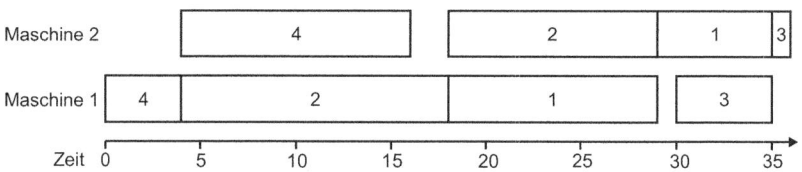

c) Der Zielfunktionswert beträgt 34.

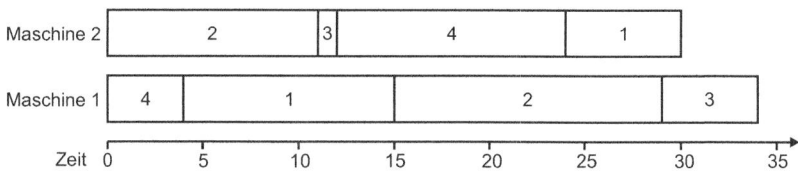

d) Der Ablaufplan aus Aufgabenteil c) ist auch hier optimal. Der Zielfunktionswert beträgt also 34.

Aufgabe 9:
Durch einfaches Umformulieren erhalten wir

$$\sum L_j = \sum (C_j - d_j) = \sum C_j - \underbrace{\sum d_j}_{\text{Konstante}}.$$

Da eine konstante Zahl in der Zielfunktion keinen Einfluss auf den optimalen Ablaufplan hat, sind die Ablaufplanungsprobleme $\alpha|\beta|\sum C_j$ und $\alpha|\beta|\sum L_j$ äquivalent. Daher findet letzteres Ziel keine explizite Berücksichtigung in der Literatur zur Ablaufplanung.

Aufgabe 10:
Das Problem $1||L_{\max}$ wird mit der Lieferterminregel optimal gelöst. Es muss also ein Beispiel konstruiert werden, bei dem die Minimaler-Schlupf-Regel von der Lieferterminregel abweicht.

j	1	2
p_j	3	1
d_j	3	2

Die Lieferterminregel ergibt als Sequenz $(2,1)$ mit $L_{\max} = 1$. Hingegen liefert die Minimaler-Schlupf-Regel die Sequenz $(1,2)$ mit $L_{\max} = 2$.

Aufgabe 11:

a) Wir erhalten folgendes Entscheidungsproblem:

INSTANZ: Gegeben sei eine Maschine, n Aufträge und für jeden Auftrag j eine Bearbeitungszeit p_j und ein Liefertermin d_j. Weiter sei ein Zielwert φ gegeben.

FRAGE: Gibt es eine Permutation der Aufträge, so dass gilt $L_{\max} := \max\{C_1 - d_1, C_2 - d_2, \ldots, C_n - d_n\} \leq \varphi$?

b) Da jeder Auftrag spätestens zum Zeitpunkt 128 beendet ist und der früheste Liefertermin eines Auftrags den Wert 1 hat, kann kein Auftrag mehr als $128 - 1 = 127$ Zeiteinheiten verspätet sein. Dies kann auch der optimale Zielfunktionswert sein (nämlich genau dann, wenn alle Aufträge den Liefertermin 1 haben). Daher stellt 127 eine obere Schranke für den optimalen Zielfunktionswert dar, die sich ohne weitere Informationen über die Instanz nicht verbessern lässt.

Da jeder Auftrag mindestens die Bearbeitungszeit 1 hat, kann kein Auftrag früher fertig werden als zum Zeitpunkt 1. Da ein Auftrag zum Zeitpunkt 1 seinen Liefertermin hat, kann dieser Auftrag nicht vor seinem Liefertermin fertiggestellt werden. Im Idealfall wird dieser Auftrag genau zum Zeitpunkt 1 fertig und kein weiterer Auftrag verspätet sich (z.B. weil alle anderen Liefertermine größer gleich 128 sind). Ein Ablaufplan kann also einen Zielfunktionswert von 0, aber keinen Zielfunktionswert unter 0 liefern. Der Wert 0 stellt also eine untere Schranke dar.

c) Zunächst ist es am geschicktesten, die Menge der potentiellen Zielwerte zu halbieren, also das Entscheidungsproblem für $\varphi = 63$ zu lösen. Ist die Antwort „Ja", so liegt das Optimum zwischen 0 und 63, andernfalls zwischen 64 und 127. Derart werden die Zielwerte sukzessive halbiert, so dass nach maximal 7 Schritten ($2^7 = 128$) das Optimum bekannt ist.

Aufgabe 12:

a) Für diese Aufgabe sind wieder mehrere richtige Lösungen denkbar. Da a und b ganze Zahlen sein dürfen, müssen auch negative Zahlen berücksichtigt werden. Möglich ist also das Alphabet

Anhang B. Lösungen zu den Aufgaben

$\Sigma = \{0,1,2,3,4,5,6,7,8,9,-,;\}$. $L \subset \Sigma^*$ beschreibt die Wörter, bei denen genau ein Trennsymbol „;" vorkommt, das erste und letzte Zeichen nicht dem Trennsymbol entspricht, das Vorzeichen „−" ausschließlich als erstes Zeichen oder direkt nach dem Trennsymbol vorkommen darf, und der Wert der Zahl vor dem Trennsymbol nicht größer ist als der Wert der Zahl danach.

b) $\Sigma = \{1,2,3,;\}$. Die Menge Σ^3 der Wörter mit genau drei Symbolen (jeweils durch ein Komma getrennt) ist

{ 111, 112, 113, 11;, 121, 122, 123, 12;, 131, 132, 133, 13;, 1;1, 1;2, 1;3, 1;;, 211, 212, 213, 21;, 221, 222, 223, 22;, 231, 232, 233, 23;, 2;1, 2;2, 2;3, 2;;, 311, 312, 313, 31;, 321, 322, 323, 32;, 331, 332, 333, 33;, 3;1, 3;2, 3;3, 3;;, ;11, ;12, ;13, ;1;, ;21, ;22, ;23, ;2;, ;31, ;32, ;33, ;3;, ;;1, ;;2, ;;3, ;;; }.

Die Sprache umfasst dann die Wörter, bei denen in der Mitte und nur in der Mitte das Trennsymbol steht und bei denen die zweite Zahl mindestens so groß ist wie die erste:

$$L = \{1;1, 1;2, 1;3, 2;2, 2;3, 3;3\}$$

Aufgabe 13:

a) Die jeweiligen Bewegungen des Schreib-Lese-Kopfes, der jeweilige Zustand und die Werte des Speicherstreifens sind in Abbildung B.1 für jeden Rechenschritt dargestellt.

b) Der Endzustand ist q_Y. Die zugehörigen Rechenschritte sind in Abbildung B.2 dargestellt.

c) In diesem Fall ist der Endzustand q_N. Die Rechenschritte finden sich in Abbildung B.3.

d) Die einzelnen Zustände lassen sich wie folgt beschreiben.

q_0: Gehe nach rechts bis zum nächsten Leerzeichen

q_1: Wenn die eingelesene Ziffer nicht 0 ist, verringere die Ziffer um 1 und wechsle in Zustand q_2, sonst schreibe eine 9.

q_2: Gehe nach links zur ersten Zahl.

q_3: Analog zu q_1 für die erste Zahl.

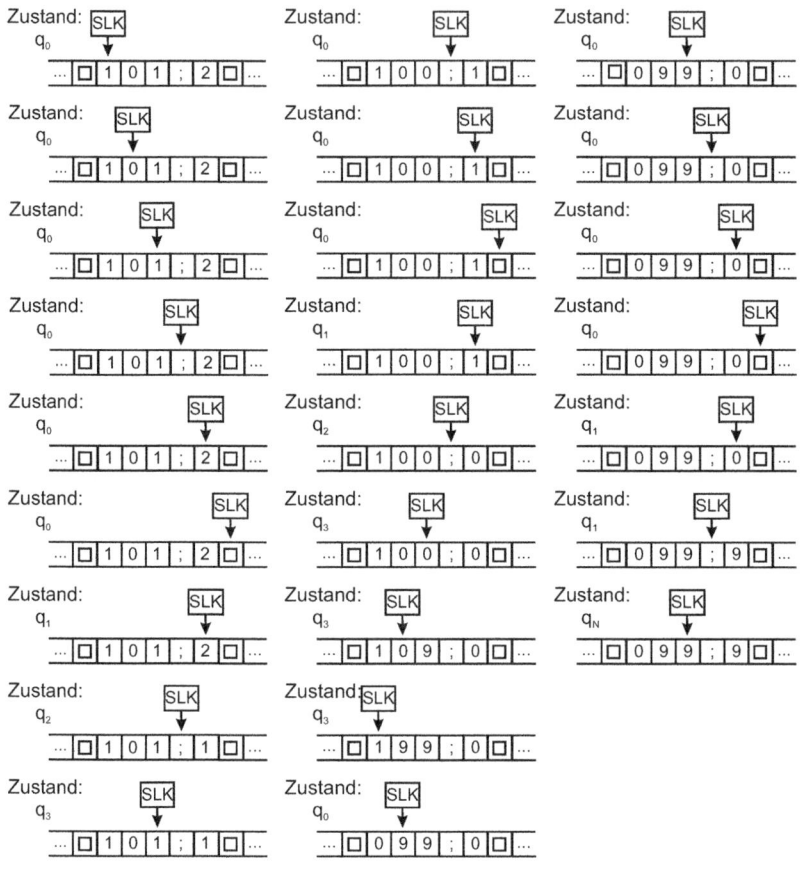

Abbildung B.1.: Maschinenzustände (von oben nach unten)

e) Die Turingmaschine entscheidet ob die erste von zwei Zahlen kleiner ist als die zweite. Formal ausgedrückt wird folgendes Entscheidungsproblem gelöst:

INSTANZ: Zwei Zahlen $a, b \in \mathbb{N}_0$.

FRAGE: Gilt $a < b$?

Anhang B. Lösungen zu den Aufgaben 171

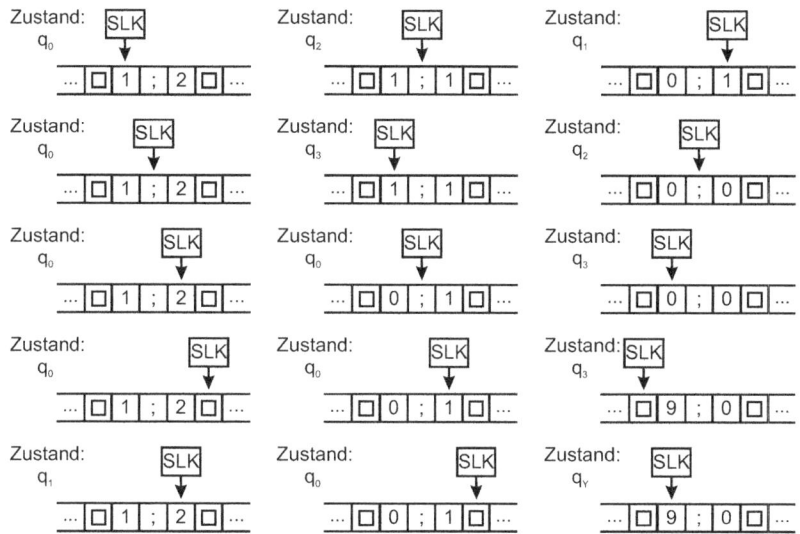

Abbildung B.2.: Maschinenzustände (von oben nach unten)

f) Falls die Eingabelänge gleich 1 ist, werden maximal 4 Schritte benötigt. Ist die Eingabelänge 3, so stellt die Eingabe 9;9 den worst case dar. In dem Fall werden 60 Schritte benötigt.

g) Die Laufzeit ist exponentiell. Wir betrachten nur die (worst case) Eingaben der Form 9;9, 99;99, 999;999 usw. Im ersten Fall bewegt sich der SLK genau 10 mal von links nach rechts und zurück und ist dann in einem Stoppzustand ($10 \cdot 3 \cdot 2 = 60$). Bei Eingabelänge 5 muss der SLK 100 mal von links nach rechts, usw. D.h. dass sich bei Eingabelänge n der SLK $10^{\frac{n-1}{2}}$ mal von links nach rechts bewegt. Die Länge des Weges von links nach rechts nimmt dabei noch zu.

h) Würde die DTM zunächst die Anzahl der Dezimalstellen prüfen und (bei Gleichheit) den Vergleich mit der größten Dezimalstelle beginnen, wäre ein polynomielles Verfahren möglich.

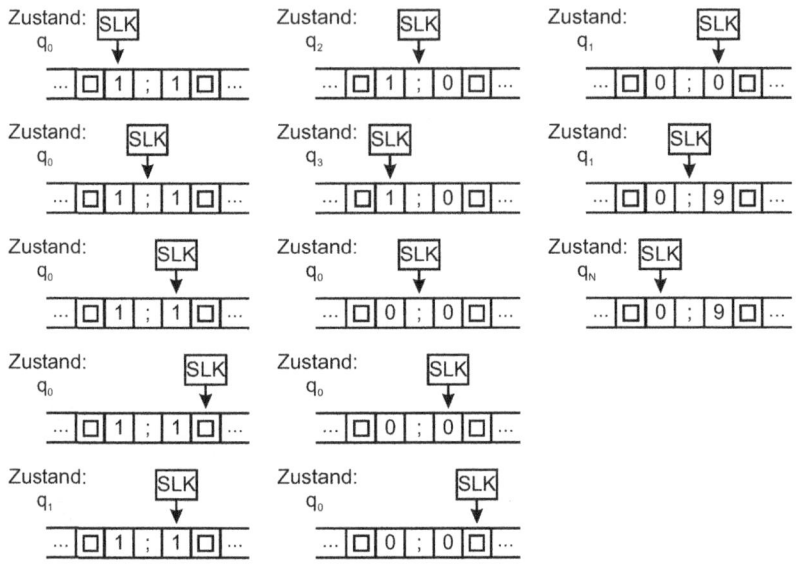

Abbildung B.3.: Maschinenzustände (von oben nach unten)

Aufgabe 14:
Für eine Instanz des Partitionsproblems wird eine Instanz von $P2||C_{\max}$ wie folgt generiert. Sei $n := |A|$ die Anzahl der Elemente in A.

Unsere Instanz von $P2||C_{\max}$ habe nun n Aufträge, deren Bearbeitungszeiten genau den Größen p_a der Elemente der Menge A entsprechen.

Wird nun ein Ablaufplan von $P2||C_{\max}$ ermittelt, so sind entweder beide Maschinen genau gleich ausgelastet, oder eine Maschine arbeitet länger als die andere. Im ersten Fall liegt für das Partitionsproblem eine Ja-Instanz vor (in die Menge A' kommen dann alle Elemente, die auf einer Maschine bearbeitet werden). Andernfalls liegt keine Ja-Instanz vor, denn wenn es eine entsprechende Teilmenge A' gäbe, so könnten die entsprechenden Aufträge alle auf einer Maschine bearbeitet werden. Die verbleibenden Aufträge würden auf der anderen Maschine die gleiche Bearbeitungszeit in Anspruch nehmen.

Damit wurde gezeigt, dass $P2||C_{\max}$ NP-schwer ist.

Anhang B. Lösungen zu den Aufgaben 173

Aufgabe 15:

a) Dadurch, dass die Bearbeitungszeit immer gleich 1 ist, muss jeder Auftrag genau einer (Zeit-)Position im Ablaufplan zugeordnet werden. Die Menge A beschreibt dann also die Aufträge, die Menge B die Positionen im Ablaufplan. Die „Kosten" c_{jk} einer derartigen Zuordnung des Auftrags j zu der Position k können dann als der Beitrag dieses Auftrags zu der Zielfunktion aufgefasst werden. Das heißt, dass $c_{jk} := w_j \cdot \max\{k - d_j; 0\}$ gilt. Durch diese Umformung (die in polynomieller Zeit durchführbar ist) ist also gezeigt, dass beide Probleme äquivalent sind.

b) Weil das Zuordnungsproblem in polynomieller Zeit lösbar ist und beide Probleme äquivalent sind, liegt $1|p_j = 1|\sum w_j T_j$ ebenfalls in P. Bei den obigen Überlegungen ist der Umstand, dass die Bearbeitungszeit genau eine Zeiteinheit beträgt, nicht kritisch. Die Umformung funktioniert auch für jede weitere Bearbeitungszeit, die für alle Aufträge gleich ist (dazu müssen nur die c_{jk} angepasst werden). Daher liegt auch $1|p_j = p|\sum w_j T_j$ in P.

Aufgabe 16:
Berechnung von „Gewicht durch Bearbeitungszeit" und Sortierung absteigend nach w_j/p_j ergibt die Reihenfolge $(1, 6, 4, 7, 2, 5, 3)$, die den Zielfunktionswert 1440 liefert:

j	1	2	3	4	5	6	7
p_j	6	7	4	4	9	4	20
w_j	12	6	0	4	7	7	19
w_j/p_j	2	0,86	0	1	0,78	1,75	0,95
C_j	6	41	54	14	50	10	34
$w_j C_j$	72	246	0	56	350	70	646

Aufgabe 17:
Die aufsteigende Sortierung nach r_j liefert $(1, 5, 3, 4, 2, 6, 7)$. Der Zielfunktionswert ist 42 und damit größer als $\sum p_j$, weil die Maschine zwischen Zeitpunkt 7 und 8 still steht.

Aufgabe 18:

Es gibt keine Vorrangbeziehung, die in Auftrag 2 endet, somit kann dieser Auftrag als erster eingeplant werden. Damit sind die Vorrangbeziehungen $2 \to 1$ und $2 \to 7$ auf jeden Fall erfüllt.

In Auftrag 4 enden ebenfalls keine Vorrangbeziehungen, so dass dieser Auftrag als zweiter eingeplant werden kann: $(2, 4, \ldots)$. Damit ist auch $4 \to 3$ auf jeden Fall erfüllt.

Unter den verbleibenden Aufträgen gibt es keine Vorrangbeziehung, die in Auftrag 3 endet. $(2, 4, 3, \ldots)$

Durch dieses Vorgehen erhält man sukzessive einen (nicht-eindeutigen) Ablaufplan, z.B. $(2, 4, 3, 7, 1, 5, 6)$.

Maschine	2	4	3	7	1	5	6

Zeit 0 5 10 15 20 25 30 35 40

Aufgabe 19:

Aufträge 5 und 6 haben keine Nachfolger ($J' = \{5, 6\}$) und da Auftrag 6 den späteren Liefertermin hat, wird dieser als letztes eingeplant. Dadurch müssen die Vorrangbeziehungen $1 \to 6$ und $3 \to 6$ nicht weiter betrachtet werden. Es ergibt sich $J' = \{1, 5\}$ und Auftrag 1 wird als vorletztes eingeplant. Auch wenn dadurch die Vorrangbeziehungen $2 \to 1$, $3 \to 1$ und $7 \to 1$ sicher erfüllt sind, kommt kein weiterer Auftrag in die Menge J', so dass Auftrag 5 als drittletztes eingeplant wird. In den verbleibenden vier Iterationen liegen die Mengen $J' = \{3, 7\}$, $J' = \{2, 3\}$, $J' = \{3\}$, bzw. $J' = \{4\}$ vor. Der Zielfunktionswert ist somit $L_{\max} = \max\{-15, -11, -11, -4, -5, -3, -3\} = -3$.

Aufgabe 20:

a) Die Bearbeitungszeiten und Gewichte sind in beiden Aufgaben nicht abgestimmt. Sowohl in Aufgabe 6 als auch in Aufgabe 16 ist das zum Beispiel dadurch ersichtlich, dass $p_4 < p_1$ und gleichzeitig $w_4 < w_1$ gilt.

Anhang B. Lösungen zu den Aufgaben   175

b) Die Aufträge müssen aufsteigend nach Bearbeitungsdauer und gleichzeitig absteigend nach Gewicht sortiert werden können. Die in der Aufgabenstellung gegebene Sortierung gewährleistet das bereits. Somit sind Bearbeitungszeiten und Gewichte abgestimmt.

c) Wählen wir die Sortierung gemäß aufsteigender Liefertermine, so ist Auftrag 1 der früheste, verspätete Auftrag:

j	2	7	1	4	3	5	6
p_j	7	12	3	8	8	10	10
w_j	12	3	12	7	8	7	6
d_j	10	20	21	23	25	30	33
C_j	7	19	22	30	38	48	58

Unter den ersten 3 Aufträgen hat Auftrag 7 die längste Bearbeitungszeit und wird daher ans Ende verschoben.

j	2	1	4	3	5	6	7
p_j	7	3	8	8	10	10	12
w_j	12	12	7	8	7	6	3
d_j	10	21	23	25	30	33	20
C_j	7	10	18	26	36	46	58

Jetzt ist Auftrag 3 der früheste, verspätete Auftrag. Auftrag 3 und 4 haben die längste Bearbeitungszeit. Verschoben wird nun Auftrag 4, da er geringeres Gewicht hat als Auftrag 3.

j	2	1	3	5	6	7	4
p_j	7	3	8	10	10	12	8
w_j	12	12	8	7	6	3	7
d_j	10	21	25	30	33	20	23
C_j	7	10	18	28	38	50	58

Jetzt ist Auftrag 6 verspätet, der zusammen mit Auftrag 5 die längste Bearbeitungszeit hat. Weil Auftrag 6 geringeres Gewicht hat, wird dieser verschoben.

j	2	1	3	5	7	4	6
p_j	7	3	8	10	12	8	10
w_j	12	12	8	7	3	7	6
d_j	10	21	25	30	20	23	33
C_j	7	10	18	28	40	48	58

Der Zielfunktionswert ist somit $3 + 7 + 6 = 16$.

Aufgabe 21:
Werden die Aufträge gemäß der Lieferterminregel angeordnet (was in der gegebenen Instanz bereits der Fall ist), so ergeben sich daraus die folgenden Fertigstellungszeitpunkte und Terminüberschreitungen.

j	1	2	3	4	5	6
d_j	8	9	11	15	25	40
C_j	7	14	21	28	35	42
T_j	0	5	10	13	10	2

Die maximale Terminüberschreitung ist also $T_{\max} = 13$ und somit gilt $u = \left\lceil \frac{T_{\max}}{p} \right\rceil = \left\lceil \frac{13}{7} \right\rceil = 2$. Damit ist $(2,3,4,5,6,1)$ oder $(3,4,5,6,1,2)$ eine optimale Lösung. Der Zielfunktionswert der ersten dieser beiden Lösungen berechnet sich wie folgt.

j	2	3	4	5	6	1
d_j	9	11	15	25	40	8
C_j	7	14	21	28	35	42
Y_j	0	3	6	3	0	7

Der Zielfunktionswert liegt also bei $3 + 6 + 3 + 7 = 19$. Für die zweite Lösung entsteht folgende Rechnung.

j	3	4	5	6	1	2
d_j	11	15	25	40	8	9
C_j	7	14	21	28	35	42
Y_j	0	0	0	0	7	7

Der Zielfunktionswert liegt mit $7 + 7 = 14$ unterhalb der ersten Lösung, so dass $(3,4,5,6,1,2)$ optimal ist.

Aufgabe 22:
a) Für jeden Auftrag ist die Terminüberschreitung T_j begrenzt durch $T_j \leq up$, denn sonst würde die Definition von $u = \left\lceil \frac{T_{\max}}{p} \right\rceil$ zu einem Widerspruch führen. Weiter wissen wir, dass der erste Auftrag nach p Zeiteinheiten endet, der zweite Auftrag nach $2p$ Zeiteinheiten, bzw. dass allgemein gilt $C_j = jp$.
Wegen $T_j \leq up$ wissen wir nun, dass $C_j - d_j \leq up$ gelten muss. Wir erhalten also $jp - d_j \leq up$ bzw. $jp - up \leq d_j$.

Anhang B. Lösungen zu den Aufgaben

b) Aus dem vorherigen Aufgabenteil ist klar, dass Auftrag $u+1$ einen Liefertermin d_{u+1} hat, für den gilt $d_{u+1} \geq (u+1)p - up = p$. Analog wissen wir, dass für Liefertermin von Auftrag $u+2$ gilt, dass $d_{u+2} \geq 2p$. Allgemein lässt sich festhalten, dass $d_{u+j'} \geq j'p$ gilt. In der Lösung $(u+1, u+2, \ldots, n, 1, 2, \ldots, u)$ gilt $C_{u+1} = p$, $C_{u+2} = 2p$, usw., so dass keiner der Aufträge $u+1$ bis n verspätet ist. Die verspätete Arbeit jedes Auftrags von 1 bis u kann hingegen p betragen (es lässt sich sogar beweisen, dass jeder dieser Aufträge tatsächlich eine verspätete Arbeit von p hat). Daher kann die Lösung einen Zielfunktionswert von maximal up haben.

c) Es gibt für diese Aufgabe zahlreiche richtige Lösungen. Eine mögliche Instanz mit $p = 5$ wäre die folgende.

j	1	2	3	4
d_j	0	0	15	20

In dieser Reihenfolge hat Auftrag 2 mit $T_2 = 10$ die größte Terminüberschreitung und dadurch gilt wie verlangt $u = 2$. Sowohl in der Lösung $(2, 3, 4, 1)$ als auch in der Lösung $(3, 4, 1, 2)$ sind die Aufträge 3 und 4 nicht verspätet und die gesamte Bearbeitungszeit der Aufträge 1 und 2 liegt nach ihrem jeweiligen Liefertermin. Beide Lösungen haben somit den Zielfunktionswert 10.

Aufgabe 23:
Auftrag 1 ist nur dann teilweise verspätet, wenn er an Position 2 eingeplant wird. Vorher ist er nicht verspätet, danach vollständig. Entsprechend sind die Kosten vorher 0, an Position 2, wo er 2 Zeiteinheiten verspätet ist, betragen die Kosten 4 und in allen späteren Perioden betragen die Kosten 8. Analog lassen sich die Kosten für alle anderen Aufträge bestimmen, so dass sich die folgende Kostenmatrix ergibt.

$j \backslash k$	1	2	3	4	5	6
1	0	4	8	8	8	8
2	0	0	20	20	20	20
3	0	0	9	12	12	12
4	0	0	0	2	8	8
5	0	0	0	0	15	20
6	0	0	0	0	0	12

Es ist zu erkennen, dass an der sechsten Position jeder Auftrag zumindest teilweise verspätet ist und somit Kosten mindestens in Höhe von 8 entstehen (kleinster Wert in der sechsten Spalte). Um eine Lösung zu finden, in der tatsächlich nur Kosten in Höhe von 8 entstehen, muss entweder Auftrag 1 oder Auftrag 4 an der sechsten Position eingeplant werden. Wird Auftrag 1 dort eingeplant, dann können die verbleibenden Aufträge aufsteigend nach ihren Lieferterminen eingeplant werden, ohne dass weitere Kosten entstehen. Eine optimale Lösung mit Zielfunktionswert 8 ist somit $(2, 3, 4, 5, 6, 1)$.

Aufgabe 24:
Als nächster Auftrag wird unter den bezüglich der Ankunftszeiten verfügbaren Aufträgen stets derjenige gewählt, dessen Restbearbeitungszeit am geringsten ist. Dieser wird dann nur so lange durchgeführt, bis ein weiterer Auftrag verfügbar ist oder bis der Auftrag vollständig beendet ist. In dem folgenden Gantt-Diagramm ist der optimale Ablaufplan dargestellt.

Der Zielfunktionswert beträgt dabei 5+14+19+25+32+40+49=184.

Aufgabe 25:
In diesem Fall wird unter den bezüglich der Ankunftszeiten verfügbaren Aufträgen derjenige ausgewählt, der den frühesten Liefertermin hat. Die Durchführung wird allerdings unterbrochen, sobald ein weiterer Auftrag verfügbar ist.

Der Zielfunktionswert ist $L_{\max} = \max\{-1, -1, 0, -3, 4, 5, 0\} = 5$.

Aufgabe 26:
Ausgehend von der Einplanung der Aufträge nach Lieferterminen sind im folgenden die Fertigstellungszeitpunkte und Terminüberschreitungen aufgelistet.

Anhang B. Lösungen zu den Aufgaben

j	1	2	3	4
p_j	8	10	3	4
d_j	10	12	16	20
C_j	8	18	21	25
T_j	0	6	5	5

Es gilt $T_{max} = \max\{0, 6, 5, 5\} = 6$. Daher werden die ersten sechs Zeiteinheiten, die vollständig zu Auftrag 1 gehören, an das Ende des Ablaufplans verschoben. Der Zielfunktionswert beträgt 6.

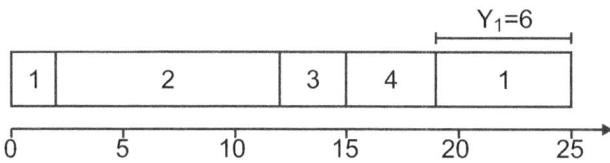

Aufgabe 27:

Das Maximum der Liefertermine ist 20, so dass zunächst nur bis zu diesem Zeitpunkt Aufträge einzuplanen sind, und zwar beginnend „von hinten", also vom Zeitpunkt 20 aus. Dafür kommt zunächst nur Auftrag 4 in Frage. Würde dieser vollständig eingeplant werden, würde der Liefertermin von Auftrag 3, $d_3 = 15$ in seine Bearbeitungszeit fallen. Daher wird Auftrag 4 zunächst nur im Intervall $[15, 20]$ eingeplant. Zum Zeitpunkt $t = 15$ stehen nun die Aufträge 3 und 4 zur Verfügung, von denen Auftrag 3 gewählt wird, da er ein höheres Gewicht hat. Auch dessen komplette Ausführung würde einen Liefertermin beinhalten, so dass zunächst nur eine Einplanung beginnend bei $d_2 = 10$ bis $t = 15$ stattfindet. Weil Auftrag 3 allerdings von den dann zur Verfügung stehenden Aufträgen 2, 3 und 4 das höchste Gewicht hat, wird er weiter eingeplant. Er wird vollständig eingeplant, da kein weiterer Liefertermin dies verhindert. Anschließend wird Auftrag 4 weiter eingeplant, da er ein höheres Gewicht hat als Auftrag 2. Bei der folgenden Einplanung von Auftrag 2 ist wieder zu beachten, dass der Liefertermin von Auftrag 1 eine vollständige Einplanung verhindert. Auftrag 1 wird dann im Intervall $[0, 5]$ eingeplant. Damit sind alle nichtverspäteten Zeiteinheiten eingeplant. Die verbleibenden Zeiteinheiten von Auftrag 1 (1) und Auftrag 2 (4) werden an das Ende angefügt. Dadurch ergibt sich der Zielfunktionswert $1 \cdot 4 + 4 \cdot 2 = 12$ und der folgende Ablaufplan.

Aufgabe 28:
Aus den gegebenen Ankunftszeiten und Lieferterminen lassen sich die folgenden Intervalle $[s,t]$ ermitteln.

$[s,t]$	$[0,3]$	$[3,7]$	$[7,10]$	$[10,14]$	$[14,20]$	$[20,25]$
$k([s,t])$	3	4	3	4	6	5

Zunächst wird Auftrag 1 in die spätesten Intervalle eingeplant, die vor d_1 liegen und noch Kapazität haben. Daher wird die gesamte Bearbeitungszeit des Auftrags dem Intervall $[14,20]$ zugeordnet, dessen Kapazität sich dadurch auf 1 verringert.

Anschließend werden nach selbigem Vorgehen 5 Einheiten des Auftrags 2 in das Intervall $[20,25]$ eingeplant, eine Einheit in das Intervall $[14,20]$ und 4 Einheiten in das Intervall $[10,14]$. Auftrag 3 verteilt sich dann auf die Intervalle $[7,10]$ (3 Einheiten), $[3,7]$ (4 Einheiten) und weil kein Intervall mehr Kapazitäten für Auftrag 3 hat, wird eine Einheit zum Zeitpunkt 25 eingeplant.

Zum Schluss wird noch Auftrag 4 vollständig in $[0,3]$ eingeplant und Auftrag 5 am Ende des Ablaufplans angefügt. Der resultierende Ablaufplan, der den Zielfunktionswert 5 hat, ist in folgendem Gantt-Diagramm abgebildet.

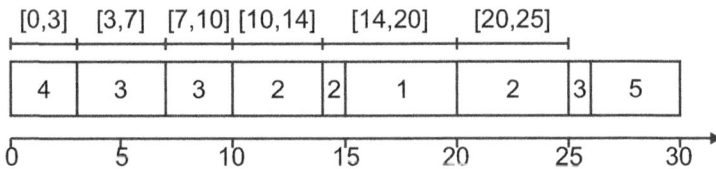

Aufgabe 29:
Die gesamte Bearbeitungszeit des ersten Auftrags kann ohne Verspätung eingeplant werden, so dass $\pi_1 = 6$ gilt. Das Zeitfenster des zweiten Auftrags beinhaltet das Zeitfenster des ersten Auftrags, so dass beide Aufträge nur im Intervall $[4,28]$ ohne Verspätung eingeplant werden können. Diese 24 Zeiteinheiten reichen allerdings nicht für die benötigten

$\pi_1 + p_2 = 6 + 20 = 26$ Zeiteinheiten. Im Hilfsproblem sind also $f = 2$ Zeiteinheiten verspätet, so dass $\pi_2 = 20 - 2 = 18$ gilt.

Um π_3 zu bestimmen, ist nun folgendes Hilfsproblem zu lösen (wir nutzen dabei die Bezeichnung $\tilde{p}_j$ für die Bearbeitungszeiten, um sie von den Bearbeitungszeiten des originären Problems zu unterscheiden).

j	1	2	3
$\tilde{p}_j$	6	18	4
r_j	10	4	13
d_j	18	28	25

Die zugehörige Lösung mit Zielfunktionswert $f = 4$ lässt sich wie folgt darstellen.

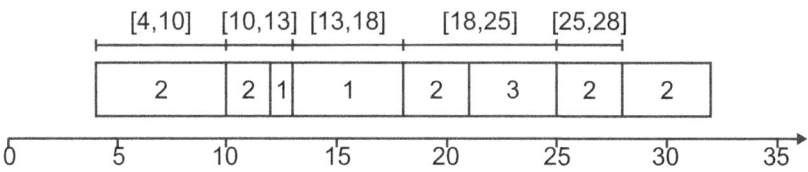

Somit gilt $\pi_3 = 4 - 4 = 0$. Die gesamte Bearbeitungszeit von Auftrag 3 wird also in der Lösung verspätet sein. Bei $j = 4$ gilt es nun folgendes Hilfsproblem zu lösen.

j	1	2	3	4
$\tilde{p}_j$	6	18	0	6
r_j	10	4	13	0
d_j	18	28	25	15

Es ist zu beachten, dass die Bearbeitungszeit $\tilde{p}_3$ von Auftrag 3 im Hilfsproblem gleich Null ist und der Auftrag daher nicht beachtet werden muss. Insbesondere müssen die Ankunftszeit und der Liefertermin von Auftrag 3 nicht bei der Generierung der Intervallgrenzen berücksichtigt werden (es führt aber auch nicht zu einem falschen Ergebnis, wenn sie berücksichtigt werden). Die optimale Lösung des Hilfsproblems sei wieder mit einem Gantt-Diagramm dargestellt.

Der Zielfunktionswert des Hilfsproblems ist $f = 2$ und daraus schließen wir $\pi_4 = 2$. Damit lässt sich bereits der Zielfunktionswert des originären Problems bestimmen: $4 \cdot (6-6) + 3 \cdot (20-18) + 2 \cdot (4-0) + 1 \cdot (6-4) = 16$. Da in der Lösung des letzten Hilfsproblems bereits alle π_j Einheiten jedes Auftrags j nicht verspätet eingeplant werden konnten, kann dieser Ablaufplan durch Anhängen der verspäteten Einheiten zu einer optimalen Lösung des originären Problems erweitert werden.

Aufgabe 30:
Nach der LPT-Regel ergibt sich folgender Ablaufplan mit Gesamtbearbeitungszeit von 23:

Maschine		
Maschine 6	9	7
Maschine 5	8	6
Maschine 4	11	5
Maschine 3	10	4
Maschine 2	13	2
Maschine 1	12	1	3

Zeit: 0, 5, 10, 15, 20, 25

Anhang B. Lösungen zu den Aufgaben 183

Der optimale Ablaufplan hingegen erlaubt die Fertigstellung sämtlicher Aufträge bereits zum Zeitpunkt 18:

Aufgabe 31:
Es wird die in Beispiel 5.6 (Seite 81) beschriebene Instanz für 9 Aufträge erweitert:

j	1	2	3	4	5	6	7	8	9
p_j	7	7	6	6	5	5	4	4	4

Die beiden Ablaufpläne sind in den nachstehenden Diagrammen abgebildet. Die Zielfunktionswerte sind 15 und 12, so dass $\frac{15}{12} = 1,25 = \frac{4}{3} - \frac{1}{3 \cdot 4}$ gilt.

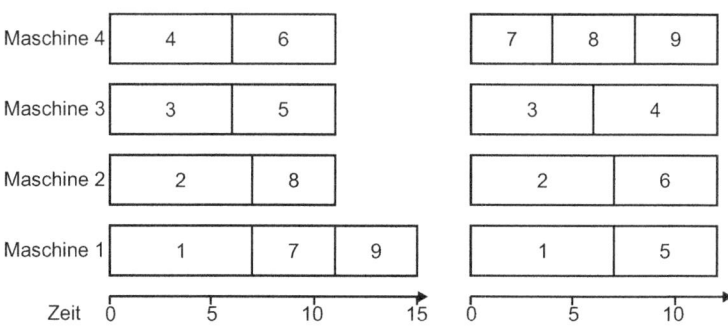

Aufgabe 32:
Die Aufträge werden zunächst gedanklich auf einer Maschine ausgeführt. Dabei sollen die Bearbeitungszeiten der Aufträge fallend sein. In diesem Fall ist die Reihenfolge der Aufträge also $(13, 12, \ldots, 1)$. Die Gesamtbearbeitungszeit aller Aufträge ist 108. Der längste Auftrag hat die Länge 11. Der Ablaufplan auf der einen Maschine wird nun in Stücke „zerschnitten", deren Länge sich aus der zu berechnenden, optimalen Länge $C^*_{\max}$ des gesamten Ablaufplans ergibt. Das letzte Stück, das auf der n-ten Maschine bearbeitet wird, kann auch kürzer sein als $C^*_{\max}$. Dieser Fall tritt in Aufgabenteil c) ein.

a) $C^*_{\max} = \max\{108/6; 11\} = 18$. Das führt zu dem Ablaufplan in Abbildung B.4.

b) $C^*_{\max} = \max\{108/8; 11\} = 13,5$. Der zugehörige Ablaufplan ist links in Abbildung B.5 dargestellt.

c) $C^*_{\max} = \max\{108/10; 11\} = 11$. Der zugehörige Ablaufplan findet sich rechts in Abbildung B.5.

Abbildung B.4.: Optimaler Ablaufplan für $P6|pmtn|C_{\max}$

Anhang B. Lösungen zu den Aufgaben 185

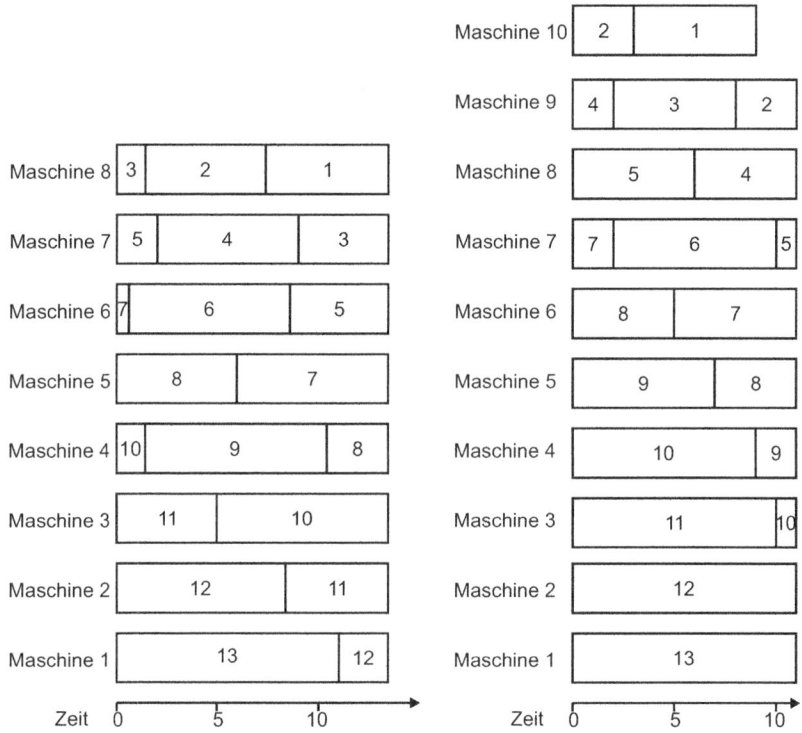

Abbildung B.5.: Optimale Ablaufpläne für $P8|pmtn|C_{\max}$ (links) und $P10|pmtn|C_{\max}$ (rechts)

Aufgabe 33:
Ein optimaler Ablaufplan für das Problem $Pm||\sum C_j$ kann mittels Prioritätsregel bestimmt werden. Dazu werden die Aufträge sukzessive auf der jeweils nächsten freien Maschine eingeplant, beginnend mit dem kürzesten Auftrag (SPT-Regel). Durch dieses Vorgehen erhalten wir den im folgenden Gantt-Diagramm dargestellten Ablaufplan, dessen Zielfunktionswert

$$6 + 6 + 6 + 7 + 7 + 8 + 14 + 15 + 15 + 17 + 17 + 19 + 25 = 162$$

beträgt.

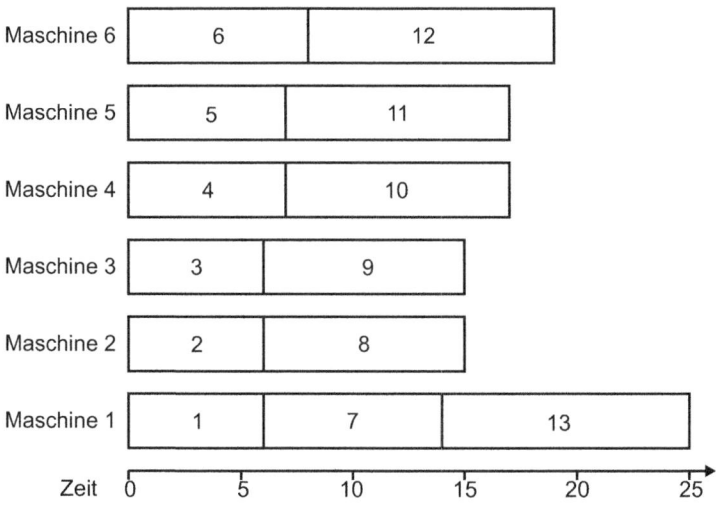

Aufgabe 34:
a) Die Aufträge werden gemäß der WSPT-Regel sortiert, also absteigend nach dem Quotienten aus Gewicht und Dauer. Das liefert die Reihenfolge (2,6,3,5,7,4,1), nach der die Aufträge sukzessive auf der jeweils nächsten freien Maschine eingeplant werden. Das führt zu folgendem Ablaufplan.

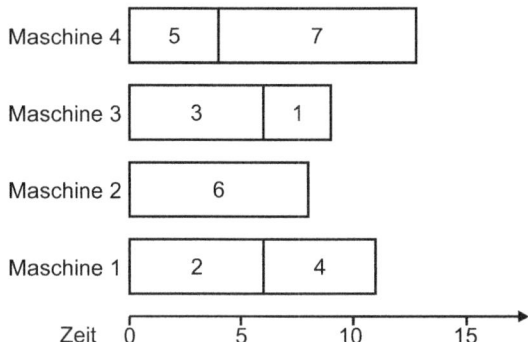

Der Zielfunktionswert beträgt

$$0 \cdot 9 + 6 \cdot 6 + 4 \cdot 6 + 2 \cdot 11 + 2 \cdot 4 + 7 \cdot 8 + 4 \cdot 13 = 198.$$

Anhang B. Lösungen zu den Aufgaben   187

b) Der unten stehende Ablaufplan ist optimal. Der Zielfunktionswert beträgt

$$0 \cdot 11 + 6 \cdot 6 + 4 \cdot 6 + 2 \cdot 11 + 2 \cdot 10 + 7 \cdot 8 + 4 \cdot 9 = 194.$$

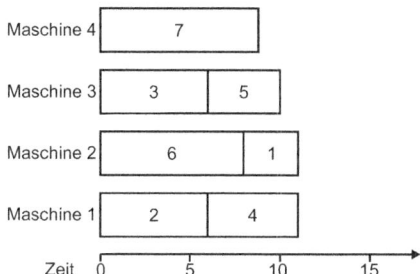

Aufgabe 35:
Es gibt die folgenden Fertigstellungszeitpunkte:

j	1	2	3	4	5
C_{1j}	3	8	9	15	19
C_{2j}	9	12	9	21	30
C_{3j}	10	15	19	23	42
C_{4j}	14	21	24	33	43
C_j	14	21	24	33	43

Der Zielfunktionswert beträgt 43.

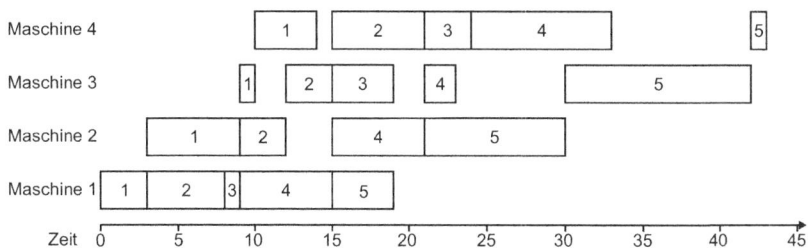

Aufgabe 36:
Die Menge J_1 beinhaltet alle Aufträge, deren Bearbeitungszeit auf Maschine 1 kürzer ist als auf Maschine 2: $J_1 = \{2, 4, 5, 7\}$. Diese werden gemäß ihrer Bearbeitungszeit auf Maschine 1 sortiert (STT-Regel): $(5, 7, 4, 2)$.

Die restlichen Aufträge folgen der Sortierung bezüglich der Bearbeitungszeit auf Maschine 2 (LTT-Regel). $(5, 7, 4, 2, 8, 6, 1, 3)$

Der Zielfunktionswert ist somit 44.

Aufgabe 37:
a) $F4||C_{\max}$

b) Die Anwendung von Johnsons Algorithmus für Maschinen 1 und 2 sowie für Maschinen 3 und 4 führt zu der Reihenfolge (3,1,4,5,2) auf den ersten beiden Maschinen und (1,5,3,4,2) auf den letzten beiden Maschinen. Die Fertigstellungszeitpunkte, die zum Zielfunktionswert 33 führen, finden sich in der folgenden Tabelle und in dem Gantt-Diagramm.

j	1	2	3	4	5
C_{1j}	5	16	1	11	14
C_{2j}	10	16	3	14	15
C_{3j}	12	33	22	24	18
C_{4j}	18	33	25	26	22

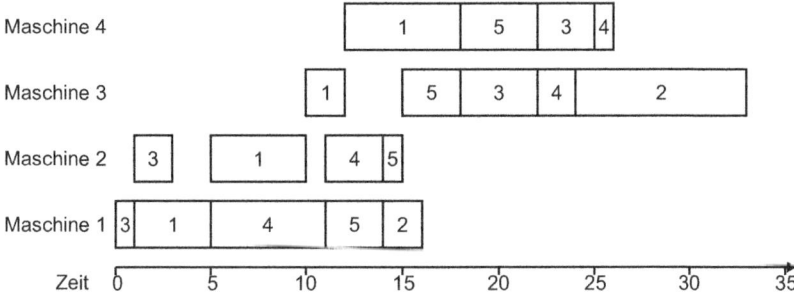

c) Aufstellen des Hilfsproblems

j	1	2	3	4	5
p_{aj}	9	2	3	9	4
p_{bj}	8	9	7	3	7

Anhang B. Lösungen zu den Aufgaben 189

führt zur Reihenfolge (2,3,5,1,4). Die Fertigstellungszeitpunkte, die zum Zielfunktionswert 29 führen, finden sich in der folgenden Tabelle und in dem Gantt-Diagramm.

j	1	2	3	4	5
C_{1j}	10	2	3	16	6
C_{2j}	15	2	5	19	7
C_{3j}	20	11	15	22	18
C_{4j}	28	11	18	29	22

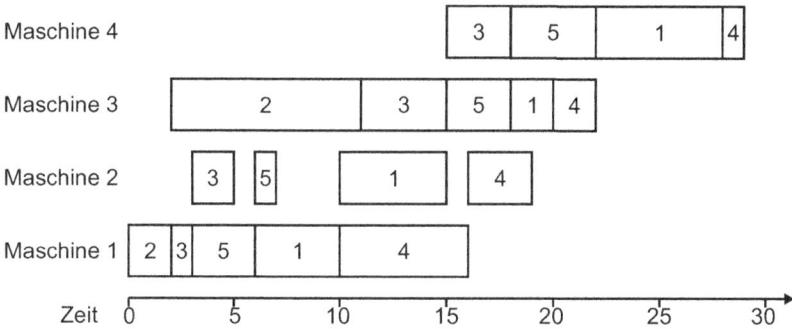

d) Optimalität wird durch die Reihenfolge (2,1,3,5,4) erreicht. Dieser Ablaufplan hat einen Zielfunktionswert von 27.

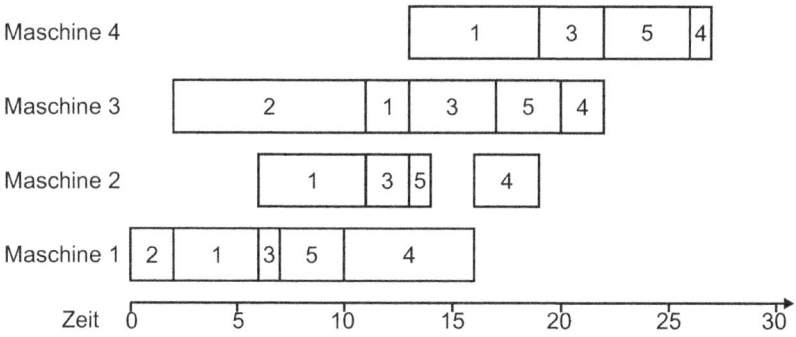

e) Der Ablaufplan aus c) (und auch der Ablaufplan aus d) erfüllt schon die Permutationseigenschaft. Diese Ablaufpläne müssen also nicht mehr verändert werden.

f) Um die no-wait-Eigenschaft zu ermöglichen, kann zwar die Reihenfolge der Aufträge aus dem Ablaufplan aus c) beibehalten werden, allerdings verschieben sich einzelne Aufgaben. Der Zielfunktionswert erhöht sich dadurch auf 32:

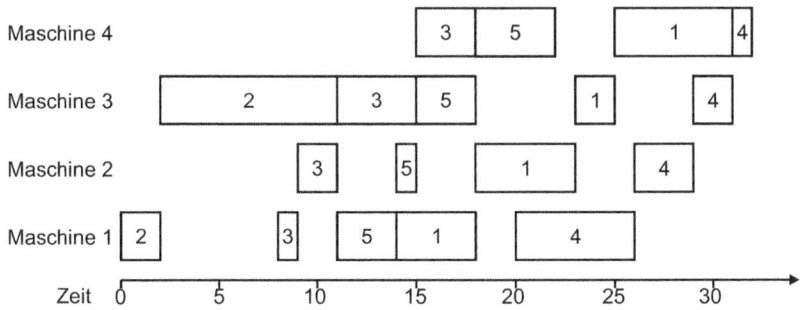

Aufgabe 38:
Für das Problem $F4|prmu|C_{\max}$ wurde das Verfahren von Röck und Schmidt vorgestellt. Dazu wird folgendes Hilfsproblem genutzt.

j	1	2	3	4	5
a_j	6	6	4	8	2
b_j	7	6	5	3	8

Anwendung von Johnsons Algorithmus auf das Hilfsproblem führt zur Reihenfolge $(5, 3, 1, 2, 4)$ und zu folgendem Gantt-Diagramm.

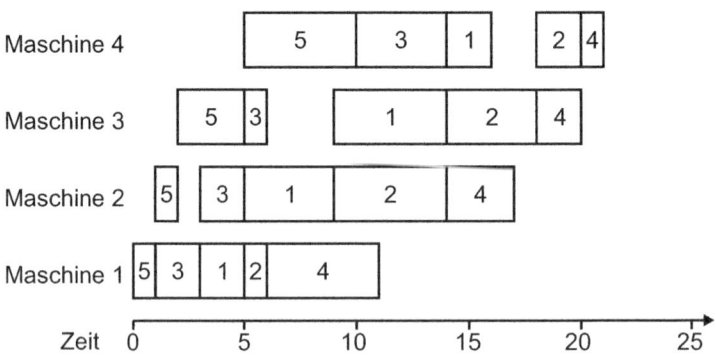

Die Fertigstellungszeitpunkte lassen sich der folgenden Tabelle entnehmen.

$i\backslash j$	1	2	3	4	5
1	5	6	3	11	1
2	9	14	5	17	2
3	14	18	6	20	5
4	16	20	14	21	10

Aufgabe 39:
Da es sich bei einem Flow Shop um ein speziellen Job Shop handelt, lässt sich das Verfahren von Akers auch darauf anwenden. Der graphische Lösungsweg weist dabei die Besonderheit auf, dass alle Sperrflächen zumindest über die Eckpunkte miteinander verbunden sind. Die Breite der Sperrflächen ergibt sich aus den Bearbeitungszeiten des ersten Auftrags, während der zweite Auftrag die Höhe der Sperrflächen definiert. Der graphische Lösungsweg inklusive des kürzesten Weges ist in der folgenden Abbildung dargestellt. In den Sperrflächen ist zudem die Maschinennummer genannt, die diese Fläche erzeugt.

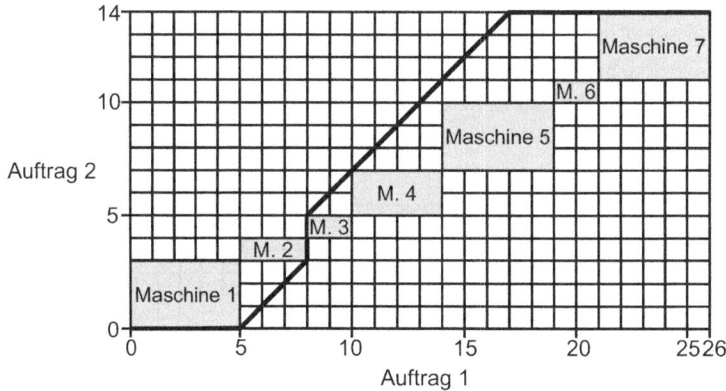

Die Länge des eingezeichneten Weges wird durch die Anzahl der Eckpunkte der Koordinatenkästchen definiert. In diesem Fall hat der Weg also eine Länge von 28 und somit beträgt auch die Gesamtbearbeitungszeit des optimalen Ablaufplans 28 Zeiteinheiten. Dieser optimale Ablaufplan ist im folgenden Gantt-Diagramm dargestellt.

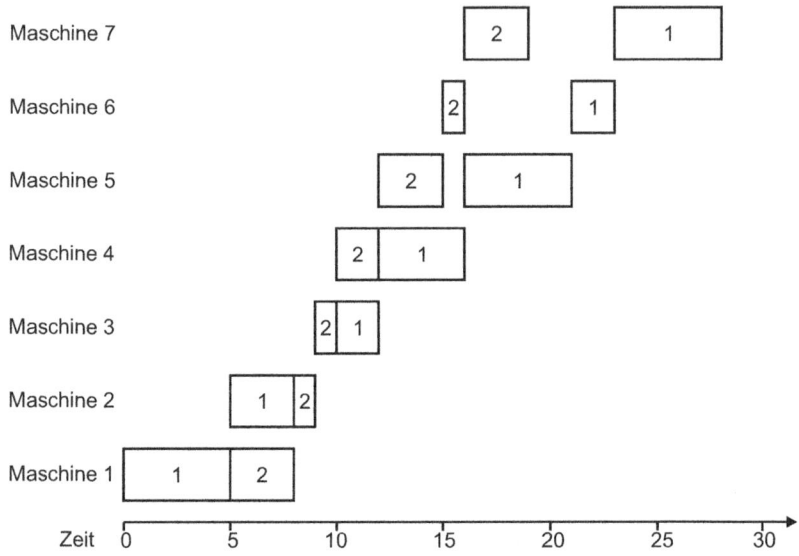

Aufgabe 40:
Im Unterschied zur vorherigen Aufgabe muss diesmal die Reihenfolge, in der Auftrag 2 die Maschinen durchläuft, bei der Ermittlung der Sperrflächen berücksichtigt werden. Die graphische Lösung findet sich in folgender Abbildung. Sie führt zu dem Zielfunktionswert von 23. Beachten Sie, dass es noch weitere optimale Wege in dieser Zeichnung gibt.

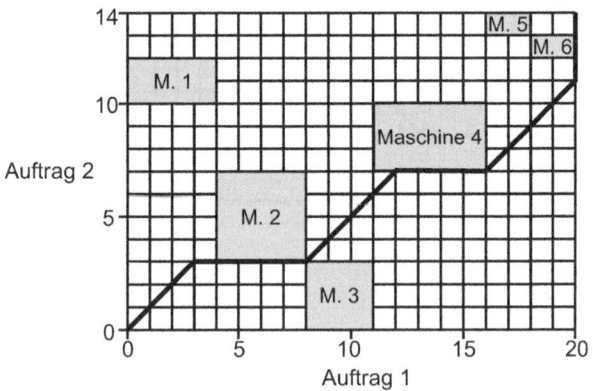

Anhang B. Lösungen zu den Aufgaben 193

Aufgabe 41:
In jeder Iteration des Verfahrens von Giffler und Thompson wird genau eine Aufgabe auf einer Maschine eingeplant. Jede dieser Iterationen ist in einer Hilfsmatrix dargestellt, die neben den Bearbeitungszeiten und den als nächstes einzuplanenden Aufgaben auch die Zeit angibt, bis zu welchem Zeitpunkt eine Maschine bzw. ein Auftrag aktuell eingeplant ist. Der resultierende Ablaufplan ist dann als Gantt-Diagramm dargestellt.

a)   Anwendung der LRPT-Regel mit SPT-Regel bei Gleichheit.

j	1	2	3	4	Z_i		1	2	3	4	Z_i		1	2	3	4	Z_i
p_{1j}	[2]	[4]	[2]	[6]	0		[2]	[4]	[2]	■	6		■	[4]	[2]	■	8
p_{2j}	3	5	4	5	0		3	5	4	[5]	0		[3]	5	4	[5]	0
p_{3j}	8	3	5	3	0		8	3	5	3	0		8	3	5	3	0
r_{i+j}	0	0	0	0			0	0	0	6			8	0	0	6	

j	1	2	3	4	Z_i		1	2	3	4	Z_i		1	2	3	4	Z_i
p_{1j}	■	■	[2]	■	12		■	■	[2]	■	12		■	■	■	■	14
p_{2j}	[3]	[5]	4	[5]	0		■	[5]	4	[5]	11		■	[5]	4	[5]	11
p_{3j}	8	3	5	3	0		[8]	3	5	3	0		[8]	3	5	3	0
r_{i+j}	8	12	0	6			11	12	0	6			11	12	14	6	

j	1	2	3	4	Z_i		1	2	3	4	Z_i		1	2	3	4	Z_i
p_{1j}	■	■	■	■	14		■	■	■	■	14		■	■	■	■	14
p_{2j}	■	[5]	■	[5]	18		■	[5]	■	[5]	18		■	■	■	[5]	23
p_{3j}	[8]	3	[5]	3	0		■	3	[5]	3	19		■	[3]	[5]	3	19
r_{i+j}	11	12	18	6			19	12	18	6			19	23	18	6	

j	1	2	3	4	Z_i		1	2	3	4	Z_i		1	2	3	4	Z_i
p_{1j}	■	■	■	■	14		■	■	■	■	14		■	■	■	■	14
p_{2j}	■	■	■	[5]	23		■	■	■	[5]	23		■	■	■	■	28
p_{3j}	■	[3]	■	3	24		■	■	■	3	27		■	■	■	[3]	27
r_{i+j}	19	23	24	6			19	27	24	6			19	27	24	28	

j	1	2	3	4	Z_i
p_{1j}	■	■	■	■	14
p_{2j}	■	■	■	■	28
p_{3j}	■	■	■	■	31
r_{i+j}	19	27	24	31	

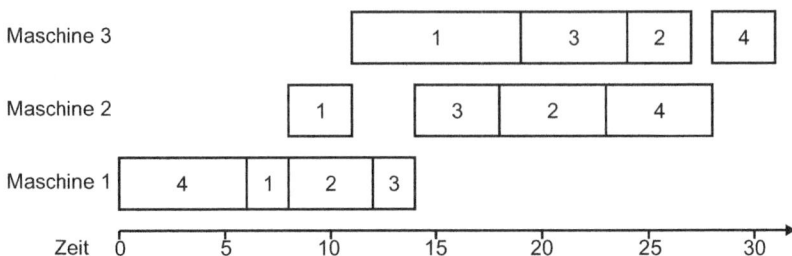

b) Anwendung der SPT-Regel.

j	1	2	3	4	Z_i
p_{1j}	[2]	[4]	[2]	[6]	0
p_{2j}	3	5	4	5	0
p_{3j}	8	3	5	3	0
r_{i+j}	0	0	0	0	

j	1	2	3	4	Z_i
p_{1j}	2	4	■	[6]	2
p_{2j}	3	5	[4]	5	0
p_{3j}	8	3	5	3	0
r_{i+j}	0	0	2	0	

j	1	2	3	4	Z_i
p_{1j}	2	■	■	[6]	6
p_{2j}	3	[5]	[4]	5	0
p_{3j}	8	3	5	3	0
r_{i+j}	0	6	2	0	

j	1	2	3	4	Z_i
p_{1j}	[2]	■	■	[6]	6
p_{2j}	3	[5]	■	5	6
p_{3j}	8	3	[5]	3	0
r_{i+j}	0	6	6	0	

j	1	2	3	4	Z_i
p_{1j}	■	■	■	[6]	8
p_{2j}	[3]	[5]	■	5	6
p_{3j}	8	3	[5]	3	0
r_{i+j}	8	6	6	0	

j	1	2	3	4	Z_i
p_{1j}	■	■	■	[6]	8
p_{2j}	[3]	■	■	5	11
p_{3j}	8	[3]	[5]	3	0
r_{i+j}	8	11	6	0	

j	1	2	3	4	Z_i
p_{1j}	■	■	■	[6]	8
p_{2j}	[3]	■	■	5	11
p_{3j}	8	[3]	■	3	11
r_{i+j}	8	11	11	0	

j	1	2	3	4	Z_i
p_{1j}	■	■	■	■	14
p_{2j}	[3]	■	■	[5]	11
p_{3j}	8	[3]	■	3	11
r_{i+j}	8	11	11	14	

j	1	2	3	4	Z_i
p_{1j}	■	■	■	■	14
p_{2j}	■	■	■	[5]	14
p_{3j}	[8]	[3]	■	3	11
r_{i+j}	14	11	11	14	

j	1	2	3	4	Z_i
p_{1j}	■	■	■	■	14
p_{2j}	■	■	■	[5]	14
p_{3j}	[8]	■	■	3	14
r_{i+j}	14	14	11	14	

j	1	2	3	4	Z_i
p_{1j}	■	■	■	■	14
p_{2j}	■	■	■	■	19
p_{3j}	[8]	■	[3]	3	14
r_{i+j}	14	14	11	19	

j	1	2	3	4	Z_i
p_{1j}	■	■	■	■	14
p_{2j}	■	■	■	■	19
p_{3j}	■	■	■	[3]	22
r_{i+j}	22	14	11	19	

j	1	2	3	4	Z_i
p_{1j}	■	■	■	■	14
p_{2j}	■	■	■	■	19
p_{3j}	■	■	■	■	25
r_{i+j}	22	14	11	25	

Anhang B. Lösungen zu den Aufgaben 195

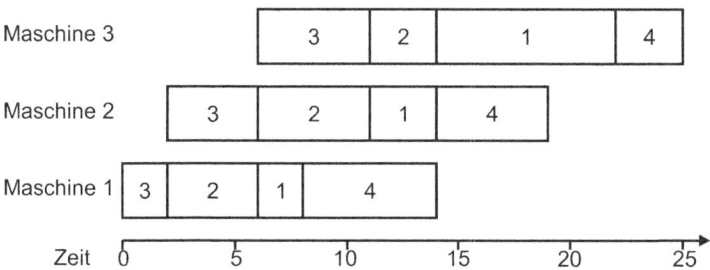

Aufgabe 42:
Die einzelnen Iterationen, in denen jeweils eine Aufgabe eines Auftrags eingeplant wird, sind in jeweils einer Hilfsmatrix dargestellt. Abschließend ist dann der resultierende Ablaufplan als Gantt-Diagramm dargestellt.

a)   Anwendung der LTT-Regel mit LPT-Regel bei Gleichheit.

j	1	2	3	4	Z_i	1	2	3	4	Z_i	1	2	3	4	Z_i
p_{1j}	⬚2	4	2	6	0	■	4	2	6	2	■	4	2	6	2
p_{2j}	3	5	⬚4	5	0	⬚3	5	⬚4	5	0	⬚3	5	⬚4	⬚5	0
p_{3j}	8	⬚3	5	⬚3	0	8	⬚3	5	⬚3	0	8	⬚3	5	■	3
r_{i+j}	0	0	0	0		2	0	0	0		2	0	0	3	

j	1	2	3	4	Z_i	1	2	3	4	Z_i	1	2	3	4	Z_i
p_{1j}	■	4	2	⬚6	2	■	⬚4	2	⬚6	2	■	⬚4	2	■	14
p_{2j}	⬚3	5	⬚4	■	8	⬚3	5	⬚4	■	8	⬚3	5	⬚4	■	8
p_{3j}	8	⬚3	5	■	3	8	■	5	■	6	8	■	5	■	6
r_{i+j}	2	0	0	8		2	6	0	8		2	6	0	14	

j	1	2	3	4	Z_i	1	2	3	4	Z_i	1	2	3	4	Z_i
p_{1j}	■	⬚4	⬚2	■	14	■	⬚4	⬚2	■	14	■	■	⬚2	■	18
p_{2j}	⬚3	5	■	■	12	■	5	■	■	15	■	⬚5	■	■	15
p_{3j}	8	■	5	■	6	⬚8	■	5	■	6	⬚8	■	5	■	6
r_{i+j}	2	6	12	14		15	6	12	14		15	18	12	14	

j	1	2	3	4	Z_i	1	2	3	4	Z_i	1	2	3	4	Z_i
p_{1j}	■	■	■	■	20	■	■	■	■	20	■	■	■	■	20
p_{2j}	■	⬚5	■	■	15	■	■	■	■	23	■	■	■	■	23
p_{3j}	⬚8	■	⬚5	■	6	⬚8	■	⬚5	■	6	■	■	⬚5	■	23
r_{i+j}	15	18	20	14		15	23	20	14		23	23	20	14	

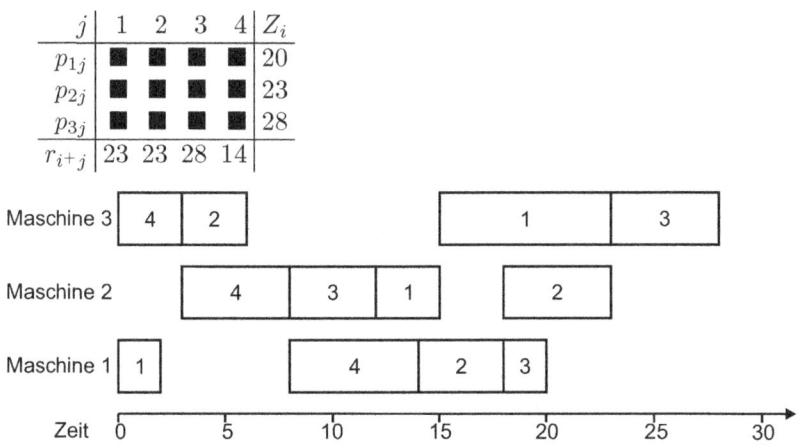

b) Anwendung der FCFS-Regel mit SPT-Regel bei Gleichheit.

j	1	2	3	4	Z_i		1	2	3	4	Z_i		1	2	3	4	Z_i
p_{1j}	[2]	4	2	6	0		■	4	2	6	2		■	[4]	2	6	2
p_{2j}	3	5	[4]	5	0		[3]	5	[4]	5	0		[3]	5	[4]	5	0
p_{3j}	8	[3]	5	[3]	0		8	[3]	5	[3]	0		8	■	5	[3]	3
r_{i+j}	0	0	0	0			2	0	0	0			2	3	0	0	

j	1	2	3	4	Z_i		1	2	3	4	Z_i		1	2	3	4	Z_i
p_{1j}	■	[4]	[2]	6	2		■	■	[2]	6	7		■	■	[2]	6	7
p_{2j}	[3]	5	■	5	4		[3]	[5]	■	5	4		[3]	[5]	■	[5]	4
p_{3j}	8	■	5	[3]	3		8	■	5	[3]	3		8	■	5	■	6
r_{i+j}	2	3	4	0			2	7	4	0			2	7	4	6	

j	1	2	3	4	Z_i		1	2	3	4	Z_i		1	2	3	4	Z_i
p_{1j}	■	■	[2]	6	7		■	■	■	6	9		■	■	■	6	9
p_{2j}	■	[5]	■	[5]	7		■	[5]	■	[5]	7		■	■	■	[5]	12
p_{3j}	[8]	■	5	■	6		[8]	■	[5]	■	6		[8]	■	[5]	■	6
r_{i+j}	7	7	4	6			7	7	9	6			7	12	9	6	

j	1	2	3	4	Z_i		1	2	3	4	Z_i		1	2	3	4	Z_i
p_{1j}	■	■	■	[6]	9		■	■	■	[6]	9		■	■	■	[6]	9
p_{2j}	■	■	■	[5]	12		■	■	■	■	17		■	■	■	■	17
p_{3j}	■	■	[5]	■	15		■	■	[5]	■	15		■	■	■	■	20
r_{i+j}	15	12	9	6			15	12	9	17			15	12	20	17	

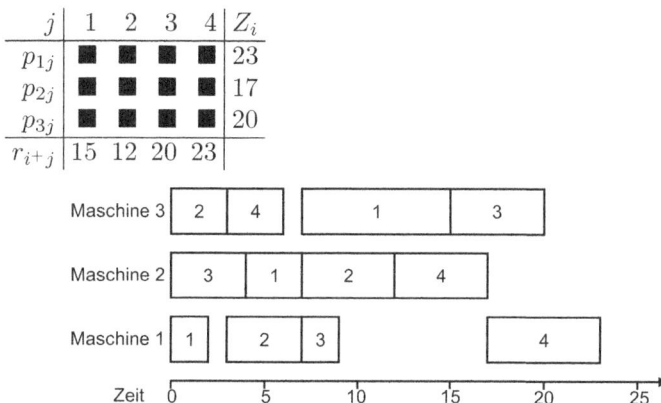

Ein besserer Ablaufplan ergibt sich durch Vertauschen der Aufträge 2 und 4 auf Maschine 2. Dadurch kann Auftrag 4 auf Maschine 1 früher beginnen und wir erhalten den folgenden Ablaufplan mit $C_{\max} = 20$:

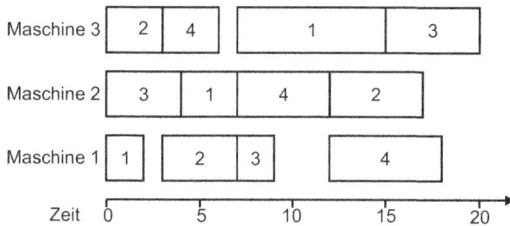

Aufgabe 43:
Zunächst werden folgende Vorrangbeziehungen notiert.

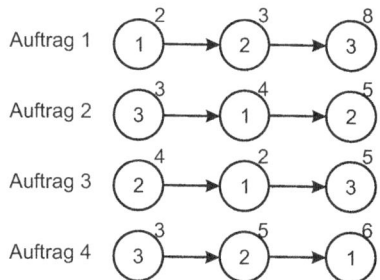

Auftrag 4 hat die längste Bearbeitungszeit, so dass $C_{\max}^{\mathrm{akt}} = 14$ gilt. Es ergeben sich für die drei Maschinen die folgenden Hilfsprobleme, unter denen jeweils die optimale Reihenfolge notiert ist.

Maschine 1

j'	1	2	3	4
$p_{j'}$	2	4	2	6
$r_{j'}$	0	3	4	8
$d_{j'}$	3	9	9	14

Opt. Seq. $(1, 2, 3, 4)$
$L(1) := L_{\max} = 1$

Maschine 2

j'	1	2	3	4
$p_{j'}$	3	5	4	5
$r_{j'}$	2	7	0	3
$d_{j'}$	6	14	7	8

Opt. Seq. $(3, 1, 4, 2)$
$L(2) := L_{\max} = 4$

Maschine 3

j'	1	2	3	4
$p_{j'}$	8	3	5	3
$r_{j'}$	5	0	6	0
$d_{j'}$	14	5	14	3

Opt. Seq. $(4, 2, 1, 3)$
$L(3) := L_{\max} = 5$

Maschine 3 hat die größte Verspätung, so dass die optimale Sequenz für Maschine 3 in die Vorrangbeziehungen integriert wird.

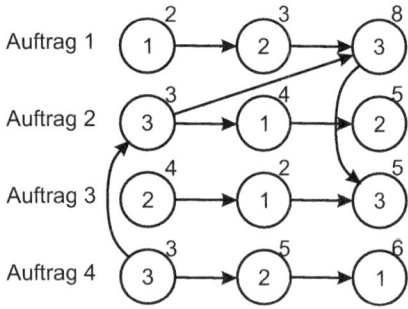

Dadurch erhalten wir $C_{\max}^{\mathrm{akt}} = 19$. Für die ersten beiden Maschinen ist das Hilfsproblem erneut zu lösen.

Anhang B. Lösungen zu den Aufgaben

	Maschine 1					Maschine 2			
j'	1	2	3	4	j'	1	2	3	4
$p_{j'}$	2	4	2	6	$p_{j'}$	3	5	4	5
$r_{j'}$	0	6	4	8	$r_{j'}$	2	10	0	3
$d_{j'}$	3	14	14	19	$d_{j'}$	6	19	12	13

Opt. Seq. $(1, 3, 2, 4)$ Opt. Seq. $(3, 1, 4, 2)$
$L(1) := L_{\max} = -1$ $L(2) := L_{\max} = 1$

Die Vorrangbeziehungen werden nun um die optimale Sequenz der Maschine 2 ergänzt, so dass sich die aktuelle Gesamtbearbeitungszeit auf $C_{\max}^{\text{akt}} = 20$ erhöht.

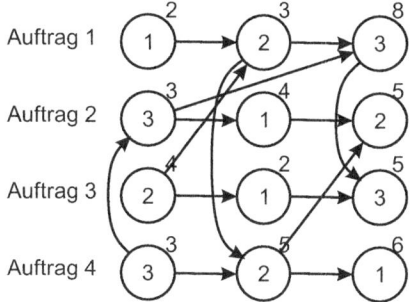

An dieser Stelle wird der vierte Schritt des Algorithmus erreicht, in dem die Reihenfolge der Maschine 3 nochmals überprüft wird. Dazu werden zunächst sämtliche Vorrangbeziehungen der dritten Maschine entfernt.

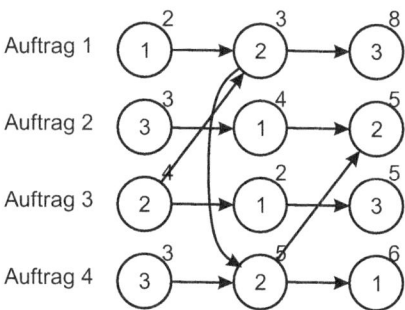

Ausgehend von diesen Vorrangbeziehungen wird das Hilfsproblem für Maschine 3 (erneut) aufgestellt.

	Maschine 3			
j'	1	2	3	4
$p_{j'}$	8	3	5	3
$r_{j'}$	7	0	6	0
$d_{j'}$	20	11	20	9

Opt. Seq. $(4, 2, 3, 1)$
$L(3) := L_{\max} = -1$

Die durch die optimale Reihenfolge resultierenden Vorrangbeziehungen werden wieder aufgenommen.

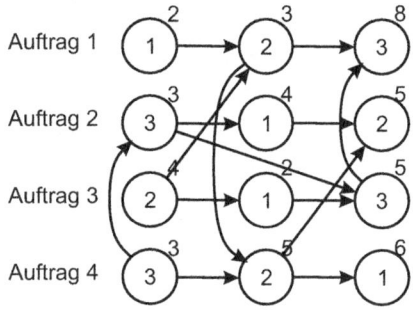

Es ist zu beachten, dass sich dadurch die aktuelle Gesamtbearbeitungszeit verringert: $C_{\max}^{\text{akt}} = 19$.

Nun werden die Schritte 3 und 4 zum dritten und letzten Mal durchlaufen. In Schritt 3 gilt es nur noch Maschine 1 einzuplanen, indem das Hilfsproblem aufgestellt wird.

	Maschine 1			
j'	1	2	3	4
$p_{j'}$	2	4	2	6
$r_{j'}$	0	6	4	12
$d_{j'}$	5	14	6	19

Opt. Seq. $(1, 3, 2, 4)$
$L(1) := L_{\max} = 0$

Durch Hinzufügen der optimalen Sequenz für Maschine 1 erhalten wir die folgenden Vorrangbeziehungen.

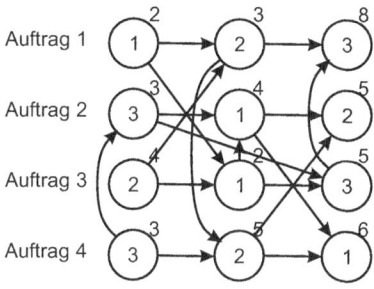

Abschließend wird im Schritt 4 noch überprüft, ob sich die Sequenzen der Maschinen 2 und 3 verbessern lassen. Dazu werden jeweils die durch die Maschinen induzierten Vorrangbeziehungen entfernt. Wir verzichten auf die Darstellung der jeweiligen Vorrangbeziehungen und zeigen nur die Hilfsprobleme, die zu keiner Veränderung der Sequenzen und somit auch zu keiner Verbesserung des Zielfunktionswertes führen.

Maschine 2					Maschine 3				
j'	1	2	3	4	j'	1	2	3	4
$p_{j'}$	3	5	4	5	$p_{j'}$	8	3	5	3
$r_{j'}$	2	10	0	3	$r_{j'}$	7	0	6	0
$d_{j'}$	11	19	4	13	$d_{j'}$	19	9	19	8

Opt. Seq. $(3, 1, 4, 2)$ Opt. Seq. $(4, 2, 3, 1)$
$L(2) := L_{\max} = 0$ $L(3) := L_{\max} = 0$

Ausgehend von den Vorrangbeziehungen entsteht der folgende Ablaufplan, der mit einem Zielfunktionswert von 19 optimal ist:

Aufgabe 44:

Die längste Aufgabe ist Auftrag 4 auf Maschine 2. Daher muss Auftrag 4 als erstes auf Maschine 1 durchgeführt werden. Damit ist dann Maschine 2 die am frühesten verfügbare Maschine, auf der jetzt ein beliebiger Auftrag außer Auftrag 4 eingeplant werden kann. Wir planen Auftrag 1 ein. Wenn bei Wahlmöglichkeit stets der Auftrag mit dem kleinsten Index genommen wird, entsteht folgender (optimaler) Ablaufplan mit einer Gesamtbearbeitungszeit von 42:

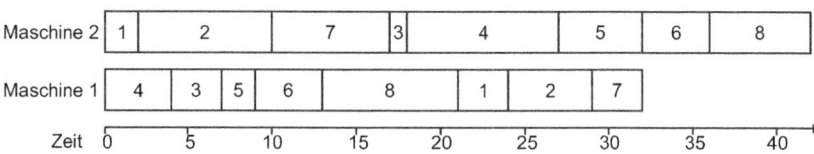

Aufgabe 45:

Der Auftrag mit der längsten Aufgabe kann zu einer unnötigen Leerzeit auf einer Maschine führen, wenn dieser Auftrag nicht als erstes ausgeführt wird. Wir konstruieren also eine Instanz, bei der der Auftrag mit der längsten Aufgabe im abgewandelten Algorithmus nicht als erstes auf einer Maschine ausgeführt wird. Dazu generieren wir zwei weitere Aufträge mit kleinerem Index, die vorher ausgeführt werden. Eine mögliche Instanz ist die folgende:

j	1	2	3
p_{1j}	2	2	3
p_{2j}	2	2	3

Die aus Algorithmus 17 resultierende Lösung, bei der bei Wahlfreiheit stets der Auftrag mit kleinerem Index gewählt wird, liefert den Zielfunktionswert 8, während die optimale Lösung den Zielfunktionswert 7 hat. Beide Lösungen sind in folgender Abbildung dargestellt.

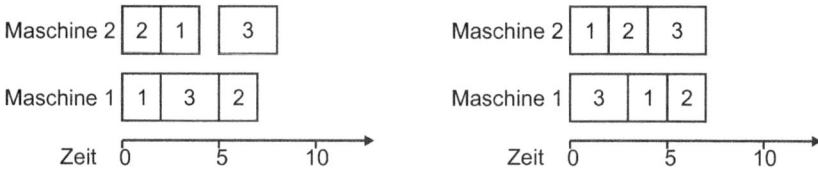

Aufgabe 46:

Die Anwendung des Verfahrens von Bräsel, Tautenhahn und Werner liefert folgenden Ablaufplan mit Gesamtbearbeitungszeit von 20.

Anhang B. Lösungen zu den Aufgaben 203

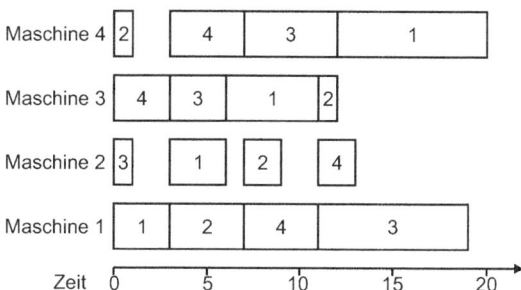

Es ist zu erkennen, dass die Pause auf Maschine 4 nicht erzwungen ist. Insbesondere kann der Auftrag 4 auf Maschine 3, der diese Pause verursacht, nach hinten verschoben werden. Dadurch entsteht folgender optimaler Ablaufplan mit Zielfunktionswert 19.

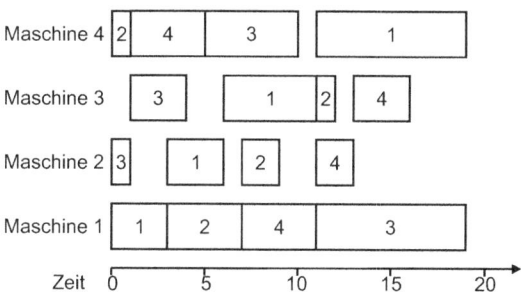

Aufgabe 47:

a) Ausgehend von $(1, 2, 3, 4)$ gibt es die folgenden drei Nachbarlösungen:

Lösung	$\sum T_j$
$(2, 1, 3, 4)$	37
$(1, 3, 2, 4)$	27
$(1, 2, 4, 3)$	29

Die Lösung mit dem geringsten Zielfunktionswert wird ausgewählt, so dass $(1, 3, 2, 4)$ mit $\sum T_j = 27$ die neue beste Lösung ist. Diese Lösung hat die folgenden Nachbarlösungen:

Lösung	$\sum T_j$
(3,1,2,4)	31
(1,2,3,4)	28
(1,3,4,2)	21

Wir erhalten die neue verbesserte Lösung (1,3,4,2) mit $\sum T_j = 21$. Diese Lösung hat wiederum die folgenden Nachbarlösungen:

Lösung	$\sum T_j$
(3,1,4,2)	25
(1,4,3,2)	22
(1,3,2,4)	27

An dieser Stelle gibt es also keine bessere Nachbarlösung. Daher bricht das Verfahren ab.

b) Ausgehend von der Startlösung gibt es sechs Nachbarlösungen:

Lösung	$\sum T_j$
(2,1,3,4)	37
(3,2,1,4)	42
(4,2,3,1)	49
(1,3,2,4)	27
(1,4,3,2)	22
(1,2,4,3)	29

Durch die größere Nachbarschaft wird bereits nach der ersten Iteration eine deutlich verbesserte Lösung ermittelt. Die aktuelle Lösung ist (1,4,3,2) mit $\sum T_j = 22$. Diese Lösung hat die folgenden Nachbarlösungen:

Lösung	$\sum T_j$
(4,1,3,2)	27
(3,4,1,2)	32
(2,4,3,1)	47
(1,3,4,2)	21
(1,2,3,4)	28
(1,4,2,3)	29

Die nächste Lösung ist somit (1,3,4,2) mit $\sum T_j = 21$. Diese Lösung hat die folgenden Nachbarlösungen:

Anhang B. Lösungen zu den Aufgaben

Lösung	$\sum T_j$
(3, 1, 4, 2)	25
(4, 3, 1, 2)	32
(2, 3, 4, 1)	46
(1, 4, 3, 2)	22
(1, 2, 4, 3)	29
(1, 3, 2, 4)	27

An dieser Stelle ist keine Verbesserung mehr möglich. Daher bricht das Verfahren ab.

Aufgabe 48:
Die Startlösung $(1, 2, 3, 4, 5)$ liefert die obere Schranke $L_{\max}^{(UB)} = 7$. Die Lösung des relaxierten Problems liefert $L_{\max}^{(LB)} = 0$.

1. **Fall:** Als erstes wird Auftrag 1 eingeplant: $(1, \cdot, \cdot, \cdot, \cdot)$
   Das relaxierte Problem führt wieder zu einem Zielfunktionswert von $L_{\max}^{(LB)} = 0$. Das Problem muss also weiter verzweigt werden.

   Fall 1.1: Als zweites wird Auftrag 2 eingeplant: $(1, 2, \cdot, \cdot, \cdot)$
   Das relaxierte Problem führt zu einem Zielfunktionswert von $L_{\max}^{(LB)} = 1$. Das Problem muss also weiter verzweigt werden.

   Fall 1.1.1: $(1, 2, 3, \cdot, \cdot)$
   Das relaxierte Problem führt zu einem Ablaufplan ohne Unterbrechung: $(1, 2, 3, 5, 4)$ mit $L_{\max} = 2$. **Speichere neue beste Lösung.** Setze $L_{\max}^{(UB)} = 2$.

   Fall 1.1.2: $(1, 2, 4, \cdot, \cdot)$
   $L_{\max}^{(LB)} = 8 \geq L_{\max}^{(UB)} = 2$.

   Fall 1.1.3: $(1, 2, 5, \cdot, \cdot)$
   $L_{\max}^{(LB)} = 7 \geq L_{\max}^{(UB)} = 2$.

   Fall 1.2: Als zweites wird Auftrag 3 eingeplant: $(1, 3, \cdot, \cdot, \cdot)$
   Das relaxierte Problem führt zu einem Ablaufplan ohne Unterbrechung: $(1, 3, 5, 2, 4)$ mit $L_{\max} = 1$. **Speichere neue beste Lösung.** Setze $L_{\max}^{(UB)} = 1$.

   Fall 1.3: Als zweites wird Auftrag 4 eingeplant: $(1, 4, \cdot, \cdot, \cdot)$
   $L_{\max}^{(LB)} = 8 \geq L_{\max}^{(UB)} = 1$.

   Fall 1.4: Als zweites wird Auftrag 5 eingeplant: $(1, 5, \cdot, \cdot, \cdot)$
   $L_{\max}^{(LB)} = 7 \geq L_{\max}^{(UB)} = 1$.

2. Fall: Als erstes wird Auftrag 2 eingeplant: $(2, \cdot, \cdot, \cdot, \cdot)$
$$L_{\max}^{(LB)} = 1 \geq L_{\max}^{(UB)} = 1.$$

3. Fall: Als erstes wird Auftrag 3 eingeplant: $(3, \cdot, \cdot, \cdot, \cdot)$
$$L_{\max}^{(LB)} = 4 \geq L_{\max}^{(UB)} = 1.$$

4. Fall: Als erstes wird Auftrag 4 eingeplant: $(4, \cdot, \cdot, \cdot, \cdot)$
$$L_{\max}^{(LB)} = 8 \geq L_{\max}^{(UB)} = 1.$$

5. Fall: Als erstes wird Auftrag 5 eingeplant: $(5, \cdot, \cdot, \cdot, \cdot)$
$$L_{\max}^{(LB)} = 11 \geq L_{\max}^{(UB)} = 1.$$

Der optimale Ablaufplan ist also $(1, 3, 5, 2, 4)$ mit Zielfunktionswert 1.

Aufgabe 49:
Der zulässige Ablaufplan $(3, 1, 5, 2, 4)$ liefert als obere Schranke den Zielfunktionswert $(\sum T_j)^{(UB)} = 8$. Das relaxierte Problem liefert einen Zielfunktionswert in Höhe von $(\sum T_j)^{(LB)} = 5$.

1. Fall: $(\cdot, \cdot, \cdot, \cdot, 1)$
$$T_1 = 10 \geq (\sum T_j)^{(UB)} = 8$$

2. Fall: $(\cdot, \cdot, \cdot, \cdot, 2)$
$$(\sum T_j)^{(LB)} = 10 \geq (\sum T_j)^{(UB)} = 8$$

3. Fall: $(\cdot, \cdot, \cdot, \cdot, 3)$
$$T_3 = 11 \geq (\sum T_j)^{(UB)} = 8$$

4. Fall: $(\cdot, \cdot, \cdot, \cdot, 4)$
$(\sum T_j)^{(LB)} = 6$ Weiter verzweigen.

    Fall 4.1: $(\cdot, \cdot, \cdot, 1, 4)$
$$T_1 + T_4 = 10 \geq (\sum T_j)^{(UB)} = 8$$

    Fall 4.2: $(\cdot, \cdot, \cdot, 2, 4)$
$(\sum T_j)^{(LB)} = 7$ Weiter verzweigen.

        Fall 4.2.1: $(\cdot, \cdot, 1, 2, 4)$
$$T_1 + T_2 + T_4 = 10 \geq (\sum T_j)^{(UB)} = 8$$

        Fall 4.2.2: $(\cdot, \cdot, 3, 2, 4)$
$$T_3 + T_2 + T_4 = 11 \geq (\sum T_j)^{(UB)} = 8$$

        Fall 4.2.3: $(\cdot, \cdot, 5, 2, 4)$
$$(\sum T_j)^{(LB)} = 8 \geq (\sum T_j)^{(UB)} = 8$$

Fall 4.3: $(\cdot,\cdot,\cdot,3,4)$
$$T_3 + T_4 = 11 \geq (\sum T_j)^{(UB)} = 8$$
Fall 4.4: $(\cdot,\cdot,\cdot,5,4)$
$(\sum T_j)^{(LB)} = 7$ Weiter verzweigen.
    Fall 4.4.1: $(\cdot,\cdot,1,5,4)$
$$T_1 + T_5 + T_4 = 9 \geq (\sum T_j)^{(UB)} = 8$$
    Fall 4.4.2: $(\cdot,\cdot,2,5,4)$
$$(\sum T_j)^{(LB)} = 8 \geq (\sum T_j)^{(UB)} = 8$$
    Fall 4.4.3: $(\cdot,\cdot,3,5,4)$
$$T_3 + T_5 + T_4 = 10 \geq (\sum T_j)^{(UB)} = 8$$
5. Fall: $(\cdot,\cdot,\cdot,\cdot,5)$
$$(\sum T_j)^{(LB)} = 9 \geq (\sum T_j)^{(UB)} = 8$$

Der optimale Ablaufplan entspricht also der Startlösung.

Literaturverzeichnis

Adam, J., Balas, E., und Zawack, D. (1988). The shifting bottleneck procedure for job shop scheduling. *Management Science*, 34(3):391–401.

Afrati, F., Cosmadakis, S., Papadimitriou, C. H., Papageorgiou, G., und Papakostantinou, N. (1986). The complexity of the travelling repairman problem. *RAIRO-Theoretical Informatics and Applications*, 20(1):79–87.

Akers, S. B. (1956). A graphical approach to production scheduling problems. *Operations Research*, 4:244–245.

Albers, S. (2003). Online algorithms: a survey. *Mathematical Programming*, 97(1–2):3–26.

Allahverdi, A., Ng, C., Cheng, T., und Kovalyov, M. Y. (2008). A survey of scheduling problems with setup times or costs. *European Journal of Operational Research*, 187(3):985–1032.

Biskup, D. (2008). A state-of-the-art review on scheduling with learning effects. *European Journal of Operational Research*, 188(2):315–329.

Błażewicz, J., Ecker, K., Pesch, E., Schmidt, G., Sterna, M., und Węglarz, J. (2019). *Handbook on Scheduling*. Springer, Berlin.

Boysen, N., Fliedner, M., und Scholl, A. (2007). A classification of assembly line balancing problems. *European Journal of Operational Research*, 183(2):674–693.

Bräsel, H., Tautenhahn, T., und Werner, F. (1993). Constructive heuristic algorithms for the open shop problem. *Computing*, 51(2):95–110.

Briskorn, D. und Stolletz, R. (2014). Aircraft landing problems with aircraft classes. *Journal of Scheduling*, 17(1):31–45.

Brucker, P. (2007). *Scheduling algorithms*, volume 3. Springer.

Brucker, P., Drexl, A., Mohring, R., Neumann, K., und Pesch, E. (1999). Resource-constrained project scheduling: Notation, classification, models, and methods. *European Journal of Operational Research*, 112(1):3–41.

Brucker, P. und Knust, S. (2012). *Complex Scheduling*, volume 2. Springer.

Bruno, J., Coffman, Jr., E. G., und Sethi, R. (1974). Scheduling independent tasks to reduce mean finishing time. *Communications of the ACM*, 17(7):382–387.

Burkard, R., Dell'Amico, M., und Martello, S. (2009). *Assignment Problems*. Society for Industrial and Applied Mathematics, Philadelphia, PA, USA.

Chen, B. und Strusevich, V. A. (1993). Approximation algorithms for three-machine open shop scheduling. *INFORMS Journal on Computing*, 5(3):321–326.

Cook, S. A. (1971). The complexity of theorem-proving procedures. In *Proceedings of the third annual ACM symposium on Theory of computing*, STOC '71, Seiten 151–158, New York, NY, USA. ACM.

Domschke, W. (2007). *Logistik, Transport*. Oldenbourg Verlag, München.

Domschke, W., Drexl, A., Klein, R., und Scholl, A. (2015). *Einführung in Operations Research*. Springer-Verlag.

Domschke, W., Scholl, A., und Voß, S. (1997). *Produktionsplanung: ablauforganisatorische Aspekte*. Springer, London.

Dorigo, M. und Stützle, T. (2019). Ant colony optimization: overview and recent advances. In *Handbook of metaheuristics*, Seiten 311–351. Springer.

Dorndorf, U. (2002). *Project scheduling with time windows: From theory to applications*. Physica-Verlag, Heidelberg.

Dorndorf, U. und Pesch, E. (1994). Variable depth search and embedded schedule neighbourhoods for job shop scheduling. In *Proceedings of the Fourth International Workshop on Project Management and Scheduling (PMS)*, Seiten 232–235.

Dorndorf, U. und Pesch, E. (1995). Evolution based learning in a job shop scheduling environment. *Computers & OR*, 22(1):25–40.

Dorndorf, U., Pesch, E., und Phan-Huy, T. (2000). A time-oriented branch-and-bound algorithm for resource-constrained project scheduling with generalised precedence constraints. *Management Science*, 46(10):1365–1384.

Drozdowski, M., Jaehn, F., und Paszkowski, R. (2017). Scheduling position-dependent maintenance operations. *Operations Research*, 65(6):1657–1677.

Du, J. und Leung, J. Y. (1990). Minimizing total tardiness on one machine is NP-hard. *Mathematics of Operations Research*, 15(3):483–495.

Dubois, D., Fargier, H., und Fortemps, P. (2003). Fuzzy scheduling: Modelling flexible constraints vs. coping with incomplete knowledge. *European Journal of Operational Research*, 147(2):231–252.

Franck, B., Neumann, K., und Schwindt, C. (2001). Truncated branch-and-bound, schedule-construction, and schedule-improvement procedures for resource-constrained project scheduling. *OR Spektrum*, 23(3):297–324.

Garey, M. R. und Johnson, D. S. (1979). *Computers and Intractability - A guide to the theory of NP-completeness.* W.H. Freeman and Company.

Garey, M. R., Johnson, D. S., und Sethi, R. (1976). The complexity of flowshop and jobshop scheduling. *Mathematics of Operations Research*, 1(2):117–129.

Ghirardi, M. und Potts, C. (2005). Makespan minimization for scheduling unrelated parallel machines: A recovering beam search approach. *European Journal of Operational Research*, 165(2):457–467.

Giffler, B. und Thompson, G. L. (1960). Algorithms for solving production-scheduling problems. *Operations Research*, 8(4):487–503.

Glock, C. H., Grosse, E. H., Jaber, M. Y., und Smunt, T. L. (2018). Applications of learning curves in production and operations management: A systematic literature review. *Computers & Industrial Engineering*. Im Erscheinen.

Glover, F. (1989). Tabu Search – Part I. *ORSA Journal on Computing*, 1(3):190–206.

Glover, F. (1990). Tabu Search – Part II. *ORSA Journal on Computing*, 2(1):4–32.

Glover, F. und Rego, C. (2006). Ejection chain and filter-and-fan methods in combinatorial optimization. *4OR*, 4(4):263–296.

Günther, H.-O. und Tempelmeier, H. (2013). *Produktion und Logistik.* BoD – Books on Demand.

Gonzalez, T. und Sahni, S. (1976). Open shop scheduling to minimize finish time. *Journal of the ACM*, 23(4):665–679.

Gonzalez, T. und Sahni, S. (1978). Flowshop and jobshop schedules: Complexity and approximation. *Operations Research*, 26(1):36–52.

Graham, R. L. (1966). Bounds for certain multiprocessing anomalies. *Bell System Technical Journal*, 45:1563–1581.

Graham, R. L. (1969). Bounds on multiprocessing timing anomalies. *SIAM Journal on Applied Mathematics*, 17(2):416–429.

Graham, R. L., Lawler, E. L., Lenstra, J. K., und Rinnooy Kan, A. H. G. (1979). Optimization and approximation in deterministic sequencing and scheduling: a survey. *Annals of Discrete Mathematics*, 4:287–326.

Graves, G. H. und Lee, C.-Y. (1999). Scheduling maintenance and semiresumable jobs on a single machine. *Naval Research Logistics (NRL)*, 46(7):845–863.

Hariri, A. M., Potts, C. N., und Van Wassenhove, L. N. (1995). Single machine scheduling to minimize total weighted late work. *ORSA Journal on Computing*, 7(2):232–242.

Hartmann, S. und Briskorn, D. (2010). A survey of variants and extensions of the resource-constrained project scheduling problem. *European Journal of Operational Research*, 207(1):1–14.

Hochbaum, D. S. und Shamir, R. (1990). Minimizing the number of tardy job units under release time constraints. *Discrete Applied Mathematics*, 28(1):45–57.

Höhn, W., Jacobs, T., und Megow, N. (2012). On Eulerian extensions and their application to no-wait flowshop scheduling. *Journal of Scheduling*, 15(3):295–309.

Jansen, K. und Margraf, M. (2008). *Approximative Algorithmen und Nichtapproximierbarkeit*. De Gruyter, Berlin, Boston.

Johnson, S. M. (1954). Optimal two- and three-stage production schedules with setup times included. *Naval Research Logistics Quarterly*, 1(1):61–68.

Karp, R. (1972). Reducibility among combinatorial problems. In Miller, R. und Thatcher, J., Editoren, *Complexity of Computer Computations*, Seiten 85–103. Plenum Press.

Kawaguchi, T. und Kyan, S. (1986). Worst case bound of an LRF schedule for the mean weighted flow-time problem. *SIAM Journal on Computing*, 15(4):1119–1129.

Knust, S. (2000). *Shop-scheduling problems with transportation*. PhD thesis, Universität Osnabrück.

Kolisch, R. und Padman, R. (2001). An integrated survey of deterministic project scheduling. *Omega*, 29(3):249–272.

Komm, D. (2016). *Introduction to Online Computation*. Springer.

Koulamas, C., Antony, S., und Jaen, R. (1994). A survey of simulated annealing applications to operations research problems. *Omega*, 22(1):41–56.

Labetoulle, J., Lawler, E. L., Lenstra, J. K., und Rinnooy Kan, A. H. G. (1982). Preemptive scheduling of uniform machines subject to release dates. *Progress in combinatorial optimization*, Seiten 245–261.

Lawler, E. (1990). A dynamic programming algorithm for preemptive scheduling of a single machine to minimize the number of late jobs. *Annals of Operations Research*, 26:125–133.

Lawler, E. L. (1973). Optimal sequencing of a single machine subject to precedence constraints. *Management science*, 19(5):544–546.

Lee, C.-Y. (1996). Machine scheduling with an availability constraint. *Journal of Global Optimization*, 9(3–4):395–416.

Lei, D. (2009). Multi-objective production scheduling: a survey. *The International Journal of Advanced Manufacturing Technology*, 43(9–10):926–938.

Lenstra, J. und Rinnooy Kan, A. (1979). Computational complexity of discrete optimization problems. In Hammer, P., Johnson, E., und Korte, B., Editoren, *Discrete Optimization I Proceedings of the Advanced Research Institute on Discrete Optimization and Systems Applications of the Systems Science Panel of NATO and of the Discrete Optimization Symposium*, volume 4 of *Annals of Discrete Mathematics*, Seiten 121–140. Elsevier.

Lenstra, J., Rinnooy Kan, A., und Brucker, P. (1977). Complexity of machine scheduling problems. In Hammer, P., Johnson, E., Korte, B., und Nemhauser, G., Editoren, *Studies in Integer Programming*, volume 1 of *Annals of Discrete Mathematics*, Seiten 343 – 362. Elsevier.

Lenstra, J. K. und Rinnooy Kan, A. H. G. (1978). Complexity of scheduling under precedence constraints. *Operations Research*, 26(1):22–35.

Lenstra, J. K. und Rinnooy Kan, A. H. G. (1980). Complexity results for scheduling chains on a single machine. *European Journal of Operational Research*, 4(4):270–275.

Leung, J. Y.-T., Vincent, K., und Wei, W.-D. (1994). Minimizing the weighted number of tardy task units. *Discrete Applied Mathematics*, 51(3):307–316.

Merkle, D., Middendorf, M., und Schmeck, H. (2002). Ant colony optimization for resource-constrained project scheduling. *IEEE Transactions on Evolutionary Computation*, 6(4):333–346.

Moore, J. M. (1968). An n job, one machine sequencing algorithm for minimizing the number of late jobs. *Management Science*, 15(1):102–109.

Nguyen, S., Mei, Y., und Zhang, M. (2017). Genetic programming for production scheduling: a survey with a unified framework. *Complex & Intelligent Systems*, 3(1):41–66.

Nguyen, S., Zhang, M., Johnston, M., und Tan, K. C. (2019). Genetic programming for job shop scheduling. In *Evolutionary and Swarm Intelligence Algorithms*, Seiten 143–167. Springer.

Nouri, H. E., Driss, O. B., und Ghédira, K. (2016). A classification schema for the job shop scheduling problem with transportation resources: state-of-the-art review. In *Artificial Intelligence Perspectives in Intelligent Systems*, Seiten 1–11. Springer.

Oliveira, E. und Smith, B. (2001). A combined constraint-based search method for single-track railway scheduling problem. In Brazdil, P. und Jorge, A., Editoren, *Progress in Artificial Intelligence*, volume 2258 of *Lecture Notes in Computer Science*, Seiten 371–378. Springer Berlin Heidelberg.

Ouelhadj, D. und Petrovic, S. (2009). A survey of dynamic scheduling in manufacturing systems. *Journal of Scheduling*, 12(4):417–431.

Ow, P. S. und Morton, T. E. (1988). Filtered beam search in scheduling. *International Journal of Production Research*, 26(1):35–62.

Pinedo, M. (2016). *Scheduling: Theory, Algorithms, and Systems*. Springer.

Potts, C. N. und Van Wassenhove, L. N. (1992). Single machine scheduling to minimize total late work. *Operations Research*, 40(3):586–595.

Röck, H. und Schmidt, G. (1983). Machine aggregation heuristics in shop scheduling. *Methods of Operations Research*, 45:303–314.

Sabuncuoglu, I. und Bayiz, M. (1999). Job shop scheduling with beam search. *European Journal of Operational Research*, 118(2):390–412.

Sahni, S. und Gonzalez, T. (1976). P-complete approximation problems. *Journal of the ACM*, 23(3):555–565.

Scholl, A., Boysen, N., und Fliedner, M. (2013). The assembly line balancing and scheduling problem with sequence-dependent setup times: problem extension, model formulation and efficient heuristics. *OR Spectrum*, 35(1):291–320.

Schwiegelshohn, U. (2011). An alternative proof of the Kawaguchi-Kyan bound for the largest-ratio-first rule. *Operations Research Letters*, 39(4):255–259.

Suman, B. und Kumar, P. (2006). A survey of simulated annealing as a tool for single and multiobjective optimization. *Journal of the Operational Research Society*, 57(18):1143–1160.

Turing, A. (1936). On computable numbers, with an application to the entscheidungsproblem. *Proceedings of the London Mathematical Society Series 2*, 42:230–265.

van Laarhoven, P. J. M., Aarts, E. H. L., und Lenstra, J. K. (1992). Job shop scheduling by simulated annealing. *Operations Research*, 40(1):113–125.

Wolpert, D. H. und Macready, W. G. (1997). No free lunch theorems for optimization. *IEEE Transactions on Evolutionary Computation*, 1(1):67–82.

Yu, W., Liu, Z., Wang, L., und Fan, T. (2011). Routing open shop and flow shop scheduling problems. *European Journal of Operational Research*, 213(1):24–36.

Yuan, J. (1992). The NP-hardness of the single machine common due date weighted tardiness problem. *Systems Science and Mathematical Sciences*, 5(4):328–333.

Stichwortverzeichnis

3-Partition, 52–54, 92, 93
$\sum C_j$, *siehe* Fertigstellungszeitpunkte, Summe der
$\sum T_j$, *siehe* Terminüberschreitungen, Summe der
$\sum U_j$, *siehe* Terminüberschreitungen, Anzahl der
$\sum Y_j$, *siehe* verspätete Arbeit, Summe
$\sum w_j C_j$, *siehe* Fertigstellungszeitpunkte, Gewichtete Summe der
$\sum w_j T_j$, *siehe* Terminüberschreitungen, Gewichtete Summe der
$\sum w_j U_j$, *siehe* Terminüberschreitungen, Gewichtete Anzahl der
$\sum w_j Y_j$, *siehe* verspätete Arbeit, Gewichtete Summe

abgestimmt
    Gewichte und Bearbeitungszeiten, 54, 153
Ablaufplan, 10, 17, 18
    non delay, 120, 121
Ablaufplanungsproblem, 17, 22, 40, 42, 46, 125–128, 148
Akers
    Verfahren von, 99–103, 158, 159
Alphabet, 28–30, 150
Ankunftszeit (r_j), 18–23, 37, 39, 47, 49, 52, 61–64, 68, 70–75, 111, 129, 133–135, 140–141, 152, 154, 155, 161
Aufgabe, 103, 105, 120
Auftrag, 9, 10, 17, 18, 147

Bearbeitungszeit, 10, 18, 19
Bergsteigeralgorithmus, 138, 161
Binärdarstellung, 30, 32
Branch-and-Bound, 139, 161, 162
Bräsel, Tautenhahn und Werner
    Verfahren von, 122–124, 202

C_j, *siehe* Fertigstellungszeitpunkt
$C_{\max}$, *siehe* Gesamtdauer

d_j, *siehe* Liefertermin
Dreifeldnotation, 17–23, 129, 130, 134, 148, 158

Ejection-Chains, 137, 138
Entscheidungsproblem, 27–43, 73, 149–151

FCFS-Regel, 105, 160
Fertigstellungszeitpunkt, 10, 18–23, 157, 158
    Gewichtete Summe der, 21, 24, 26–30, 35, 36, 38–40, 42, 43, 49–51, 62–64, 74, 75, 86, 87, 133, 152, 156
    Summe der, 21, 38, 40, 42, 43, 49–51, 57, 62–64, 74, 75, 86, 147, 149, 154

Flow Shop, 19, 20, 23, 89–101, 130
　flexibler, 130

Gantt-Diagramm, 15
Gesamtdauer, 21, 40, 43, 47–48, 62, 74, 75, 77–88
Gewicht (w_j), 18–23
Giffler und Thompson
　Verfahren von, 103–109, 117, 120, 122, 159, 160
Gonzalez und Sahni
　Verfahren von, 94, 95, 158
Graham-Anomalien, 82–84

Heuristik, 80, 87, 93, 109, 122, 136
Hill-Climbing, *siehe* Bergsteigeralgorithmus

Instanz, 27–30, 33–35

Job, *siehe* Auftrag
Job Shop, 19, 89, 99–116, 132, 133, 137, 138
Johnsons Algorithmus, 92, 94–96, 157

Kodierung, 27–30, 34, 73
KOZ-Regel, *siehe* SPT-Regel

LAPT-Regel, 104, 105
Laufzeit, 33–38, 73, 151
Liefertermin (d_j), 10, 18–23, 46, 51–75, 129
Lieferterminregel, 11–13, 35, 78, 142, 161, 167
List Scheduling, 78
L_{max}, *siehe* Verspätung, maximale
LOZ-Regel, *siehe* LPT-Regel
LPT-Regel, 78–82, 105–108, 156, 160

LRPT-Regel, 104–109, 159
LTT-Regel, 92, 105, 160

Metastrategie, 128, 136–145
Minimaler-Schlupf-Regel, 149
Moore
　Verfahren von, 13–15, 147

Nachbarschaft, 137, 138, 161
NP (Komplexitätsklasse), 37
NP-Schwere, 36–43, 74, 75
　im strengen Sinne, 73–75
NP-vollständig, 38
nwt (no wait), 20, 89, 95, 96, 130, 149

Open Shop, 19, 89, 117–124
Optimierungsproblem, 17, 27–35, 39, 136, 150

P (Komplexitätsklasse), 35, 74, 75
Partitionsproblem, 118, 119, 151
p_j, *siehe* Bearbeitungszeit
pmtn, *siehe* Unterbrechung
prec, *siehe* Vorrangbeziehungen
Prioritätsregel, 78, 82, 91, 103, 104, 117, 128, 138, 140, 142
prmu (permutation), 20, 89–91, 95, 96, 149, 157, 158
Problem des Handlungsreisenden, 48, 49

Rüstzeiten
　reihenfolgeabhängige (s_{jk}), 20, 46, 48, 49, 51, 54, 74, 75, 128, 130
　reihenfolgeunabhängige, 20
Reduktion, 38, 40, 42
Ressource, 9–10, 17, 18, 147
r_j, *siehe* Ankunftszeit
Röck und Schmidt

Verfahren von, 95, 96, 158, 190
Rucksackproblem, 45

SAPT-Regel, 104, 105
Schedule, *siehe* Ablaufplan
Scheduling Zoo, 46
Shifting-Bottleneck-Heuristik, 109–116, 160
s_{jk}, *siehe* Rüstzeiten, reihenfolgeabhängige
Smith-Regel, 24
Sprache, 28–30, 150
SPT-Regel, 57, 58, 86, 105, 142, 159, 160, 163
SRPT-Regel, 62, 104, 105
STT-Regel, 91, 92, 105

Tabusuche, 137, 138
Terminüberschreitung, 23, 129
   Anzahl der, 21, 35, 42, 43, 54, 74, 75
   Gewichtete Anzahl der, 22, 43, 45, 55, 74, 75, 153
   Gewichtete Summe der, 21, 42, 43, 45, 58, 74, 75, 133, 152
   Summe der, 21, 42, 43, 45, 57, 74, 75, 117, 142, 161, 162
Traveling Repairman Problem, 49
Turingmaschine
   deterministische, 30–35, 73, 150
   nichtdeterministische, 36–38

Unärdarstellung, 30, 34, 73
Unterbrechung (pmtn), 20, 61–73, 75, 77, 85, 140

verspätete Arbeit, 23
   Gewichtete Summe, 22, 40, 42, 43, 45, 59, 60, 66, 67, 71, 72, 74, 75, 154, 155
   Summe, 22, 40, 42, 43, 45, 58–60, 65, 68, 69, 71, 74, 75, 153, 155
Verspätung, 10, 23
   maximale, 10, 21, 35, 37, 39, 40, 42, 43, 51–54, 74, 75, 111, 140, 149, 153, 154, 161
   Summe der, 149
Vorrangbeziehungen (prec), 20, 39, 47, 49, 51, 54, 74, 75, 83, 110, 133, 152, 153

w_j, *siehe* Gewicht
Wort, 28–30, 150
WSPT-Regel, 24, 86, 87, 156

Zuordnungsproblem, 122, 151

The manufacturer's authorised representative in the EU is Springer Nature Customer Service Centre GmbH, Europaplatz 3, 69115 Heidelberg, Germany. If you have any concerns regarding our products, please contact ProductSafety@springernature.com

Printed and bound by CPI Group (UK) Ltd, Croydon, CR0 4YY

25/03/2026

02078221-0001